2011年度湖北省社会科学基金一般项目"中国现代性建构与马克思主义哲学中国化"(批准号：2011LZ020)研究成果

2014年度中南民族大学中央高校基本科研业务经费专项资金重点项目"马克思现代性哲学思想研究"(批准号：CSZ14003)前期成果

中国现代性建构
与马克思主义哲学中国化

刘国胜◎著

中国社会科学出版社

图书在版编目（CIP）数据

中国现代性建构与马克思主义哲学中国化／刘国胜著.—北京：中国社会科学出版社，2015.12
ISBN 978-7-5161-7747-1

Ⅰ.①中… Ⅱ.①刘… Ⅲ.①现代主义—关系—马克思主义哲学—发展—研究—中国 Ⅳ.①B27

中国版本图书馆 CIP 数据核字（2016）第 045756 号

出 版 人	赵剑英
责任编辑	张　林
特约编辑	吴连生
责任校对	闫　萃
责任印制	戴　宽

出　　版	中国社会科学出版社
社　　址	北京鼓楼西大街甲 158 号
邮　　编	100720
网　　址	http://www.csspw.cn
发 行 部	010-84083685
门 市 部	010-84029450
经　　销	新华书店及其他书店
印　　刷	北京明恒达印务有限公司
装　　订	廊坊市广阳区广增装订厂
版　　次	2015 年 12 月第 1 版
印　　次	2015 年 12 月第 1 次印刷
开　　本	710×1000　1/16
印　　张	18.5
插　　页	2
字　　数	316 千字
定　　价	68.00 元

凡购买中国社会科学出版社图书，如有质量问题请与本社营销中心联系调换
电话：010-84083683
版权所有　侵权必究

目　录

序 ……………………………………………………………… (1)

导论　"哲学的现实与现实的哲学" ……………………… (1)
 第一节　问题的提出及选题的意义 …………………… (1)
  一　问题的提出 …………………………………… (2)
  二　选题的意义 …………………………………… (8)
 第二节　国内外研究述评 ……………………………… (10)
  一　国外研究概况 ………………………………… (11)
  二　国内研究概况 ………………………………… (17)
 第三节　研究思路和研究方法 ………………………… (26)
  一　研究思路 ……………………………………… (26)
  二　研究方法 ……………………………………… (28)

第一章　全球化背景下的西方现代性哲学话语 ………… (30)
 第一节　"现代性"的概念辨析 ………………………… (30)
  一　中国传统思想中"古"与"今"的时间观 …… (31)
  二　西方传统时间学说中的"现在"观念 ……… (34)
  三　作为时代意识的现代概念与现代性原则的确立 … (39)
 第二节　西方现代性哲学话语 ………………………… (48)
  一　黑格尔与韦伯：面向理性的现代性话语 …… (48)
  二　尼采和海德格尔：批判的现代性话语 ……… (53)
  三　哈贝马斯：面向交往理性的现代性话语 …… (58)
 第三节　现代化、全球化与现代性 ……………………… (61)

一　现代化：现代性建构的实践形态 …………………… (61)
　　二　全球化：现代性外推的社会空间 …………………… (66)
　　三　现代性后果及其出路 ………………………………… (70)

第二章　中国现代化进程中的两种现代性话语 …………… (73)
第一节　中国现代化道路：实践与理论 …………………… (73)
　　一　中国现代化的"历史之谜"及其求证 ……………… (74)
　　二　中国现代化的发展历程 ……………………………… (82)
　　三　中国现代化道路的三次论争 ………………………… (87)
第二节　自由主义与中国现代性 …………………………… (93)
　　一　作为西方现代性理论基础的自由主义及其
　　　　历史局限性 …………………………………………… (94)
　　二　中国现代化进程中的西方话语 ……………………… (101)
　　三　新自由主义与马克思主义 …………………………… (112)
第三节　现代新儒学与中国现代性问题 …………………… (116)
　　一　全球化与传统儒学的式微 …………………………… (118)
　　二　东西文化论争与现代儒学的复兴 …………………… (126)
　　三　儒学的创造性转化与中国现代性 …………………… (131)

第三章　马克思主义哲学中国化：历史与现实 …………… (139)
第一节　马克思主义哲学中国化的必要性：理论与实践
　　　　的统一 ………………………………………………… (140)
　　一　马克思主义哲学中国化与"现实" ………………… (140)
　　二　马克思主义哲学中国化与中国现代化的特殊性 …… (148)
　　三　中国现代性建构的理论基础 ………………………… (150)
第二节　中国革命与马克思主义哲学中国化 ……………… (151)
　　一　"革命"现代性话语考析 …………………………… (152)
　　二　马克思主义在中国的传播与"中国革命" ………… (156)
　　三　马克思主义哲学中国化命题的提出及其基本含义 … (159)
第三节　中国社会主义现代化与马克思主义哲学中国化 … (166)
　　一　现代化的三种模式 …………………………………… (167)
　　二　现代化道路三种模式对中国的影响 ………………… (169)

三　中国共产党人对现代化的理论探索 …………………… (171)

**第四章　现代性的批判与建构：马克思主义哲学中国化的
　　　　内在逻辑** …………………………………………………… (186)
　第一节　马克思对资本主义现代性的批判 …………………… (187)
　　一　资本主义社会的进步性 ………………………………… (187)
　　二　马克思对资本现代性的批判 …………………………… (191)
　　三　马克思对现代形而上学的批判 ………………………… (197)
　第二节　中国现代性建构的三重逻辑 ………………………… (202)
　　一　市场经济：效率与公平 ………………………………… (204)
　　二　主体性问题的反思与建构 ……………………………… (218)
　　三　市民社会与"和谐社会" ………………………………… (228)
　第三节　"以人为本"：中国现代性建构的基本原则和
　　　　　核心理念 ………………………………………………… (234)
　　一　"以人为本"命题的提出与辨析 ………………………… (235)
　　二　"以人为本"的现代性意蕴 ……………………………… (241)
　　三　"以人为本"的理论要求 ………………………………… (248)

结语　马克思主义哲学中国化的理论自觉与创新 …………… (254)
　　一　以实践为进路，建构中国现代性，推进马克思主义
　　　　哲学中国化的理论自觉 ………………………………… (254)
　　二　深入批判"全球主义"意识，实现马克思主义
　　　　哲学中国化的新发展 …………………………………… (257)
　　三　中国梦的提出：道路自信、制度自信与
　　　　理论自信的科学统一 …………………………………… (267)

参考文献 ………………………………………………………………… (271)

后记 ……………………………………………………………………… (282)

序

　　哲学虽然是高度抽象的理论形态，并且似乎是高居云端的精神圣物，但实际上并不是与人们的现实生活脱离的哲学家的自言自语，而是历史运动的思想结晶。即使是以哲学家内心独白的形式出现，或者以概念的阐释和逻辑体系的建构的形式出现的哲学，它的内容和问题仍是现实生活的反映。任何真正的哲学都是它所属的那个时代的问题的探索和成果的表达，只不过对问题的提出的方式和回答的结论千差万别而已。这种差别归根到底取决于时代的特征，取决于哲学家所代表的社会集团的根本利益。马克思主义哲学是产生于西方的哲学，但它与其他西方哲学有根本的区别。马克思以前的西方哲学的共同特点就是从抽象的人性论出发，把人性解释为与生俱来、一成不变的东西，不是用历史解释人性，而是用人性解释历史。它们心目中的"人"是离开了社会关系的历史发展的抽象的"人"，这种"人"实际上是以资产者为模特描绘出来的。以此为出发点的哲学无论有多少合理的成分，说到底也还是为资本主义制度的永恒合理性做辩护的理论形态。这种哲学始终没有抓住历史活动的现实主体，也无从揭示人类社会历史的规律，甚至也不能准确地抓住时代提出的问题的症结。马克思主义哲学的产生之所以是人类思想史上的伟大革命，就因为它第一次从现实的人的现实活动（基础是物质生活资料的生产方式）出发，通观了社会历史的全过程，揭示了历史的真正主体，阐明了人类社会生成和发展的动力和基础，为人们提供了解开这一"千古之谜"的"谜底"。它揭示了现代社会的内在矛盾，提出了变革现存社会的要求和道路，从而彻底克服了西方各派哲学的根本缺陷，实现了哲学从"解释世界"到"改变世界"的根本变革。坚持和发展马克思主义哲学，就必须坚持它"解释世界"与"改变世界"相统一、理论与实践相统一的基本原则。

马克思主义哲学中国化是马克思主义哲学基本原则的内在要求，是马克思主义哲学世界化与本土化的具体体现。作为世界性的现代哲学，马克思主义哲学不仅是欧洲工人运动需要的思想武器，而且也是包括中国在内的整个世界民族独立和人民解放运动中各国家各民族需要的思想武器。但马克思主义哲学论述的只可能是普遍规律，而不可能对各国家各民族的具体问题提供现成的答案。马克思主义哲学必须和不同的民族和国家的历史和文化实际结合起来才能发挥作用。各国家各民族都必须形成具有本民族特色、符合本国发展需要的本土化的马克思主义哲学。中国在近代沦为半封建半殖民地的历史命运，迫使中国当时的先进分子经过千辛万苦向西方寻找救国救民的真理，西方有众多的哲学思潮传入中国，并在一定范围内有所传播。中国较早的先进知识分子也试图将这些哲学思潮引入实践，达到改造中国的目的，但这些努力无不以失败而告终。马克思主义哲学是在中国革命处在关键时期传入中国的，传播的时间虽然较晚，但因为其自身优越的理论品格，经过中国共产党领导的实践，把马克思主义的普遍真理与中国的具体实际紧密结合起来，经历了艰苦曲折的过程，成功地实现了中国化，"走"出了一条中国道路。这表明马克思主义哲学和中国的实际具有高度的统一性。中国选择了马克思主义哲学，实现了理论上的根本突破，这就为落后国家如何实现现代化和民族解放提供了一个"理论高地"；马克思主义哲学选择了中国并在中国取得了成功，也为世界马克思主义哲学的丰富和发展开辟了一个"实践阵地"。

问题是时代的声音。作为重大的理论问题，马克思主义哲学中国化与中国实践有着内在的逻辑一致性，这是马克思主义的题中应有之义。在历史向世界历史的转变中，中国社会结构发生了根本性改变。如何在世界历史的发展进程中实现民族独立、人民幸福和国家富强，是中国人民百年来的伟大梦想。马克思主义哲学中国化要面向现实、面向中国，就必须从理论上回答中国社会的发展问题。从中国近代的历史变迁和全球化的历史进程来看，中国的发展问题，归根到底，是一个在坚持社会主义道路的基础上如何实现现代化的问题。

由此可见，如何阐释中国现代性和马克思主义哲学中国化之间的关系,是关系国家前途和人民福祉的首要问题。改革开放以来,特别是党的十八大以来,党中央总结了九十多年来马克思主义中国化的历史经验,对这个问题作了精辟的阐发。我国理论界在这方面也作出了不少探索,取得了许多成果。刘国胜同志的《中国现代性建构与马克思主义哲学中国化》就是探讨这一问题的学术专著。该著将中国现代性建构和马克思主义哲学中国化之间的历史与逻辑关系作为研究主题,希望通过对这一问题的研究,深化马克思主义哲学中国化研究中对现实问题的关注和理论创新,从而为推进中国马克思主义哲学的发展尽一分力量。这一研究思路无疑是非常正确的。该著坚持理论与实践统一的学术原则,遵循历史与逻辑相互论证的研究方法,从历史与现实的分析中作出自己的学术判断和理论论证,具有很强的现实意义和理论价值。我认为,该著主要在以下三个方面提出了自己的学术创见:(1)通过比较自由主义、现代新儒学和马克思主义哲学在中国现代性建构问题上的不同立场和观点,区别了在中国历史发展中几种主要的理论话语及其现实要求,明确主张只能以中国化的马克思主义哲学为理论基础和指导思想来建构中国现代性,实现中国现代化。(2)通过对中国现代化道路的实践与理论阐释,对革命和现代化两种现代性话语作了比较充分的分析与论证,批判了将二者对立起来的错误观点,提出了中国革命和现代化统一的辩证观点。(3)在对中国现实分析的基础上,围绕中国现代性的建构,阐述了马克思主义哲学中国化的可能性问题,分别论证了社会主义市场经济条件下的效率与公平的问题、社会主义主体性建构问题和社会主义和谐社会构建问题,提出了中国现代性建构与马克思主义哲学中国化双向互动、相辅相成的观点。这些见解观点鲜明,论证深入,表达清晰,语言晓畅,体现了作者对马克思主义时代化、中国化、大众化的追求和践行。

刘国胜同志是我的博士研究生。他为人谦虚朴实,好学深思,富于求实精神和开拓精神。在攻博期间他刻苦钻研,殚精竭虑,写成了博士论文,得到专家的好评。此后他又用了三年的时间继续钻研,对其中的一些问题又作了进一步的研究,对这一博士论文作了反复修改,写成了这部专著,在质量上又有明显的提升。作为一家之言,我认为此著不失为一部力作,相信会引起学术界的关注。由于问题本身的难度和涉及问题的广泛,许多方面还有待进一步深化和扩展。我希望作者坚持以问题为导向，继续努力，锲而不舍，并虚心听取批评，提出更深刻的学术见解。

陶德麟

2015 年 10 月 13 日

导 论

"哲学的现实与现实的哲学"

中国近现代社会的发展，从根本上讲，是一个现代化问题。能否实现现代化，这是关系到中华民族历史命运的重大问题。但是现代化建设不是一个民族自我封闭的精神运动，而是一个对外开放的历史过程。中国现代化的发展离不开全球化。全球化既为中国现代化提供发展条件和历史机遇，但也对中国现代化形成了冲击和挑战。如何在全球化时代加快中国现代化进程，走一条中国特色的现代化道路，实现国家富强、民主、文明、和谐，就成为摆在中国人民面前的一个重大课题。要完成这一重大课题，就必须从两个方面展开活动：一是建构中国现代性，走中国现代化道路；二是实现马克思主义哲学中国化，为中国现代性建构提供理论指导。两者统一于中国现代化建设的伟大实践。正确认识中国现代性建构与马克思主义哲学中国化之间的内在一致性，有助于把握中国现代性建构的方向和目标，促进现代化的发展，推进马克思主义哲学发展及其中国化进程。

第一节 问题的提出及选题的意义

任何理论的研究与发展，既与现实的需要有关，也与理论本身的旨趣和使命不可分离。从形式上看，中国现代性建构和马克思主义哲学中国化是两个不同的问题，但从其历史与逻辑来看，两者实际上是一个问题的两个方面，是中国现代化发展进程中的两重逻辑和结构。对中国现代性与马克思主义哲学中国化之间的内在关系展开研究，这不仅是理论和现实提出的两重要求，也具有十分重要的现实意义和学术意义。

一　问题的提出

1. "中国经验"理论化的必然要求

由于资本主义在西欧北美的迅速发展及其向全世界的扩张，中国在 19 世纪中叶沦为被宰割的半封建半殖民地，救亡图存成了中国人民最迫切的历史任务。这个任务包括两个前后相继的过程：一是推翻帝国主义和封建主义在中国的统治，建立独立自主的新国家；二是在新国家的领导下构建中国自己的现代性，赶上世界现代化的进程。中国人民经过千辛万苦向西方寻找救国救民的真理，结果选中了马克思主义。从 1921 年中国共产党的成立到 1949 年中华人民共和国的成立，又从中华人民共和国的成立到现在，90 多年的艰苦奋斗，就是为了完成这一历史任务。历史已经证明，中国人民的这一选择是正确的。我们不仅用 28 年的时间取得了革命的胜利，建立了新中国，而且以 60 多年的时间使中国发生了翻天覆地的变化，在现代化的道路上阔步前进。这是举世公认的奇迹。

近年来，中国的社会主义现代化建设已为世界所广泛关注，被称为"中国经验"，呈现世界性的普遍意义。所以，我们需要从多方面来展开研究，科学总结"中国经验"。近几年来理论界、宣传界、文化界在这方面也做了很多实际的工作。在这些工作中，有两篇文章令人注目，曾在社会上引起了极大的反响。这就是《人民日报》2009 年 9 月 27 日和 29 日相继推出的署名"任仲平"的评论员文章《改变历史的"北京时间"——写在新中国成立 60 年之际（上）》和《走向复兴的"中国道路"——写在新中国成立 60 年之际（下）》。这两篇文章在新中国成立 60 年这个时间节点上对中国现代化历程进行科学总结和深刻反思，无疑是一件十分有意义的事情。这两篇文章提出了一个问题，也可说是向我们展示了一个观察问题的现代性视角，这就是，"中国经验"既不高悬于"天空"，也不来自"秘籍"，它寄寓在"现代化"之中，只有以"现代化"为时空坐标，我们才能获得对"中国时间"和"中国道路"的历史性认识。文章指出："如何应对现代化，怎样实现现代化，已经成为决定一个国家兴衰的最终因素、成为决定一个民族命运的关键抉择。"[①] 以"现代

[①] 任仲平：《改变历史的"北京时间"——写在新中国成立 60 年之际（上）》，《人民日报》2009 年 9 月 27 日第 1 版。

化"为原点，将中华民族的发展置于整个人类发展的坐标系之中，这种新的思维方式无疑为我们开辟了一个新的理论视域，从而使"中国经验"由一般到个别，又由特殊上升为普遍，可谓抓住了中国近现代以来为各种纷繁复杂的历史现象所掩盖的时代命脉和发展节拍。文章最后指出："一个国家，只有当它的人民获得了与现代化发展相适应的现代性，才可以真正称之为现代化的国家。"① 从"中国经验"中发掘现代化意蕴、从现代化进程中提出现代性问题，标志着这两篇文章所达到的思想高度。由于篇幅所限，文章只在前一个问题上进行了深入阐述，而未能就后一问题加以充分展开。当然，文章的现实意义也是不言而喻的，它所阐述的现代性作为"真正"的现代化本质的思想，仍具有十分重要的方法论意义。

走现代化道路，在现代化的进程中构建中国的现代性，这是历史向中华民族提出的时代课题。作为事关民族生存与发展的重大问题，中国现代性并不是哪一个哲学家"从观念出发"而臆造出来的抽象命题，或者如马克思、恩格斯所批判的历史编撰学家所做的"统治阶级自己为自己编造出诸如此类的幻想"②。笔者引用上面两篇文章，并非表达现代化、现代性概念始出此处，而仅仅是想以此为一个个案来说明：在当代中国，中国现代性不是一个脱离了一般性的个别性的问题，而是马克思主义哲学必须面向的"中国问题"③，是中国现代化本身呈现的时代问题。按照英国著名思想家吉登斯的理解，现代性是一个非常广泛的主题，可以把整个现代文明囊括在内，从这个角度上讲，每一位社会科学研究人员实际上都是现代性的研究者。④

2. 马克思哲学革命的内在要求和必然逻辑

马克思在其《博士论文》中提出了一个重要命题："世界的哲学化同时也就是哲学的世界化。"⑤ 这一命题表达了马克思对哲学和世界双向建

---

① 任仲平：《改变历史的"北京时间"——写在新中国成立60年之际（下）》，《人民日报》2009年9月29日第1版。
② 《马克思恩格斯选集》第1卷，人民出版社1995年版，第100页。
③ 参见韩庆祥《面向"中国问题"的马克思主义哲学》，武汉大学出版社2010年版，第126—136页。
④ 郭忠华：《权力、结构与社会再生产——安东尼·吉登斯专访》，《国际社会科学》2009年第1期。
⑤ 《马克思恩格斯全集》第40卷，人民出版社1982年版，第258页。

构的基本构想：世界哲学化就是要实现哲学实体化，哲学世界化就是要实现世界精神化；哲学成为人或人的哲学，世界成为人或人的世界。马克思认为，在哲学和现实各自处在分离的状态中，无论是哲学也好，还是世界也罢，都存在着缺陷，而这些缺陷不是别的，都是自身内在的缺陷。只有在世界的哲学化的同时也就是哲学的世界化，哲学和世界才通过对对方的诉求而求得自身的完整。① 哲学和世界这种互为前提的建构逻辑，在后来马克思对德国哲学和现实的脱节的批判中得到了进一步说明。

马克思认为，德国的现状和哲学发展存在着严重的背离情况。就德国来说，它不是处在"现实"之中而是停留英法的"历史"之中，德国的现代国家制度和英法不是保持在同等水平上，在德国只有法哲学和国家哲学"是唯一与正式的当代现实保持在同等水平［al pari］上的德国历史"②，所以说，"我们是当代的哲学同时代人，而不是当代的历史同时代人"③。马克思指出，尽管现代问题已引起了德国人的关注，但这种关注是"以保护关税、贸易限制制度、国民经济学的形式"而实现的，从而使批判的对象所处的水平"低于这个对象的实际水平"，这就是"德国式的现代问题"④，这充分说明德国的"现实"不过是补习操练英法现代化陈旧的"历史"。换言之，德国的现实不在国民经济学而在哲学之中。"当我们不去批判我们现实历史的未完成的著作［oeuvres incomplétes］，而来批判我们观念历史的遗著［oeuvres posthumes］——哲学的时候，我们的批判恰恰接触到了当代所谓的问题之所在［that is the question］的那些问题的中心。"⑤ 这就是哲学的现实问题。但马克思同时指出还存在着现实的哲学问题。尽管德国的法哲学和国家哲学从观念上再现了德国的现实，高于德国的历史水平，但它还没有达到"真正的人"的水平。因为"德国的国家哲学和法哲学在黑格尔的著作中得到了最系统、最丰富和最终的表述"⑥，而在黑格尔哲学那里，现代国家的"现实"仍然是"彼岸世界"，所以现代国家的眼界中没有"现实的人"，或者只是凭虚构的方

---

① 参见赵凯荣《马克思是要消灭哲学吗?》，《铜仁学院学报》2009年第3期。
② 《马克思恩格斯选集》第1卷，人民出版社1995年版，第7页。
③ 同上。
④ 同上书，第6页。
⑤ 同上书，第7页。
⑥ 同上书，第8页。

式去满足"整个的人",这样,哲学就不能抓住事物的根本,因为人的根本是"人本身"。黑格尔这种抽象的"人"的概念不仅在青年黑格尔派那里沿袭下来,而且在费尔巴哈那里也没有从根本加以改变。马克思正是从"现实"出发才发现了黑格尔哲学的根本局限性,从而提出了"哲学把无产阶级当做自己的物质武器,同样,无产阶级也把哲学当做自己的精神武器"① 这一口号,以此解决现实的哲学问题。

到了1845 年,马克思分别在《关于费尔巴哈的提纲》和《德意志意识形态》两文中提出了"哲学家们只是用不同的方式解释世界,问题在于改变世界"② 和"对实践的唯物主义者即共产主义者来说,全部问题都在于使现存世界革命化,实际地反对并改变现存的事物"③ 的哲学革命原则,从而从根本上回答了哲学的现实与现实的哲学问题。

中国现代性与马克思主义哲学中国化是中国现代社会发展的两条主线,如果两者不能实现历史的会通,无论是对于中国现代性来说还是对马克思主义哲学中国化来讲,都是有缺陷的。离开了马克思主义哲学中国化,中国现代性建构将如马克思当年对德国现代化现状所批判的一样,陷入"时代的错乱"之中;离开了中国现代性,马克思主义哲学中国化也就视同放弃了对现实问题的关注,从而也就沦为个人的心灵私语或纯粹的思辨活动。所以说中国现代性建构与马克思主义哲学中国化正是马克思哲学革命的内在要求和逻辑体现。

3. 面对"现代化理论"挑战的需要

中国现代化发展离不开全球化,离不开世界现代化。所以从现代性建构这一视角来看,中国现代性就面临着如何正确对待西方现代化模式的问题。

在西方思想史上,尽管从洛克开始,现代化思想就已经开始,但"现代化理论"作为一个学派的形成则是20世纪五六十年代。与洛克等早期现代化思想相比,"现代化理论"无疑有很大的转变,表现出一些新的特点:在传统与现代性的关系方面,不再将传统与现代性对立起来,而是重视传统在现代化过程中的重要作用;在发展道路方面,不再坚持

---

① 《马克思恩格斯文集》第1 卷,人民出版社2009 年版,第17 页。
② 同上书,第502 页。
③ 同上书,第527 页。

"西方中心论"观点；在现代化具体操作层面上，不再满足于抽象的原则建构，而是将数学等现代学科引入现代化理论中，从而使现代化理论从社会学论域扩展到经济学、统计学等学科领域。如果说，早期思想家的现代性理论为西方现代化的发展、现代性的建构起到了重要的作用的话；那么，在早期现代性理论框架中建构起来的"现代化理论"，是否能为非西方国家的现代化即广大的发展中国家的现代化——包括中国的现代化发展提供一个理论设计或思想指导？毫无疑问，这正是"现代化理论"立论的根据。在当代国外一些学者看来，"现代化理论"在解决发展中国家所面临的复杂而又紧迫的问题方面比马克思主义有理论优势："近几年来，同马克思主义理论相反，现代化理论在改变和打破传统秩序的过程中日益起着重要的作用。当前，这一理论为搞清发展中国家所面临的复杂而又紧迫的问题，提供了一种极其特殊的工具。"[1]

诚然，"现代化理论"在现代化研究科学化方面做出了许多努力和探索，为现代化发展提供了许多具体的合理化的设计原理和程序，这是必须肯定的，但是，如果以此认为在解决非西方现代化国家现代化道路问题方面，"现代化理论"已超越了马克思主义，这则是我们所不能赞同的。我们必须看到，作为一种主要是以非西方国家的现代化理论为研究对象的"现代化理论"，其理论范式和架构并没有超出早期思想家。也就是说，尽管"现代化理论"标榜不以西方现代化道路为模式来套用非西方国家的现代化，但它对西方现代化道路是肯定的，它所表达出来的学术诉求仍是西方资产阶级历史意识的反映，这并不因为它的研究对象而改变。在"现代化理论"基础上发展起来的"依附论""世界体系论"等理论学说，则直接将"现代化理论"这一阶级本质表露无遗。拉美国家的现代化道路就是在"依附论"指导下发展起来的，事实表明，将现代化的目标寄希望于西方资本主义国家，结果只能成为它们的附庸。"现代化理论"的目的就是在全球范围内建立一套以西方现代化模式的现代性价值体系和认知构架，这种理论和当今的全球化理论虽然形态有异，但本质上都表现为一种"全球主义"意识。在全球化的历史背景下，这种历史意识必将对当代中国现代化产生影响，从这个意义上讲，如何克服"全球

---

[1] [巴拉圭] H. C. 曼西利亚：《评现代化理论和依附理论》，载谢立中、孙立平主编《二十世纪西方现代化理论文选》，上海三联书店2002年版，第258—259页。

主义"意识、形成和中国现代化相适应的历史意识，就成为马克思主义哲学中国化的重要任务。

4. 认识中国历史的需要

为什么说中国现代性是我们必须面对的"中国问题"、时代问题？中国问题是一个极其宏富的概念，它的具体内涵十分丰富。显然，我们不可能从一个个具体的中国问题出发。我们要从众多的中国问题中抽象出"中国现代性"这个中国现代化的本质问题，要做到这一点，就必须回到历史之中。只有回到历史中，我们才能从中发现"中国现代性"所蕴含的真实意义。

众所周知，1840年鸦片战争以后，中国就逐步沦为一个半殖民地半封建的国家。国家主权被西方列强肆意践踏，社会发展处于停滞状态，人民生活陷入极端的贫困之中，民族矛盾和阶级矛盾双重交织。在这样一个殖民力量和封建势力互相交错、勾结的历史时期，在资本主义现代化主导世界的历史时代，中国在一个很长的时间内却徘徊于世界现代化的进程之外。一个积贫积弱、闭关自守的"清帝国"将自己困守在农业社会之中。与此相勾连的是，封建统治像黑幕一样阴森森地割断了中国与世界的联系。但是，历史的发展是不以人的意志为转移的。一方面，现代化运动所蕴含的历史力量，在全球化这一路径的推动下，不可阻挡地在全球范围内发生效应；另一方面，在民族矛盾和阶级矛盾的双重作用下，西方资本和商品的入侵，极大地蚕食着近代中国以农业为基础的自然经济；西学东渐也引发了中西之间、传统与现代之间的系列矛盾。所以，大致说来，从19世纪末到20世纪初，在内外因素的作用之下，中国也开始了现代化进程。与西方现代化进程相比较，中国现代化晚了200年。中国现代化从一开始就是作为一个"他者"而出场的。作为"他者"，现代化"西化"的历史痕迹十分明显，以现代化的历史意识为核心的中国现代性还处于"空场"境地。中国现代化发端之时就先天地隐藏着现代性缺失的"漏洞"。中国近代以来的启蒙运动，就是对这一问题的回应。但启蒙运动不可能单独完成，中国近现代历史也证明了这一点。启蒙运动只有置于革命活动的基础上才能起到它应有的作用，也只有通过革命活动，它才能为中国现代化创造历史条件。因此，真正意义上的中国现代化，实际上始于1956年生产资料公有制的确立。因为，只有当生产资料公有制建立起来以后，中国现代化的主客观条件才基本具备。

所以，中国现代化道路注定和西方的现代化道路有所区别。中国现代化不具备西方现代化同步的历史条件，中国是典型的后发型现代化国家。在这个意义上，中国和广大的发展中国家具有"家族"相似性。也正因为如此，中国至今仍将自己定位于发展中国家。作为一个发展中国家，中国和西方发达国家的差距根源于现代化；新中国成立60多年来，特别是改革开放以来的中国经济和社会的巨大发展，从根本上讲，也是有赖于现代化。"现代化"是我们揭秘中国近现代"历史之谜"的根本依据。从中国历史来看，中国的现代化必须建立与之相适应的中国现代性，否则，中国现代化就不是真正意义上的现代化。

由此可见，中国现代化与现代性问题是中国近现代历史、是中国实践本身提出来的"中国问题"。中国现代性问题从历史深处得以呈现，也必然要求在现实中得以解答。什么是中国现代性，建构一种什么样的中国现代性？这既是实践需要解答的问题，也是理论需要回答的问题。

综上所述，中国现代性问题事关中国现代化、中国社会的发展，是当代理论界必须面对的"中国问题"。将中国现代性建构与马克思主义哲学中国化之间的历史性与逻辑性作为对象开展研究，这既是实践的需要，也是理论的需要。

二 选题的意义

不可否认，现代性问题是当今学术界研究的热点。无论是西方思想界还是国内理论界，在现代性方面都有大量著述。但这些论著所研究的，或直接就是西方现代性，或是以一般现代性为表现形态的西方现代性。真正以中国现代性问题为研究对象的，在西方学术界并不多见。与此相反，中国大陆和港台地区关注中国现代性的学者为数不少。新儒家就是其中一支重要的学术力量。现实关怀、安身立命、仁义为本，这历来就是中国传统文化的核心价值观和学术诉求。新儒家力图以此实现儒家思想的"创造性转化"，来消解西方思想对中国社会的影响，建立"一个客观的认知精神"[1]，作为中国当代人文精神和中国现代性的价值取向，这种思想意识和学术追求，值得重视和借鉴。但是，我们必须看到，儒家思想对于中国

---

[1] 转引自韦政通《中国思想传统的创造性转化——韦政通自选集》，云南人民出版社2002年版，第186页。

现代性的建构只是其中"一种"。真正对中国现代性建构具有历史意义的，则是马克思主义哲学中国化的理论与实践活动。中国现代化的历程表明，中国马克思主义哲学是不能缺席这一领域的。事实上，马克思主义哲学中国化已经做了这方面的工作。从中国现代化和现代性论域展开研究，也可真实呈现马克思主义哲学中国化的历史意义。所以说，中国现代性和马克思主义哲学中国化研究构成了双向互动、相互建构的实践与理论之间的历史运动。这是一种新的研究方向，也是新的研究思维方式。在马克思主义哲学中国化的研究中，我们应该说"中国现代性"，即以"中国现代性"为问题逻辑；或者说，要让"中国现代性"也讲中国马克思主义哲学的"话"，构建现代性的中国马克思主义哲学的理论体系与话语体系。所以说本书的选题有着十分重要的意义。

第一，选题的现实意义。（1）深化对社会主义建设规律的认识，提高中国现代化建设的自觉性。中国是一个后发型的现代化国家，必须以跨越式的方式加快现代化进程，要实现这一点，就必须以科学认识现代化发展规律为前提；中国现代化不同于西方现代化发展之路，是社会主义现代化建设，所以，从马克思主义哲学中国化的视域中开展中国现代性研究，将深化"什么是社会主义、怎样建设社会主义"的认识，深化对社会主义现代化建设规律的认识，减少盲目性，增强科学性，充分发挥社会主义制度的优越性。（2）推进中华民族精神的复兴与重建。现代化建设，归根结底，是人的现代化。人的现代化是人的现代知识和精神的综合要求。所以，大力推进马克思主义哲学中国化和中国现代性研究，将极大地提升中华民族的精神面貌，为中华民族在21世纪的伟大复兴发挥重要作用。（3）推进文化软实力建设。文化软实力是国家经济、军事等实力之外非实体性战略力量，是国家综合国力的重要组成部分。通过马克思主义哲学中国化来提升中国现代性建构，构建中国化马克思主义哲学的话语权，对于推动国家文化软实力建设也必将起到重要的推动作用。

第二，选题的理论意义。（1）推进马克思主义哲学中国化的新开展。目前，学术界对马克思主义哲学中国化的研究比较注重理论本身的探索，这当然是必要的，但如果我们将学理上的探索和现实的关注结合起来，将更能展现马克思主义哲学中国化的学术意义。不可否认，不少人将马克思主义哲学中国化的学术意义和实践意义对立起来，这是不对的。我们认为，对马克思主义哲学中国化实践问题的关注，并不削弱马克思主义哲学中国化的学术意义。本书通过这一选题，就是力求将二者统一起来，推进马克思主义中国化的新开展。（2）推进中国现代性理论的研究。目前，西方现代性理论对我国学术界的影响仍然有很大市场，许多人往往自觉不自觉地运用西方现代性理论分析中国现代化、现代性问题。我们当然不可简单地拒斥西方现代性理论，但仅仅以此而墨守成规，也是十分错误的。这不仅是一个方法论的问题，也是一个世界观的问题。本书试图通过对现代性的研究，充分展示马克思主义哲学中国化的学术价值与意义，揭示马克思主义哲学中国化和中国现代性建构之间的历史与逻辑关系，为中国现代性研究开辟新的路径，推进中国现代性研究。（3）推进全球化理论和历史唯物主义的研究。当前，学术界无论是对全球化学说还是对马克思历史唯物主义的研究，都是比较多的。但是，如果离开对中国现代性的研究，显然，这些研究将受到限制。所以，以马克思主义哲学中国化的视野审视中国现代性，必将推进我们对全球化的认识和历史唯物主义研究。（4）推进对马克思主义哲学中国化和中国传统文化的关系。一方面，随着国家经济的发展，传统文化也日益走强；另一方面，市场经济的发展，又在不断消解传统因素，如何将传统和现代、传统文化和市场经济统一起来，这是对马克思主义哲学中国化的现实要求。所以，通过马克思主义哲学中国化的研究，将为我们如何科学处理传统文化和市场经济的矛盾、冲突提供方法论指导。

第二节 国内外研究述评

马克思主义哲学在中国由理论变成现实，不仅是中国现代历史上的重大事件，而且也是世界现代历史上的重大事件。马克思主义哲学在中国的实现过程，是马克思主义哲学基本原理与中国实际相结合的过程，也就是马克思主义哲学中国化的过程；马克思主义哲学中国化在中国的实现过程，就是中国革命和现代化的过程，所以它同时也是中国现代性建构的过程。围绕中国现代性建构和马克思主义哲学中国化之间的关系问题，国内外学术界展开了不同程度的研究和探讨，现将相关研究的基本状况概述如下。

一 国外研究概况

1. 马克思主义中国化与中国现代化之间关系的研究

国外学界对这一论题的研究大致可以分为四个阶段：

（1）起步阶段（1951—1966）。这个时期的研究受冷战思维的影响，研究的重点放在毛泽东的思想对中国社会的影响上面。从笔者目前所接触的资料来看，托马斯（S. B. Thomas）在《中华人民共和国的结构和构成基础》一文中，首次提出了"马克思主义中国化"（Sinicization of Marxism）这一概念。作者认为，因为毛泽东将中国马克思主义者的信仰建立在"真理必须通过实践而发现，正如真理必须通过实践而证明和发展一样"这一基础之上，从而实现了马克思主义中国化，"赢得了农民的支持"，创立了"'新民主'的原则"和"统一1951年战线的策略"等，"马克思主义中国化"是新中国社会结构和构成能够"有效实现控制"的理论基础。① 与此同时，史华慈（Schwartz）1951年出版了《中国共产主义和毛的崛起》，探讨了毛泽东的思想对中国社会的影响。顾立雅于1953年也著述了《中国思想：从孔子到毛泽东》。可以看到，西方学术界在这一时期的研究中的基本特点是，明确提出了"马克思主义中国化"和"中国马克思主义"这两个概念。我们知道，新中国成立以后，出于国际共产主义的需要，中国共产党开始淡化毛泽东思想的提法，以致到了20世纪50年代末，不仅"马克思主义中国化"这一命题没有提，而且"毛泽东思想"也从中共八大的党章中淡出了。西方学术界此时为什么能够这样明确提出"马克思主义中国化"和"中国马克思主义"之类的命题和概念呢？笔者认为原因有二：一是中国革命的胜利为"马克思主义中国化"和"中国马克思主义"提供了事实依据，西方学者由此将马克思主义中国化作为既定的事实并以此为出发点；二是西方对这两个命题的理解与我们还有一些差异，西方学者仅仅在学术层面使用这些命题和概念，而中国则从学术和政治两个层面的架构来还表达"马克思主义中国化"与"中国马克思主义"的学术含义和政治含义。这一时期的重要著作还

---

① S. B. Thomas：*Structure and Constitutional Basis of the Chinese People's Republic*，Annals of the American Academy of Political and Social Science，Vol. 277，Report on China（Sep.，1951），pp. 46 – 55.

有：本杰明·史华慈（Benjamin Schwartz）的《中国共产主义文献史》（1954）、《毛泽东主义的"传说"的传说》（1960）等等。

（2）发展阶段（1966—1979）。到了20世纪60年代末、70年代初，由于中国国内局势的变化和欧洲"五月风暴"的影响，"中国"（社会主义意义的）作为一个研究对象，基本上就是从这一时期确立起来的。西方学术界已开始认识到中国道路的意义。《中国发展的模式》这篇文章将"中国模式"和"苏联模式"进行对比，认为中国发展的模式已完成了从旧的生产关系到新的社会主义生产关系的转变，这一转变比生产力量的扩张更重要。中国模式的形成强调独立自主，包括在生产方面自我奉献的能力和作为一个政治概念用之于发动人民利用他们自己的能力这样两个方面。这一努力在于转变个人，比如：通过工作转换，使工人参加劳动，使管理干部和技术人员参加劳动；为了解决生产和整个社会机构的困难，实行了"三合一"结合的合作方式。① 美国学者孟旦（Donald. J. Munro）对中国社会和文化也多有研究。他先后出版了《早期中国"人"的观念》《当代中国"人"的观念》和《新世纪中国伦理学》等著作，其中也涉及对中国马克思主义的研究。孟旦认为，中国马克思主义关于"人"的教育思想有马克思主义和儒家思想的理论背景，所以，和苏联的教育思想有不同之处。这一差别不在于教育本身，而是和中国马克思主义哲学有关，特别是和毛泽东的"矛盾"思想有密切关系。"'矛盾'一词在中国马克思主义中是相当隐晦的"②。孟旦进一步认为，在毛泽东的思想中，"矛盾"是一个历史辩证法的概念，所以，"人性的变化"就必须置于不同的阶级之中。在中国历史即将进入一个新的历史时期，西方学者也展开了对中国现代化道路的反思。总体来看，西方学界对新中国到改革开放这段历史的发展给予了充分肯定，认为中国现代化道路走出了不同于苏联的特色，而这与马克思主义中国化有密切关系。迈克尔·弗罗里克（B. Michael Frolic）在《反思中国发展模式》一文中，对中国现代化道路进行了分析。文章认为，中国现代化的发展模式既不同于"曼彻斯特"也不同

---

① ASBJØRN LØVBRÆK：*The Chinese Model of Development*. Journal of Peace Research No. 3, Vol. XIII, 1976.
② Donald J. Munro：*The Malleability of Man in Chinese Marxism*. The China Quarterly, No. 48 (Oct. -Dec., 1971), pp. 609 - 640.

于"莫斯科",是"第三种选择"①,文章探讨了中国在农村的发展、有限的城市化、分散与自力更生和超级结构等四个方面,论述了作为一种新的方法呈现出来的中国的现代化方式。雷蒙·道森(Dawwson,Raymond S.)著述的《中国经验》(1978),可以看作一部承先启后的著作。

(3)进一步发展阶段(1979—1989)。西方学术界随着1979年中国现代社会重大发展战略的根本性调整,对马克思主义中国化的研究进入了一个新的发展阶段。澳大利亚的奈特是中国改革开放伊始就展开马克思主义中国化研究的最早的西方学者之一。1980年,他在《中国期刊》上发表了《毛泽东的矛盾论和实践论:解放前的文本》。在这篇文章中,奈特通过三个方面的方法论手段阐述了毛泽东在这两个文本中不同维度的相似性和差别性。特别值得一提的是,奈特1983年发表在《中国事务》上的《毛泽东的"马克思主义中国化"的形式》一文,批判了西方学术界围绕"结合"的两条线路来批评毛泽东马克思主义中国化思想的错误观点,阐释了毛泽东将马克思主义的普遍性作为一个历史理论和对中国特殊性的关注统一起来的逻辑结构及其演变,从而在对马克思主义中国化的形式的认识基础上,论证了马克思主义中国化并非以损害马克思主义的意识形态为代价来提升中国的现实性,而是相反,即马克思主义中国化就是马克思主义作为一种意识形态的实现,从学理上发掘了马克思主义中国化的可能性。② 在阐释马克思主义中国化"结合论"的基础上,奈特于1986年对毛泽东的马克思主义中国化中的"马克思主义"又做了进一步的论证,批判了西方学术界对毛泽东的马克思主义中国化的误读,即将马克思主义中国化看作"改变马克思主义的实质来适应中国环境",从理论上回应了1976—1977年《现代中国》上有关毛泽东的"马克思主义"之争,认为西方学者仅仅从不同的马克思和马克思主义的解读来批评对方关于毛泽东对马克思主义的理解,而不是冷静地思考毛泽东的马克思主义中国化的理论属性及其实际运用。③ 不可否认,奈特这些关于毛泽东的马克思主义中

---

① B. Michael Frolic: *Reflections on the Chinese Model of Development*. Social Forces, Vol. 57, No. 2, Special Issue (Dec., 1978), pp. 384 – 418.

② Nick Knight: *The Form of Mao Zedong's 'Sinificant of Maxism'*, The Australian Jounal of Chinese Affairs, 1983, No. 9, pp. 17 – 33.

③ Nick Knight: *The Maxism of Mao Zedong: Empiricism and Discourse in the Field of Mao Studies*. Chinese Affairs, 1986, No. 16, pp. 7 – 22.

国化的理解触及了马克思主义中国化这一命题的几个基本问题,见解独到、思想深刻,遗憾的是,他所研究的问题及对这些问题的看法,并没有引起更多的中国学者的重视。

(4) 新的发展阶段(1989—)。由于意识形态之间的矛盾与冲突,加之"苏东"事变的影响,西方学术界对中国马克思主义的研究一度沉寂下来,或者重新走上怀疑的批判之路。随着中国成功应对亚洲金融危机,实现经济软着陆以后,西方学界再一次掀起了"中国热",至今未衰。林同齐和李明华合写的《马克思主义和自毛以来的中国"精神"》[①]一文,对中国20世纪80年代以来的哲学界"主体性"思想进行了深入评析。日本学者竹内实是日本第二次世界大战后最早开展现代中国研究的著名学者,被誉为日本"毛泽东学"的权威和"现代中国研究的第一人"。竹内实认为,毛泽东从一开始就不是教条地理解马克思主义,而是站在生活、文明的立场来对军队乃至整个中国人进行"实事求是"的思想性改造的。竹内实还高度肯定邓小平中国特色社会主义理论,认为西方的现代化并不是一条唯一的发展道路,现代化对于中国而言是一条必由之路,但中国必须走出自身特色的现代化之路。竹内实通过对毛泽东、邓小平的思想研究,彰显了"中国像"即"中国形象"这一研究主题。[②] 澳大利亚学者保罗·哈里在《当代亚洲杂志》2008年11月号上发表的《对毛泽东阶级和阶级斗争理论的误读》的一文,对毛泽东的阶级、阶级斗争的概念进行了重新理解,批判了将毛泽东思想看作对经典马克思主义的背离的观点。哈里虽然论及的是毛泽东思想和马克思主义之间的关系,但实质上是对中国现代社会的一种认识,正是从这里,哈里发现了毛泽东思想与经典马克思主义的一致性,从而间接地回答了马克思主义中国化和当代中国社会发展之间的关系。

2. 传统儒家与中国现代化之间关系的研究及方法

西方学术界十分重视儒学和中国现代化之间关系的研究。由于对儒学的不同理解和认识,所以在这一问题上出现了两种不同的观点。韦伯是现

---

① Lin Tongqi and Li Minghua: *Marxism and "The Spiritual" in China Since Mao*, Philosophy East and West, Vol. 44, No (Oct., 1994), pp. 609 – 646.

② 参见吴光辉、余项科《"第三个问题:如何与中国交往"——竹内实的现代中国形象研究》,《国际社会科学杂志》2009年第2期(海外中国学)。

代一位著名的社会学家。他的《中国宗教》被称为"唯一对中国社会及其主要价值体系进行过系统的研究"的著作。① 在《中国宗教》这部著作中，韦伯也论及了中国的现代化、现代性问题。韦伯分析了资本主义在中国为什么没有发展起来的原因。他认为，中国社会结构不是阻碍资本主义发展的决定性因素，因为，中国社会结构既包含有利于和不利于资本主义经济和资本主义精神的因素。在他看来，对于现代资本主义在西方以外地区的发展来说，非西方文化传统起到了决定性的阻碍作用，所以，就中国社会的发展来说，儒学传统同现代资本主义的结合是不可能的。与韦伯相反，卡恩认为，包括中国在内东亚国家能够取得"奇迹般"的成功，中国文化传统尤其是儒学传统是关键，这就表达了这样一个思想：儒学是阻碍资本主义现代化的重要因素，但不是阻碍社会发展的制约性因素。狄百瑞和汤姆森都从儒学与宗教的关系入手，对中国文化进行研究。前者认为，"许多中国人都承认自己是道教徒、佛教徒甚至基督教徒，但与此同时他们都总会认同于儒学"；后者则认为，"中国的宗教首先是中国的文化之表现。如果把中国宗教看做是几个不同的信仰体系，那就是从西方的角度上来解释中国"②。德国学者、荷兰莱顿大学现代东亚研究所所长施耐德教授通过对中国现代两位杰出的历史学家陈寅恪和傅斯年的史学思想的研究，阐发了两位现代早期的中国思想家对其所面临的现代性问题的理解。在施耐德看来，因为不能仅仅用理性或其他绝对性观念作为现代性的特征，所以对作为与理性主义有别的保守派的研究，就可以发现他们对历史性观念、现代性问题上所做出的重要贡献，"对中国保守派的更深入的研究有助于我们更全面地理解不同流派关于历史性、民族个别性和普遍性问题之间相互关系的思考"③。在儒学与中国现代化的关系上，著名的美籍华裔学者杜维明、成中英等做了比较深入和系统的研究，对国内学术界产生了较大影响，推动了现代新儒学第三期的新开展。

在中国现代化问题的研究上，费正清、列文森等确立了"冲击—回应"即"西方冲击—中国回应"模式的研究方法。这种研究方法曾得到

---

① 夏光：《东亚现代性与西方现代性：从文化的角度看》，生活·读书·新知三联书店2005年版，第238页。

② 同上书，第161页。

③ ［德］施耐德：《调和历史与民族——历史性、民族个别性以及普遍性问题》，《国际社会科学》2009年第1期。

普遍的运用。列文森在其《儒教中国及其现代命运》一书中就以此方法展开中国"传统与现代"之间的研究。列文森由此提出了这样一个关于中国现代化的问题：中国17、18世纪虽然涌现了一批"唯物主义思想家"，但这是否就意味着在没有以工业化为背景的西方势力的入侵下能独立实现现代化、建构西方那样的现代性？列文森对此是否定的。列文森这一思想显然是受到了韦伯的影响。另一个著名的汉学家柯文在《从中国发现历史——中国中心观在美国的兴起》对"冲击—回应"的研究方法提出了批评。墨子刻在《摆脱困境——新儒学与中国政治文化的演进》一书中对西方"中国研究"的方法也进行了反思。他认为，西方学界在"中国研究"中存在着五种方法：新韦伯主义的方法、人本主义的方法、人类学的方法、行为主义的方法和思想史家的方法。所以墨子刻也不同意"冲击—回应"这种模式的新韦伯主义的研究方法，认为中国近现代思想的发展并非受西方的影响，相反，正是中国儒家思想中自身的思想脉络与问题推进了中国近现代思想的发展，也由此推动了中国思想家对于西方思想的选择及其回应方式。

3. 国外研究中的学术价值与存在的问题

从以上的分析中可知，国外学者明确提出了"马克思主义中国化"这一概念，注重马克思主义中国化的价值维度，重视马克思主义中国化和中国实践之间的内在关系，注重从学理上分析马克思主义中国化的内涵。在研究的方法上，注重比较的研究方法，注意和苏联马克思主义的比较；注重对儒学对中国现代化的影响的研究等。这些研究为西方了解、认识中国现代社会的变化与发展起到了重要的作用，它不仅丰富了中西文化的交流、融合，而且也在一定程度上彰显了马克思主义哲学中国化的世界意义，促进了儒学在世界范围内的传播和发展。此外，西方学者认识事物的思维方式，对我们认识自身也具有重要的借鉴意义。

但是，西方学者这些研究，也存在着一些问题或研究倾向，值得我们反思。从研究的路径来看，西方学者主要是从文化的层面来论述中国传统文化和现代中国社会发展的关系，或者从中发现消极因素，或者从中发掘积极因素，而没有从中国人民近百年来所面对的现实问题出发，从而不可能发现中国革命和中国现代化之间的内在关系，也就不可能发现马克思主义哲学中国化和中国现代性之间的规律性。从研究的对象来看，直到目前为止，西方学者并没有明确提出"中国现代性"这一概念，这与其历史认识有关。西方学者往往将中国现代化的发展置于世界现代化或东亚现代化这一层面,所以在他们的眼界中,中国现代化的发展要么是西化现代化,要么是儒家文化圈内的东亚现代化。囿于这种历史局限性,他们未能认识到中国社会主义现代化建设的历史意义,从而难以认识到马克思主义中国化对中国现代性的意义,也未能科学认识到马克思主义中国化与西学东渐,与中国传统文化的历史联系与根本区别。所以,在这种历史意识中,中国现代性这一概念未能从中国历史中发掘出来。从研究的内容与方法来看,对马克思主义中国化的科学含义的理解没有结合中国的历史背景来阐释,换言之,对马克思主义中国化的理解具有一定的局限性;没有认识到马克思主义中国化的历史维度,割裂了马克思主义中国化理论与实践之间的历史关系;忽视马克思主义中国化的科学维度;忽视马克思主义中国化和中国传统文化之间的内在关系;等等。

二 国内研究概况

1. 现代化、现代性问题研究的兴起与发展

在西方现代化和西学东渐的双重影响之下,中华民族在内外交困的历史时期面临一系列事关民族生存与发展的重大问题。其中,围绕传统与现代问题而引起的中西文化之辩就是19世纪末中国社会发展所呈现的社会矛盾之一。在西化和复古两种文化思潮对峙之际,晚清重臣张之洞提出了"中学为体,西学为用"的主张,作为一种应对西学冲击的调和之策。但这并没有终结中西文化之争,到了20世纪初,这种争论反而更加激烈。20世纪初的新文化运动及其以后的三次文化大争论,或直接,或间接地触及中西文化,这些争论实质上是传统和现代的矛盾在文化上的反映。1921年梁启超撰写的《中西文化及哲学》是这一时期的代表作,对当时的文化冲突作了一种文化保守主义的回应,不仅反对"全盘西化论",而且对马克思主义也持一种拒斥的态度。可以说,现代化问题引发了中西文化之辩,中西文化论争反过来又推动人们对传统与现代、对现代化的关注。贺麟在20世纪40年代初分别著述了《物质建设现代化与思想道德现代化》《儒家思想的新开展》等文章,对现代化及其所引起的文化问题进行了较为深入的研究。在《儒家思想的新开展》一文中,贺麟就从现代中国所面临的传统与现代的矛盾出发,认为"中国近百年来的危机,根本上是一个文化的危机"。贺麟这一见解是发人深思的,尽管他没有明确

提出现代性的概念，但这里所提出的文化危机的问题实质上就是中国现代化、现代性问题。贺麟希望在融合吸收西方文化的基础上推动儒家思想的新开展。"只要能对儒家思想加以善意同情的理解，得其真精神与真意义所在，许多现代生活上、政治上、文化上的重要问题，均不难得到合理、合情、合时的解答。"[①] 胡适在20世纪20年代也表达了对现代化的认识。与梁启超、贺麟等学者不同的是，胡适主张西化，是西方现代化的积极支持者。

总体来看，在新中国成立以前，中国现代化的历史进程是极其缓慢的。在1887—1936年的50年间，中国国民生产总额虽然增长了近5倍，但同一时间内的日本却增长了近20倍。[②] 所以现代化问题并未引起学术界的高度重视，换言之，现代化并不是人们所熟知的一个概念。不可否认，现代化也引起了政府和学术界某种程度的关注。当时的南京国民政府为此还成立了"现代化编译社"，出版了一些著作。吴世昌的《中国文化与现代化问题》就是其中一本。该著对现代化问题也表达过很有见识的看法，实质上就是阐述了中国现代性问题。吴世昌首先认为："中国如要求生存，最迫切的是一个现代化的问题。"然后指出，中国现代化问题和中国文化传统文化之间存在着冲突，突出表现在中国传统文化中科学和道德两个现代性因素的缺失，所以，"我们要建现代国家，就得有具备现代观念的人才。……现代化和建立现代科学的道德基础是分不开的"。吴世昌这些观点不无道理，但是，像这种对中国现代化有很独到的认识和研究，在当时的中国是不多见的。因为，当时对现代化的研究，不仅受制于中国国情，和当时世界范围内现代化研究也是处于起步阶段有关。

在中国现代性研究中，新儒学是一个不可忽视的力量。早在20世纪二三十年代，以梁漱溟等为代表的新儒家就力主"世界未来文化就是中国文化的复兴"。20世纪50年代以后，新儒学的主要阵地逐渐转入港台地区。新儒学几代学者在这一方面做了不懈努力。殷海光是台湾地区知名的自由主义者，他在一系列的论著中阐述了现代化的有关思想。当然，在这一时期，除了新儒家对现代化、现代性展开研究外，其他学者也对此进

---

① 陈来主编：《贺麟选集》，吉林人民出版社2005年版，第130、140页。
② 参见章开沅《比较中的审视：中国早期现代化研究》，浙江人民出版社1993年版，第225页。

了广泛的探索，出版了许多现代化方面的著作，比较有代表性的著作有：金耀基的《从传统到现代》《中国现代化与知识分子》《中国现代化的历程》，胡光镳的《中国现代化的历程》，"中央研究院近代史研究所"编辑的《中国现代化论文集》等。

中共十一届三中全会以来，中国大陆实现了历史性的根本转变，进入到改革开放和社会主义现代化建设的新时期，从而引发了学术界对现代化、现代性的积极探讨。特点之一：重视中国现代化历程的研究，注重现代化的比较研究。彭怀恩的《中国现代化历程》是一部比较早的研究中国现代化的著作。在20世纪八九十年代学术界对现代化的研究中，罗荣渠是一位很有代表性的学者，被称为当代中国现代化理论与比较现代化进程研究的主要开创者。他从20世纪80年代以来，主编了《世界现代化进程研究丛书》《西化—现代化丛书》等，著有《现代化新论》《现代化新论续篇》等著作和《现代化理论与历史研究》《建立马克思主义的现代化理论的初步探索》《论现代化的世界进程》《走向现代化的中国道路》等论文，对现代化、中国现代化展开了深入研究。孙立平、许纪霖、程美东等学者对现代化问题也做了很深入的研究。① 特点之二：从启蒙思想的视角展开中国现代化、现代性的研究。在20世纪80年代，中国大陆学术界风行对启蒙思想的研究，以"五四"的主题"科学"和"民主"展开反思，认为中国启蒙任务并未完成，而在这些人看来，启蒙不仅构成现代性的内容，而且也是其前提。李泽厚是这方面的代表人物。特点之三：和西方后现代主义理论相呼应，运用后现代思想批判现代性。从20世纪90年代以来，后现代主义思潮开始在学界流行。西方很多现代性、后现代主义的著作纷纷被译介和出版。其中比较有影响力的是中央编译局组织翻译、出版的一套现代性丛书。

概括起来，这些研究中所表达的基本思想是：（1）西方现代性理论的中立与价值取向。有的学者驳斥了西方现代性理论所谓的中立性，认为西方现代性理论有明确的价值取向。战后在美国崛起的现代化理论基本预设是建立在"传统"与"现代"的二分法的基础之上的，在其整个分析

---

① 参见孙立平的《社会现代化》（华夏出版社1988年版），许纪霖、陈达凯的《中国现代化史》（上海三联书店1995年版），程美东的《现代化之路——20世纪后20年中国现代化立历程的全面解读》（首都师范大学出版社2003年版）等。

系统的背后却涵盖着明确的价值取向，即将"传统"等同于落后，将"现代"理解为发展这样的二元化思路；将整个世界分为"中心"（欧美）与"边缘"（亚非拉）两个等级。这是帕森斯等人对韦伯思想的最大误读。①（2）中国现代性的一般性与特殊性。有的学者认为，中国现代性是从西方引进的，但在具有现代性的一般性质的同时又有自己的特殊性。②（3）中国现代性的历史与未来。有的学者从"五四"与现代性关系入手，提出了对"五四"的评价应采取历史主义的进路。"五四"作为一种社会思潮与文化运动，倡导科学和民主，从而建构了一个以"五四"为标志的现代性话语，这具有历史的合理性，但这一现代性由于建立在对传统的批判与拒斥的基础上，从而招致了来自当代国内外学术界的批评。今天，我们的态度不是彻底否定"五四"话语所建构起来的现代性的意义，而是继承"五四"现代性言说的基本精神并超越。③（4）全球化与中国现代性。有的学者认为，全球化为世界带来了一个普遍的现代性格，但现代性的全球化实际上是一个多元的现代性格局。所以，对于中国来说，应从全球性的视野去理解和建构中国的现代性。④（5）后现代主义与中国现代性。有的学者认为，应从后现代主义的视角理解中国现代性，中国现代性从来都具有与生俱来的"后现代性"。"中国后现代"包含双重历史意味：一方面表明现代性过程在中国远没有完成；另一方面说明中国现代性在一定程度上展开的正是"中国后现代"问题的客观条件。⑤ 有的学者对后现代主义则做了不同的理解，认为：后现代主义是西方对现代性的又一次启蒙，是现代性的延续和调整；现代性是唯一的，不存在与西方现代性有别的中国现代性；中西差距不在于中西现代性之别，而在于传统性与现代性的差别；中国必须选择现代性。（6）中国现代性问题研究中

---

① 许纪霖主编：《现代性的反思》，《读书》1992年第1期。
② 参见杨春时《现代性与中国现代性的总体构成》，《求是学刊》2003年第1期。
③ 参见任剑涛《信念的重建——"五四"与现代性》，《中山大学学报》（社会科学版）1997年第1期；高远东《未完成的现代性——论启蒙的当代意义并纪念"五四"》，《鲁迅研究月刊》1995年第6、7、8期。
④ 参见金耀基《现代性辩论与中国社会学之定位》，《北京大学学报》（哲学社会科学版）1998年第6期；金耀基《论中国的"现代化"与"现代性"——中国现代的文明秩序的建构》，《北京大学学报》（哲学社会科学版）1996年第1期；单世联《韦伯命题与中国现代性》，《开放时代》2004年第1期等。
⑤ 参见张旭东《后现代主义与中国现代性》，《读书》1999年第12期。

的人物研究。到目前为止,这方面的研究做得还不多。但有的学者对中国最早的现代性问题思想家王韬的思想进行了评价,从而在一定程度上弥补了这方面的缺陷。①(7)现代化与现代性。一般说来,学术界对现代化和现代性两者的关系是肯定的,但也有不同意见。因为将现代性理解为一个被抽象、普泛化了的东西,所以不自觉地将现代性和现代化对立起来,认为西方正是通过"现代性"把"现代化"模式化、西方化了,从而也将普泛化的"现代性"模式套中国,所以我们要反对将现代性作为现代化的前提这样的圈套。②(8)传统与现代性。有的学者认为,不能按照"传统—现代性"两极对立的公式中看待现代化。在现实的社会大转变过程中,现代性与传统两类因素并非简单对立的线性运动,而是处在众多的其他因素一起互动的复杂网络之中,受许多因素的牵动。③(9)现代性中的工具理性与价值理性。现代性与合理性也是学界探讨的一个重点。有的学者反对将工具理性理解为现代性的唯一合理性,认为这是一种特殊主义的宰制。特殊主义的现代性观念只是一个认识的范畴,而不是一个存在范畴,所以说,现代性不仅包含工具理性,还包括价值理性。④

2. 中国马克思主义哲学视域中的中国现代性研究

从马克思主义哲学中国化的本质属性和理论旨趣来看,马克思主义哲学中国化的历程就是一部中国现代化发展、现代性建构的理论创制过程。从毛泽东、李达、艾思奇等马克思主义哲学家的思想来看,他们是最早一批从马克思主义哲学中国化的论域开展对中国现代化、现代性研究的马克思主义理论家。"在20世纪中国思想世界,环绕着历史观与文化观问题,形成了唯物史观与进化史观、民生史观及种种非唯物史观的复杂联系,出现了马克思主义文化观与西化思潮、文化保守主义对中西古今文化问题、对中国现代化道路问题的不同选择。早在20世纪20年代初,中国马克思主义者就用唯物史观衡论新文化

---

① 参见王一川《王韬——中国最早的现代性问题思想家》,《南京大学学报》(哲学·人文·社会科学)1999年第3期。
② 韩毓海:《关于"现代性"与"现代化"》,《学术月刊》1994年第6期。
③ 参见罗荣渠《传统与现代化问题的理论思索》,《北京大学学报》(哲学社会科学版)1989年第3期。
④ 参见陈来《"新理学"的现代化论与"现代性"思维的检讨》,《北京大学学报》(哲学社会科学版)1995年第1期。

运动时期的东西文化问题论争，杨明斋著《评中西文化观》即是其代表作。20 年代末与 30 年代初，中国马克思主义者又用唯物史观考察中国古代社会历史和中国当代社会结构，而有郭沫若、吕振羽的古史研究著作和陈翰笙领导的农村社会调查。这就把对历史观与文化观问题的哲学思考，从思辨的玄想拉回到现实的生活世界中，在现实的生活世界中显示出中国马克思主义历史观与文化观的深刻性与合理性。"[①] 这些探索开辟了马克思主义哲学中国化和中国现代性之间的历史通道，回答了中国近现代社会发展中马克思主义哲学中国化的理论归属和中国现代性建构的历史基地的根本问题，这些研究不仅具有政治意义，也具有学术意义。新中国成立以后，中国马克思主义哲学研究进入一个新的发展时期。尽管期间也出现过将马克思主义实用化、庸俗化等错误倾向，但通过真理标准问题等马克思主义哲学基本问题的一系列讨论，马克思主义哲学的本来面目逐渐才得以恢复。从 20 世纪 80 年代开始，中国马克思主义哲学有了重大发展。从学术研究的层面来看，人道主义、实践哲学、马克思存在论、人学、现代化、全球化、生产力等理论问题不断受到学界的广泛讨论，虽然这些问题都有各自的具体规定和学术意义，但就其理论指向来说，这些问题实质上都切中了中国现代性问题。每一个重大的理论问题背后，所观照的是中国的现实，对于当代中国来说，最大的现实就是中国现代化、中国现代性问题。当然，这是从总体上讲的。中国现代性问题既是一个总体性问题，也是一个具体的范畴。

在中国马克思主义哲学发展史上，把现代性作为一个具体的历史的概念来研究，和把马克思主义哲学中国化作为对象来研究，几乎都始于 20 世纪 90 年代。中国马克思主义哲学界选择这两种理论出场的时间和方式，显然和 20 世纪 90 年代发生在中国近现代历史上两件大事有着密切关系：一是社会主义市场经济体制的确立，二是中国特色社会主义理论体系的确立。所以，在这一时期，中国马克思主义哲学界围绕现代性和马克思主义哲学中国化展开了深入研究，无论是在马克思主义哲学中国化这一领域还

---

① 李维武：《20 世纪中国哲学视域中的马克思主义哲学中国化研究》，《陶德麟先生八十华诞暨新中国马克思主义哲学研究六十年学术研讨会文集》，武汉大学出版社 2010 年版，第 648 页。

是现代性这一问题上,中国马克思主义哲学界都取得了丰硕成果。然而,不可否认,在一个时期内,马克思主义哲学中国化和中国现代化、现代性研究并没有统一起来,成为相对独立的两个研究领域。21世纪以来,随着中国社会主义现代化建设的发展,中国道路、中国经验逐步从实践中呈现,在这一历史条件下,有些学者开始意识到马克思主义哲学中国化和中国现代化、现代性之间的内在关系。开展以中国现代化为中心论题的马克思主义哲学中国化研究已成为目前中国马克思主义哲学界的共识。概括起来,近年来中国马克思主义哲学界在这一问题上所做的工作分别体现在以下几个方面。

其一,召开学术会议。2004年8月在四川绵阳,中国社会科学杂志社和中共中央党校哲学教研部共同主办了第四届马克思论坛,其主题就是"马克思哲学与当代中国现代性建构",来自全国19个马克思主义哲学学科博士点的近百名专家学者就此展开了深入的研讨。这次会议就以下几个问题达成了共识:马克思哲学是现代性理论一个重要的思想资源;在全球化的今天,当代中国发展的本质理念既不同于经典现代性,也不同于吉登斯的"反思现代性"或第二次现代性,而是一种新现代性;马克思哲学对于建构中国现代性理论具有非常重要的意义;中国现代性批判理论必须摆脱对现代性进行简单的价值判断的误区。在现代性的进程上:我们与西方社会之间存在着时间差;中国现代性还是一个未完成的过程,现代性是当代中国社会发展中的重大实践课题。当然,这次会议虽就很多问题展开了讨论,但也有几个问题未能统一认识:现代性与后现代性的关系;中国现代性建构的向度和论域等。

其二,开展专题研讨。据不完全统计,我国哲学界几个有影响力的学术期刊《中国社会科学》《哲学研究》《学术月刊》等就现代性问题发表了许多重要文章。《学术月刊》大致在20世纪90年代初就开始关注这一问题,到目前为止,发表了近200篇有关现代化、现代性的文章;《中国社会科学》和《哲学研究》对这一问题的介入大约从21世纪初才开始,不过,这两个重要期刊虽然对现代性问题的关注不及《学术月刊》,起步也显得迟缓些,但关注现代性问题的力度和深度也是值得肯定的。从2000年开始,这两个期刊分别发表了61篇和41篇文章。特别值得注意的是,这三个期刊分别推出了一期专题讨论,从而极大地推动了现代性问题的思考和研究。① 这里虽然仅列举三个主要学术期刊，但基本也可以从一个侧面反映我国学术界在现代性问题上的研究进展和深度。

其三，推进基地建设。全国高校马克思主义哲学学科有四个教育部重点研究基地。从基地的研究领域来看，这四个基地各有侧重，但每一个基地都涉及现代性的研究，或者说，现代化、现代性研究是每一个研究基地的主要方向之一。中山大学哲学系马克思主义哲学与中国现代化研究所是直接以中国现代化命名的研究基地，到目前为止，基地所出版的《马克思主义的当代价值》丛书是其科学研究的标志性成果，主要有《马克思辩证法理论的当代反思》《社会主义意识形态发展研究》《重思发展——马克思发展理论的当代价值》《马克思世界历史理论与全球化》《马克思劳动价值论的历史与现实》《马克思主义中国化探论》《马克思与我们同行》《新生产力论》《价值的冲突》共9部著作，在学术界产生了很大的影响。复旦大学国外马克思主义研究中心推出了《全球化背景下的现代性问题》等重要著作，是目前国内马克思主义哲学界就现代性问题研究的最新成果。南京大学马克思主义社会理论研究中心也将当代中国马克思主义社会发展理论研究作为其三个学术研究方向之一，主要成果有《中国共产党执政规律论》《走出历史哲学乌托邦——马克思主义发展理论的当代沉思》《市场逻辑与社会主义》《现代性的谱系》《冲突与整合：如何认识我国社会主义改革实践过程对人们思想的影响》等。吉林大学哲学基础理论研究中心的唯物史观与社会发展理论是基地三个方向之一，基地研究者从哲学与经济学、社会学、政治学的学科的交叉综合研究中，对当代中国社会发展进行了系统的理论研究，主要著作有《找回失去的"哲学自我"》《超越意识》《中国共识》《现代性的命运》《马克思主义文化哲学》《当代哲学与社会发展》《现代意识形态研究》《马克思主义哲学当代思潮》《辩证法的生存论基础》《现代之后》《边界意识与人的解

---

① 参见《学术月刊》2001年第1期的《从学习型现代性到反省型现代性》（高瑞泉）、《现代性的中国关怀》（任剑涛）、《现代性与现代民族国家在中国的断裂和复合》（杨春时）、《现代性的意义》（彭富春）；《中国社会科学》2005年第1期的《马克思对现代性的诊断及其启示》（俞吾金）、《镜像中的生存——现代性的反思与反思的现代性》（郭大为）、《马克思主义中国化与中国现代性的建构》（邹诗鹏）、《能力建设与当代中国发展》（韩庆祥、雷鸣）；《哲学研究》2006年第1期的《现代性逻辑预设何以生成》（张雄）、《现代性：资本与理性形而上学的联姻》（王善平）、《墨学现代化、新墨学和元墨学》（孙中原）。

放》。除了这四个重点基地外,北京大学哲学系马克思主义哲学学科点有关经济全球化和中国现代化研究①、武汉大学马克思主义哲学研究所关于马克思主义中国化和文化哲学的研究②、厦门大学关于现代性研究、中共中央党校哲学教研部关于当代中国社会发展的研究、山东大学关于当代社会发展研究③、黑龙江大学文化哲学研究④,都开展了中国现代化、现代性的广泛研究。此外,中国人民大学哲学系、北京师范大学哲学社会学院、首都师范大学哲学系等在现代性问题上也有较深入的研究。

其四,撰写博士论文。从中国期刊的网上检索可以发现,从1999年开始,到目前为止:现代性方面研究的博士论文有152篇;哲学方面的博士论文共有20篇,其中马克思主义哲学共有13篇。⑤ 总体上看,这些研究各具特色,全面而深入地就现代化、现代性研究中的理性、技术、风险、交往、文化、人的发展等诸多重大问题展开了研究,取得了一系列可喜的成果。

---

① 北京大学哲学系马克思主义哲学博士点先后出版了《现代化进程的矛盾与探求》《走向现实的社会历史哲学——马克思社会历史理论的当代价值》等著作。

② 武汉大学马克思主义哲学研究所办有《马克思主义哲学研究》辑刊,主要著作有《陶德麟文集》《现实的哲学与哲学的现实——马克思主义哲学及其中国化》《全球化、现代化与马克思主义哲学中国化》《马克思主义中国化探论》《马克思主义哲学和文化哲学》等。

③ 山东大学哲学与社会发展学院办有《当代社会发展研究》辑刊,学术带头人刘陆鹏和何中华出版了《制度与发展关系研究》(刘陆鹏,人民出版社2002年版)、《社会发展与现代性批判》(何中华,社会科学文献出版社2007年版)等。

④ 衣俊卿著有《现代化与日常生活批判:人自身现代化的文化透视》《现代化与文化阻滞力》等。

⑤ 这13篇博士论文的基本情况是:吉林大学6篇,任春雷2009年度的《现代性视域中的风险概念与发展观的哲学反思》(导师贺来教授)、陈爱梅2008年度的《现代性批判与自由理想的启蒙》(导师孙利天教授)、卞绍斌2008年度的《现代性视域中马克思的"社会"概念》(导师贺来教授)、杨淑静2008年的《重建启蒙理性——哈贝马斯现代性难题的伦理学解决方案》(导师孙正聿教授)、李国俊2007年度的《现代性的技术理性批判》(导师刘福森教授)、宋伟2006年度的《后现代转向与哲学思维方式变革——兼论马克思哲学与后现代理论话语》(导师孙利天教授);复旦大学3篇,陈蓓洁2007年度的《艺术·真理·现代性批判》(导师吴晓明教授)、张有奎2004年度的《马克思生存论视域中的现代性批判》(导师余源培教授)、石敦国2003年度的《时代困境的实践反思——马克思的现代性批判话语》(导师金顺尧教授);黑龙江大学有2篇,付洪泉2007年度的《现代性的哲学误读与社会学阐释》(导师衣俊卿教授)、韩红2004年度的《交往的合理化与现代性的重建》(导师衣俊卿教授、张奎良教授);中共中央党校1篇,邓永芳2007年度的《文化现代性引论》(导师侯才教授);武汉大学1篇,刘建新2007度的《马克思现代性批判视阈中的人的全面发展》(导师陶德麟教授)。

当然，实践是发展的，中国马克思主义哲学界尽管在这一方面做了大量卓有成效的工作，取得了一批很有价值的学术成果，但是也还存在着如下几个方面的问题：（1）对马克思主义哲学中国化的历程、经验、形式研究的较多，对其中的主题、问题、意义研究则较少；（2）对马克思主义哲学中国化中马克思主义和传统文化的关系研究较多，对马克思主义和中国现代化、现代性的关系研究则较少；（3）对马克思主义哲学中国化中人物思想中历史的东西研究较多，对其思想演变中逻辑的东西研究则较少；（4）对马克思主义哲学中国化体系研究较多，对发展进路研究则较少；（5）对马克思主义哲学中的民族化、大众化研究较多，对其时代化研究则较少；（6）对马克思主义哲学基本概念较多，对中国实际研究则较少；等等。

第三节　研究思路和研究方法

一　研究思路

现代社会的发展表明，深刻的社会实践呼唤着科学的哲学思想，科学的哲学思想指引着深刻的社会实践。中华民族要真正从世界现代化进程中实现民族的伟大复兴，就不仅要从实践上进行彻底变革，而且也要从理论上实现思想转变。所以，以马克思主义为指导、走现代化道路，成为中国人民的理论与实践的自觉。换言之，现代社会这种理论需要与实践需要的高度统一在中国现代化的历史进程中得到了生动而具体的说明。从这个意义上看，从总体上把握中国现代化进程中的理论与实践的双向互动关系，无疑是中国马克思主义哲学必须回答的重大问题。所以本书研究的基本思路是：通过对中国现代化历史进程的研究揭示中国现代化的规律；通过对马克思主义哲学中国化与中国革命和现代化的历史关系，阐释中国现代性建构与马克思主义哲学中国化之间的内在联系；通过对自由主义、现代新儒家与马克思主义的比较研究，阐述中国现代性建构的理论基础。具体说来，本书将从以下五个方面展开论证。

第一章，全球化背景下的西方现代性哲学话语

研究中国现代性，必须从西方现代性讲起。这是因为：其一，中国现代性问题不仅是中国现代化实践中产生的问题，而且也是和西方现代性的比较中产生的，如果没有西方现代化道路和资本主义现代性问题，也就没

有中国现代化道路和中国现代性建构之说；其二，从中国现代化进程来看，中国现代化不可避免要受到西方现代化的影响，这一影响是通过全球化实现的；其三，从"现代"和"现代性"的词源来看，这些概念也不是现代汉语中固有的词汇，而是从西学中译介而来的。所以在第一章中，按照逻辑顺序，安排三个问题：第一个问题是对"现代"和"现代性"两个概念的词源考析，以此说明作为时代意识的现代原则是如何确立起来的，并对现代性概念进行概括；第二个问题是对西方现代性的哲学话语进行梳理，本书列举了黑格尔、尼采、韦伯、海德格尔和哈贝马斯等几位有代表性的思想家，从理性的现代性话语、批判的现代性话语和交往理性的现代性话语等三个方面阐述各自的思想特征与架构；第三个问题是现代化、现代性与全球化三个概念与关系的辨析，本书以现代性为中心，将现代化理解为现代性建构的实践形态，将全球化理解为现代性的外推空间，说明现代性建构既离不开现代化，也离不开全球化，最后从内外两个方面分析现代性的后果，以此论证西方现代性的局限性。

第二章，中国现代化进程中的两种现代性话语

本章遵循从实践到理论的原则和路径，先后从三个方面来阐述中国现代化的选择问题，这一问题也就是现代化进程中的两种话语之争。第一个方面，从对中国现代化道路的反思中提出中国现代性问题；第二个方面，分析自由主义在中国的传播及其影响，探讨"西化派"及其现代性西方话语的形成；第三个方面，分析现代新儒家在现代化进程中的式微与复兴，探讨现代新儒学的发展方向与局限性，批判了马克思主义儒学化的错误观点。

第三章，马克思主义哲学中国化：历史与现实

本章主要是从实践层面展开研究。首先，对马克思主义哲学中国化的必要性问题进行论证，阐述中国现代性建构和马克思主义哲学中国化之间的根本一致性。其次，从中国革命与马克思主义哲学中国化方面进行研究，围绕革命的现代性话语、马克思主义在中国的传播和发展、新民主主义理论，以及马克思主义哲学中国化的基本含义等几个重要问题阐述马克思主义哲学中国化在实践中指导中国革命的历史意义。最后，从中国现代化建设和马克思主义哲学中国化方面展开研究，围绕现代化的三种模式、毛泽东思想与中国现代化道路、由邓小平理论开启的中国特色社会主义理论体系与中国现代化道路三个问题，论证马克思主义哲学中国化对中国现

代化建设的伟大意义。

第四章，现代性的批判与建构：马克思主义哲学中国化的内在逻辑

本章主要是从理论层面展开研究。首先，对马克思的现代化思想及其对资本主义现代性问题展开探索。其次，对中国现代性建构的内在逻辑进行研究，认为中国现代性建构表现在三个方面：一是社会主义市场经济的建立，阐释社会主义市场经济建设中效率原则与公平原则的现实统一，揭示市场经济的社会主义性质；二是主体性建构，阐释主体性建构的基本路径，重点阐述了市场经济的实践路径与马克思主义哲学中国化的理论路径；三是"和谐社会"理念的确立，阐释市民社会对于现代性建构的必要性与局限性，阐述集体主义原则的必要性，指明市民社会的发展方向是"和谐社会"理念指导下的社会主义社会。最后，对"以人为本"展开研究，阐述"以人为本"是社会主义现代化建设的基本原则和核心理念，从三个方面展开分析与论证：一是对"以人为本"这一命题进行研究与考析；二是从历史唯物主义的高度阐释"以人为本"原则的现代性意蕴；三是从科学发展观的层面阐述"以人为本"原则的现实内涵与要求。

结语，马克思主义哲学中国化的理论自觉与创新

这一部分主要从方法论的层面展开研究。首先，提出马克思主义哲学中国化的辩证法精神在于从实践出发，面向中国现代化问题，分别从马克思主义哲学的本质要求、马克思主义哲学中国化的必然要求和基本原则、基本方法等三个方面进行论述；其次，针对近年来影响世界现代化进程中的"全球主义"意识加以分析与批判，阐述马克思主义哲学中国化的世界视野不是无原则的批判，而是科学对待全球化的两重逻辑，分别从"全球主义"意识问题的实质、历史观的批判和全球化的两重逻辑三个方面展开论证；最后，从习近平的中国梦思想的科学内涵上，阐述中国梦思想的现代性意蕴和理论创新。

二 研究方法

本书的指导思想是，以中国特色社会主义理论为指针，联系马克思主义哲学中国化的发展历程，联系中国革命、改革开放和社会主义现代化建设的实际，联系当代马克思主义中国化研究的思想实际，深入研究马克思主义文本，尤其是毛泽东、邓小平、江泽民、胡锦涛和习近平的著作，深入研究马克思主义中国化的历程及其规律，深入研究社会主义现代化建设

中的问题。具体说来，本书将遵循以下研究方法：（1）历史与逻辑相统一的方法。在实际的研究中，本书将把历史的考察和理论的思考结合起来，不做脱离历史的抽象理论构造，也不简单地去罗列事实，以历史取代思考。历史与逻辑相结合的研究方法是本书运用的最基本的研究方法。（2）问题研究和文本解读相结合。一方面本书对马克思主义中国化的实践历程中的问题进行深入的考察；另一方面，本书也将认真研读有关马克思主义创始人的著作和毛泽东等中国马克思主义者的著作，努力把握其中的深刻思想。（3）整体研究和个案分析相结合。本书把马克思主义哲学中国化作为一个整体进行研究，努力发现其中规律性的东西，并将现代新儒家思想作为个案，开展马克思主义哲学中国化与各种思潮的比较研究，展现马克思主义哲学中国化与中国现代性建构之间的历史的真实关系。（4）比较分析的研究方法。通过对西方现代性和中国现代性的比较，通过对自由主义和马克思主义、儒学的创造性转化和马克思主义哲学中国化的比较研究，揭示中国现代化发展的历史规律和中国近现代思想演变的内在逻辑。

第一章

全球化背景下的西方现代性哲学话语

现代性是当代社会最重要的问题。但从当下现代性的话语构成来看，我们对现代性的认识实质上是对西方现代性的认识，也就是说，我们所说的现代性其实是指西方现代性。现代性是多元的，现代性和民族国家之间是矛盾关系，现代性一方面表现为世界性的扩展，另一方面又受民族国家的制约，呈现民族的个性化特征。所以说，在中国讨论现代性，其实存在着现代性的两种话语：一是西方现代性，二是中国现代性。我们必须正确认识这两种不同的现代性话语系统，做出历史的判断与选择。

第一节 "现代性"的概念辨析

现代性（modernity）是现代化（modernization）的本质规定性，它与作为时代意识的现代概念的形成是分不开的。从认识论的角度来看，作为时代意识的现代概念的形成又有赖于人们时间观念的认识论革命。所以，认识现代性，必须首先从认识现代的时间观念入手。从现代的时代意识的呈现方式来看，现代的时代意识首先表现为现代的时间观念。

时间是事物存在和人类活动的方式之一。人类社会发展至今，虽然还有很多难以认识的"历史之谜"，但从总的发展趋势来看，人类社会并未停留于历史的开端处，也没有止于简单的历史循环，而是表现为由简单到复杂、从低级到高级的历史进程，其中蕴含着不以人的意志为转移的历史规律。纵观人类社会发展的历史形态，我们可以发现，人类社会先后经过了一些不同的历史发展阶段，但这每一阶段的更替并不归结为时间的量的差异或量的增减，而是有着质的区别。这种质的区别是由历史进程中各种因素决定的，主要的是经济的、政治的、文化的因素决定的。所以说，对人类历史的认识，并不能简单地将历史还原为时间的测量与计算。对时间的测量与计算，是物理学、天文学等自然科学的任务。但是，离开时间的历史认识，不仅违背科学知识，而且也难避历史虚无主义之嫌。要认识作为人文学科对象的时间概念，就必须将时间和人的活动结合起来，换言之，必须从人的活动中把握时间的意义存在。人的活动不仅表现出类的意义，也彰显个体和群体的价值。从文化的维度来看，由于生产劳动和其他活动方式的不同，民族之间对时间的认识也是有差异的。

一 中国传统思想中"古"与"今"的时间观

在中国传统思想中，有关时间的观念和认识不仅出现早，而且内涵也很丰富。据《尸子》一书的记载，战国时期人们就提出了"上下四方曰宇，往来古今曰宙"的命题，其中的"宙"就是时间概念，具体表现为往和来、古与今几种形式，它描述了时间的持续性特征。"宙"和"宇"这两个时与空的概念也由此成为中国传统宇宙观架构的两个基点，是中国古代哲学思维水平的重要表现，表达了古代人们对时空形式的一种朴素认识。后期墨家在《经上》和《经说上、下》进一步提出了"久"的时间概念："久，弥异时也"，"久，合古今旦暮"[1]。作为时间概念一种新的提法，"久"除了涵盖了古与今这两种形式之外，还指向旦和暮两种时间表现形式。从这里可以看到，古与今是一种大尺度的、哲学范畴的时间概念，旦和暮则是一种具体的、日常生活意义的时间概念。相比"宙"这种时间概念，"久"对时间的描述和概括更为具体、深入，"是指一切具体时刻的总和"[2]。从"宙"和"久"这两种时间表达方式来看，中国古代时间概念主要是以古与今这两种形式呈现的，从而也就构成了中国古代哲学时间概念的内涵。在中国古代思想中，这种时间概念影响深远。"故察己则可以知人，察今则可以知古。古今一也，人与我同耳。"[3] 吕不韦在《察今》一文中所阐发的虽是变法的思想，但其中所表达的古与今的时间观念则是十分明确的，中国传统的时间观在此成为变法的哲学依据。

---

[1] 参见《陶德麟文集》，武汉大学出版社2007年版，第339页。
[2] 《陶德麟文集》，武汉大学出版社2007年版，第339页。
[3] （战国）吕不韦：《吕氏春秋新校释》上册，陈奇猷校释，上海古籍出版社2002年版，第944页。

司马迁在《报任少卿书》一文中也明确提出了"究天人之际，通古今之变"的学术主张，这既是司马迁在历史学研究上的基本要求，也是他对历史认识的基本观点，即历史是贯通"古今"之"变"的。从这里可以看到，"古今"的时间观念通过司马迁的历史认识而体现出来。所以说这种古与今划界的时间观念在中国传统思想中屡见不鲜。作为与人们日常生活息息相关的认识形式，中国古代的时间观念并不神秘，它是中国传统思想中关于时间认识的主要成果，是在人们的实践中逐渐形成起来的，表征着中国传统文化中科学认识和辩证法水平所达到的历史高度。

然而，我们也应看到，中国传统思想中的时间观不可避免地存在着自身难以克服的局限性。一方面，中国传统时间观念中对时间的认识虽然也涉及未来这一时间向度，"从甲骨文来看，殷人已有'今日''翌日'和'来日'，'今月''来月'和'之月'（去月）；'今夕''翌夕'和'来夕'等明确的划分。现在、过去和未来的观念十分清楚"①，但是，总体来说，中国传统时间观念中未来这一时间向度显然是不清晰的，也未能充分展示出来。"往"与"来"这一时间概念往往和人的生死等终极问题联系在一起，真正的和现在相勾连的未来向度被"死亡"之后所遗留的超时空意识所取代，从而割裂了现在与未来的历史联系。后来印度的佛学传入中国，之所以能够中国化，一个重要原因就是中印两国文化中时间观念上的"可通约性"："今生"只有过去与现在，未来不在"今生"而在"来世"。由此可见，佛教以"来世论"解构了"今生"的未来向度，造成现实生活中因为未来时间向度的缺失而构建起超时空意识体系。另一方面，在"古"与"今"这一相关时间连续性的认识中，人们往往将认识的重点放在"古"这一时间向度上，从而相应地疏远或贬低了"今"这一时间节点的存在意义②，这种认识倾向直接导致了中国传统思想中"尊古""厚古薄今"等观念的流行，长期影响了人们对社会历史的认识，进

---

① 刘文英：《中国古代的时空观念》（修订本），南开大学出版社 2000 年版，第 18 页。
② 明末思想家王夫之曾指出："有已往者焉，流之源也，而谓之曰过去，不知其未尝去也。有将来者焉，流之归也，而谓之曰未来，不知其必来也。其当前而谓之现在者，为之名曰刹那（如断一丝之顷），不知此已往、将来之在念中者，皆其现在，而非刹那也。"（《思问录·内篇》）从这里可以看到，王夫之通过对时间三际连续性的阐释表达了他对"现在化"的一种理解，"已往、将来之在念中者，皆其现在"，这种重视"现在"的时间观念开启了后来湖湘学派"经世致用"的学风，但没有从根本上变革中国传统文化中"尊古"的传统思想观念。

而发展成以"古"为标准的社会发展观,在这一社会发展观中,"古"这一时间观念就不仅仅是一种时间范畴,更主要的是指涉一种关于社会发展的评价体系与模式,无疑,这种发展观实质上就是一种唯心主义的历史观。这种历史观无论是在孔子还是老子那里,都有不同程度的表现。从复杂性科学的角度看,中国传统思想中的时间观并非一种线性时间观,其认识根源不仅在于中国社会自然经济这种生产方式的束缚,而且也和古代朴素辩证法的思维方式有着相当密切的联系。可以说,中国传统思想中的时间观有着双重根据,即传统的自然经济的生产方式和古代朴素辩证法的思维方式。

由此可见,中国传统思想中的时间概念从一开始就表现了自然主义观念和保守主义倾向,从而无法将作为一个编年史的、编撰学的时间概念,发展为一个社会学的、哲学的时间概念。所以说在中国传统自然经济生产方式和思维方式长期占据统治地位的历史时期,科学的时间观和历史观难以形成,因为它缺乏现实基础,从而作为时代意识的现代原则也是不可能提出来的。中国传统思想中的"今"的时间概念,只是一种自然的或编年史意义上的现象描述,而无法从历史的根基处敞开人的主体性及其活动,无法从时代意识的高度呈现历史的真实意义。在中国传统思想中,由于无法确立现代原则的历史地位,古与今两种时间概念的对立与分野就是十分有限的、模糊的,"古今一也";二者之间的转化也仅具有一种自然的或编年史的意义。在中国传统思想中,如上所述,这种"古今一也"的时间观念后来逐渐发展为一种"尊古"的历史观和文化观,从中国社会的历史进程来看,这一历史观和文化观的消极意义是十分明显的,中国传统思想中的历史循环论之所以在历史上长期占据统治地位,与其不无关系。由此我们也就不难理解,中国传统思想中所谓的历史进步观念,就是一种历史循环的变化观念。从语义学的视角看,一个语词的产生必是人们相应活动及其认识的产物。古代汉语中没有"现代"一词,是因为历史上没有出现"现代"的人的活动及其历史条件,从这个意义上讲,中国传统哲学中没有现代性思想就不足为奇了。只有到了近代,这一问题才引起思想界的重视。梁启超在宣传进化论思想时就大力宣扬"将来观念",认为"现实者,实未来之牺牲也",以此作为对中国传统思想中时间概念缺失的纠偏。在现代汉语语境中,现代是一个专有名词,有着特定的历史内涵,特指"现今"这个时代,既可明确标志为 1919 年"五四"运动以来的历史时期，也指称这一历史时期的文化现象。然而，现代又具有普遍的历史意义。"现代"从作为源头的西学走进现代汉语语境中，它不仅呈现出其个性特征，而且还确证了自身的普遍性。从普遍性的意义上看，现代一词的产生，显然是经济全球化和西学东渐的产物。

现代无疑是一个时间概念，而且首先是一个时间概念。无论今天流行的后现代主义怎样去现代化、解构现代意义，其时间的意义性则是永恒的价值规定。以现代思想审视中国传统哲学中的古今概念，我们也就不难认识到在中国历史上时间概念流弊于人们的历史意识的思想根源之所在。需要指出的是，尽管我们今天比较普遍地将传统与现代的关系简化为古今关系，但这里的古今概念显然和中国传统思想中的古今概念有所区别，而就是今天的传统与现代性的概念。从"今"走向"现代"，不是一个简单的时间概念的流变与置换，而是一个新的富有革命意义的思想原则与解释框架的形成与确立。中国近代以来社会历史所出现的重大变革，一个根本性的标志就是现代化运动的兴起与发展，而这与现代原则的确立是密切相关的。要认识作为时代意识的现代原则对于中国现代化的历史意义，就必须从中国社会近代以来的历史运中发现其真实关系，这一问题将在后文中加以阐述；与此同时，我们也有必要考察现代一词在西学语境中的历史演变与真实意蕴。

二 西方传统时间学说中的"现在"观念

毋庸置疑，从词源来看，现代汉语中"现代"一词是从西学引进的。在西方哲学史中，"现代"（modern）一词的形成与西方关于时间的认识密不可分，也可说是从西方的时间概念发展而来的，它是人类认识的重要成果。

关于西方时间学说的传统，海德格尔有专门的深入的研究。在海德格尔看来，有两个关键性人物对西方时间学说的传统的确立起到了重要的作用：一个是古希腊的哲学家亚里士多德，另一个是罗马帝国时代的神学家奥古斯丁。"亚里士多德与奥古斯丁提出的'时间的两种古代的解释后来成为标准，'他们'对时间现象自身做出了当时堪称最广泛、真正主题化研究'"[①]。从这里可以看到，西方关于时间的学说可归于亚里士多德和奥

[①] 赵敦华：《基督教哲学1500年》，人民出版社2007年版，第144页。

古斯丁两人所开辟的思想传统，他们关于时间的认识对后来西方的时间学说有着直接的影响。

为什么亚里士多德与奥古斯丁提出的"时间的两种古代的解释后来成为标准"呢？这主要体现在"西方形而上学传统的核心是将时间归结为'现在'的观念"①。亚里士多德认为："时间作为运动的数，它是运动的性质或状况，而所有这些地方的事物都能运动（因为它们都在空间里），时间和运动无论在潜能上还是现实上都是同在的"②；"时间是关于前和后的运动的数，并且是连续的（因为运动是连续的）"③。这是亚里士多德对时间的基本认识，也就是海德格尔称之为的"生存论存在论解释"④。在亚里士多德看来，时间不归结为运动，但不能脱离运动；时间的运动性体现在以"现在"为基点的"前和后的运动"，这种运动是连续的；"现在"是时间的现象，"没有时间就没有'现在'，没有'现在'也就没有时间"⑤；"如果没有意识的话，也就不可能有时间，而只有作为时间基础的运动存在了（我们想象运动就是脱离意识而存在的）。"⑥ 由此可见，亚里士多德最早阐述了"现在"与时间的内在关系，从时间的构成视角看，他的时间学说也可归结为"现在式"原理。"现在式"时间原理的确立，不仅表明亚里士多德已经领悟到了时间的指向性这一重要特征，更重要的是说明亚里士多德在对世界的认识中已建立起一种时间分析框架，将"现在"看作是事物在时间上存在和运动连续性与间断性的统一。"时间也因'现在'而得以连续，也因'现在'而得以划分。"⑦ 问题在于，亚里士多德虽然从生存论存在论的境遇中取得了时间定义，但没有从人的活动的历史深处去呈现时间的意义，"他的时间解释倒是沿着'自然的'存在领域的方向行进的"⑧。所以说亚里士多德关于时间的认识

---

① 赵敦华：《基督教哲学1500年》，人民出版社2007年版，第144页。
② ［古希腊］亚里士多德：《物理学》，张竹明译，商务印书馆1982年版，第135—136页。
③ 同上书，第127页。
④ ［德］海德格尔：《存在与时间》，陈嘉应、王庆节合译，熊伟校，生活·读书·新知三联书店1987年版，第493页。
⑤ ［古希腊］亚里士多德：《物理学》，张竹明译，商务印书馆1982年版，第126页。
⑥ 同上书，第136页。
⑦ 同上书，第127页。
⑧ ［德］海德格尔：《存在与时间》，陈嘉应、王庆节合译，熊伟校，生活·读书·新知三联书店1987年版，第494页。

仍是一种物理学意义的时间概念。不过,尽管亚里士多德未能从人的存在问题上展开时间分析,但是,"后来对时间概念的一切讨论原则上都依附于亚里士多德的定义;亦即,它们都就时间在寻视繁忙中所显现的情况而使时间成为课题"①。从认识论的意义上讲,无论是科学还是哲学,提出问题比解决问题更有意义和价值。亚里士多德没有解决人们对时间的认识问题,但他所阐释的时间定义对西方的时间学说无疑有重要的影响。亚里士多德之后,人们分别从哲学的层面和科学的层面两个方向研究时间的可能性,不能不说是源于亚里士多德的时间学说。也正是从这个意义上讲,海德格尔将亚里士多德看作西方时间传统学说的重要代表人物之一,自然是有其道理的。

另一位开辟西方时间思想传统的是教父思想的集大成者奥古斯丁,他的时间学说在基督教的历史上具有重要的开启意义。在奥古斯丁之前,基督教并非没有时间概念,《创世纪》的神创论思想就是对时间的一种解释框架,构成了神学时间观的基础,但是这种"神授"的时间观未免过于神秘化,从而无法应对来自社会发展所提出的种种诘难。为了维护神的权威,化解"神创论"时间观所带来的"神学危机",奥古斯丁对时间的性质进行了重新理解。奥古斯丁采用"创世瞬间说"来解决《创世纪》中关于上帝创世教义中逻辑上的自我矛盾,即创世与时间的矛盾。在这里,"瞬间说"显然和世俗的时间观念是相冲突的,二者彼此协调存在困难,为了解决这一难题,奥古斯丁在"什么是时间"的问题逻辑中展开探索。奥古斯丁首先阐述了把握时间的方式,即时间是被知觉与度量的:"当时间流逝时,它可以被知觉与度量"②,这就是从主体的视角来表达时间的存在与意义。至于时间如何被知觉与度量,奥古斯丁没有就此止步也没有因故回避,而是对此做了进一步解释:

> 正是在我的心灵里,我度量时间。我不管那些(内心的)喧嚣,即不管众多的印象,我只度量时间。流逝的事物留给心灵的印象之持续,是我对现在时间的度量;时间的量度不是流逝的事物,而是它们

---

① [德]海德格尔:《存在与时间》,陈嘉应、王庆节合译,熊伟校,生活·读书·新知三联书店1987年版,第494页。

② 转引自赵敦华《基督教哲学1500年》,人民出版社2007年版,第142页。

造成的印象。①

奥古斯丁所谓的"印象之持续"就是知觉之持续，就是现在之意。这个"现在"就是"创世瞬间说"的瞬间之所指。在奥古斯丁的时间学说中，"现在"包括人们所说的过去和将来："过去事物的现在是回忆，现在事物的现在是看视，将来的事物的现在是期望。"② 从奥古斯丁这段话我们可以看到，区别的只是知觉上的"回忆""看视"和"期望"，与此相联系的则是对"现在"的度量③。总之，在奥古斯丁这里，"'现在'不只是时间的一部分，而是全部"④。通过以上分析，我们不难发现，奥古斯丁通过"瞬间说"所发掘的"现在"的意义是深刻的，这种意义对后来思想的影响不容低估。从中世纪宗教运动中发展而来的"现代"一词，与奥古斯丁这一时间概念不无关涉。所以说，奥古斯丁的时间学说构成了西方时间思想传统中又一个重要源头。

从亚里士多德和奥古斯丁对时间的认识中，我们可以看到，前者主要是从自然科学意义上揭示时间与运动之间的内在关系，后者则从神学的层面解释时间与知觉之间的基本关系。海德格尔后来从时间存在的始源意义上批评了这两种传统时间概念的局限性，他认为，传统时间概念作为一种时间描述，虽然一再呈现了时间的"现在"意义，却遮蔽了"现在"的"可定期性与意蕴根据时间性从意境出场的机制"，因为"流俗说法把时间解释为现在序列，在这种解释中既没有可定期性又没有意蕴。它把时间描述为纯粹的先后相续，这就使这两种结构都不能'映现'。流俗的时间解释遮蔽这两种结构"⑤。也就是说传统的时间概念没有揭示人的活动的意义。但是，我们也应该认识到，西方传统的时间学说为后来现代的时代意识原则的确立开辟了道路。亚里士多德和奥古斯丁的两种解释路径虽然不同，但至少有两点存在着联系：一是，二者都将时间的"过去、现在、将来"三重维度做了海德格尔所谓的

---

① 转引自赵敦华《基督教哲学 1500 年》，人民出版社 2007 年版，第 142 页。
② 同上书，第 143 页。
③ 同上。
④ 同上书，第 142 页。
⑤ [德] 海德格尔：《存在与时间》，陈嘉应、王庆节合译，熊伟校，生活·读书·新知三联书店 1987 年版，第 495 页。

"当前化"即"现在"的解释,从而确立了将时间归结为"现在"的西方形而上学传统的核心地位;二是,二者均使"现在"时间即世界时间"突出地与'灵魂'和'精神'相联系"①,无论是亚里士多德的"但如果说除了灵魂与灵魂之意念外就没有任何东西自然地有计数禀赋,那么,如果没有灵魂,时间就是不可能的",还是奥古斯丁的"在我看来,时间无非就是一种广延;但我不知它是何种事物的广延。而它若不是灵魂自身的广延,那倒令人惊异了"②。海德格尔所列举的这"两个富有特征的证据"已经充分地说明了这一点。西方传统时间学说对时间所做的"当前化"和"精神化"解释,为现代的时间意识出场开辟了道路,它预示着对人的存在意义的思考和追求。当然,并不是所有的哲学家都这样认为,"时间"即"精神"。黑格尔通过考察精神的外化运动,就深刻地揭示了精神与时间的矛盾关系。在黑格尔看来,时间没有主体性,时间和主体是分离的,时间只是精神的外化形式或环节:当精神还没有达到自身圆满之时,就必须通过时间充实自身;当自我实现完成之际,精神就扬弃了时间。所以在黑格尔那里,时间是精神的谓词,精神则作为时间的主词而存在。因为从精神的存在中发掘出了时间这一属性,所以黑格尔还是很看重时间之于精神的意义与价值,他所提出的"时代精神"这一命题,就是他对作为"时代"意义的时间概念的认识和理解。但是,黑格尔并没有真正把握精神与时间的本属关系,也未能真正认识时间的本源意义。海德格尔对包括黑格尔在内的时间观念进行了重新理解。海德格尔批评了传统时间概念中"时间即空间"的论点,他认为,"我们须得源源始始地解说时间性之为领会着存在的此在的存在,并从这一时间性出发解说时间之为存在之领悟的境域",为了达到对传统时间解构的目的,海德格尔要求人们,"总揽这一任务的同时,就须在这样赢获的时间概念和对时间的通俗领悟之间划清界限"③。从这里可以看到,海德格尔对"精神"的意义做了"作为时间性的源始的时间化而生存"的理解,这种理解无疑就是海德格尔称之为的存在论

---

① [德]海德格尔:《存在与时间》,陈嘉应、王庆节合译,熊伟校,生活·读书·新知三联书店1987年版,第501页。
② 同上。
③ 同上书,第23页。

解释。

虽然黑格尔和海德格尔从各自的立场出发,对传统时间学说的局限性提出了批评,但是,传统时间学说所架构的时间认识框架,是西方现代概念形成的认识论基础,这是必须肯定的。

三 作为时代意识的现代概念与现代性原则的确立

1. 作为时代意识的现代概念

和中国传统时间观念一样,西方传统时间学说中也流行古与今划界的思想。但不同的是,西方时间概念浸润着宗教文化的价值选择和思维方式。西方通常将历史划分为古代、中世纪和现代,将时间分为过去、现在和将来三种。中世纪构成了古代与现代之间的中介。在西方历史上,中世纪是一个宗教神学占据统治地位的历史时期,它决定了哲学思想和科学精神的从属地位。吊诡的是,现代时间意识既不发端于哲学,也不产生于科学,与此相反,它起源于宗教运动。当然,这和西方时间学说所蕴含的演变机制密不可分。从以上分析可知,西方传统时间学说尽管对时间的认识没有达到海德格尔所要求的"从时间性出发解说时间之为存在之领域的意境"这一地步,但它重视"现在"、重视"精神"的思想,无疑为后来人们从时间概念的序列中分离出"现代"这一概念提供了认识机制和途径。但是,我们毕竟要看到,现代一词首先是从宗教运动中产生。我们可以根据有关资料来说明这一原理。有的学者根据西方学界的考证,对西学"现代"一词的来源做了描述和说明。

> 据考证,"modern"一词源于公元4世纪出现的一个拉丁语单词"modernus",后者又起源于拉丁词"modo",意思就是"目前"(the present)、"现在"(right now)、"当前"(recently)、"今天"(today)。据说最早使用 modernus 这个词的,是一个叫卡西奥多尔(Cassiodore)的拉丁作家,他用这个词来指称当时已经基督教化了的"现今",以区别古罗马异教的"往古"。可见"modernus"这个词最初只是一个用来表示时间状态的概念。紧随"modernus"之后,像"modernitas"(modern times 现时代)、"moderni"(men of today 今人)

等词在当时也很快流行起来。①

从这里可以看到,"现代"一词最初是和宗教的运动联系在一起的。卡西奥多尔以时间的"modernus"为标志,以此使基督教区别和告别于古罗马异教,从古代走向现代。所以说,"modernus"一词并不是作为一个单纯的时间单位而出现的,它意在发掘从古罗马异教通向基督教世界这条时间通道的文化意义,换言之,《圣经》中所宣扬的耶稣的降世,并非是一个偶然的、任意的时间标志,而是昭示着一个新的历史的开端,"modernus"所要表达的就是这样一个"时代"的意义、文化的意义,所以说"modernus"一词的出现意味着现代时间与古代时间之间的连续性从物理学的意义转向社会学的意义,在某种意义上也预示着现代时间与古代时间的断裂,由此开创了一种以时间的意义先于时间的社会认识论框架。从现代时间的渊源来看,这是时间学说与宗教运动联姻的产物,也是宗教改革对现代时间观的独特贡献。正如西方一些学者所言:"与作为空间创立者的埃及人或希腊人,作为国家和帝国创立者的罗马人,以及作为天国创立者的基督徒形成鲜明对照的是,犹太人是'时间的创立者'。"②"时间的创立者",这并不是说只有在犹太人那里时间才有现实的存在形式,而是说明,只有从宗教运动中我们才能探寻现代意义上的时间意识源流。《圣经》创世说叙述了两种诞生即宇宙的诞生和时间的诞生。根据创世说的叙述可知,上帝花了七天时间进行创世,在这里,时间的意蕴就不仅仅是这"七天时间",而且是"七天时间"之后的"人的世界"的形成,尽

---

① 谢立中:《"现代性"及其相关概念词义的辨析》,《北京大学学报》(哲学社会科学版) 2001 年第 5 期。当代美国著名的西方马克思主义理论家詹姆逊(F. R. Jameson) 对"现代"一词也做了一番考证。詹姆逊指出,基拉西厄斯(Gelasius) 教皇一世在使用该词时,它仅仅用于区分不同于先前教皇时代的当代,并不含有现在优越于过去的意思。现在与最近的过去属于一个连续体,两者都与基督在世时的特殊历史时期有着巨大差别。因此,拉丁语"modernus"仅指"现在"或"现在时";在希腊语中,则不存在指代这种意思的一个对应词。当哥特人征服罗马帝国以后,卡西奥德洛斯使用该词赋予了其新的含义,即与"过去"相对应。虽然在教皇看来哥特人所新建立的帝国并没有在基督教传统中形成一种断裂,但在知识分子看来,它却代表了一种根本性分界,这种分界从而使得"现代"这一术语有了特定的意义并延续至今。参见王逢振主编《詹姆逊文集》第 4 卷(现代性、后现代性和全球化),中国人民大学出版社 2004 年版,第 13 页。

② [法]安德烈·内埃:《犹太文化中的时间观和历史观》,载[法]路易·加迪等《文化与时间》,郑乐平、胡建平译,顾晓鸣校,浙江人民出版社 1988 年版,第 195 页。

管在创世说那里"人的世界"仍从属于上帝,但是,重要的不是此在,而是"人"已经在未来的时间里活动,所以这种创世的时间是崭新的。《创世纪》包含着对空间的拒斥和对时间的宣扬,这实质上就是肯定弥赛亚主义(Messianism)所建构的"新世界"的"未来"时间向度。基督教所倡导的救赎历史运动深化和完善了弥赛亚期盼中分裂时间连续性的倾向,"最后的救赎恰恰在于修复裂缝,使整个结构又恢复完整"[①],从而不仅明确了时间的起点,而且也充实了"现在"的意义,这种立于"现在"、面向"未来"的时间观念正是"现代"意识原则确立的基础之一。

一般说来,现代一词有两重含义。从广义来看,就是指"现在""当今";从狭义来看,主要指某一个特定的历史时期。西方学者库尔珀也认为:

> "modern"(现代)这个术语源于一个拉丁词,意思是"在这个时代"。这一英语词汇迅速地演变出两种用法,一是意味着"当代、当今",另一用法则添加了这样的含义——在现代时期,世界已不同于古典的和中世纪的世界。在这一词汇的现今用法中保留了这两层含义,只是当今时代与之相对立的历史时期已经不只是古典的和中世纪的两个阶段了。[②]

作为前者,这正是西方传统时间概念的一般理解,也正是从这里,现代一词可以说是合乎逻辑地从传统时间概念发展而来的;作为后者,这一特定的历史时期并不是泛指,而是指 18 世纪启蒙主义运动以来的历史时期,与现代的生产方式和文化活动紧密相连。从现代一词的产生来看,这印证了现代时间意识产生的一个重要根据就是文化活动,具体说来,就是与基督教文化有密切的关系。可以说这是对奥古斯丁神学时间思想传统的传承。当代西方在讨论现代性问题时,一再将论域指向宗教文化源流,原因就在这里。但是,如果仅仅停留于此,"现代"的真实意义并未切中。哈

---

① [法]安德烈·内埃:《犹太文化中的时间观和历史观》,载[法]路易·加迪等《文化与时间》,郑乐平、胡建平译,顾晓鸣校,浙江人民出版社 1988 年版,第 204 页。
② [美]大卫·库尔珀:《纯粹现代性批判——黑格尔、海德格尔及其以后》,臧佩洪译,商务印书馆 2006 年版,第 21—22 页。

贝马斯说过:"黑格尔是第一位清楚地阐释现代概念的哲学家。"① 根据哈贝马斯后来的考察,黑格尔最初就是把现代当做一个特定的历史时间概念来加以使用的,即"把现代概念作为一个时代概念。在黑格尔看来,'新的时代'(neueZeit)就是'现代'(moderne Zeit)。黑格尔的这种观念与同期英语'modern times'以及法语'temps modernes'这两个词的意思是一致的,所指的都是大约 1800 年之前的那三个世纪。1500 年前后发生的三件大事,即新大陆的发现、文艺复兴和宗教改革则构成了现代与中世纪之间的分水岭。"② "大约 1800 年之前的那三个世纪"就是从 1500 年至 1800 这三个世纪。从人类社会发展来看,西方这三个世纪正是资本主义从萌芽到确立的过渡时期,也是哲学和科学奋勇前进、宗教悄然撤退的历史时期。由宗教改革所开辟的现代时间意识之路开始回归其本真之处,现代工业生产活动及其哲学、科学、艺术等意识形态形式主导了现代时间意识的内涵,从而确立了现代的历史原则。"主体性乃是现代的原则。"③ 黑格尔这一思想尽管日后遭到"后现代"思想家们的批评,但这种从人的主体性及其活动中阐释现代的基本内涵的致思方向无疑是值得肯定的。黑格尔之后的马克斯·韦伯将现代概念进一步推进历史和思想的深处,使现代概念立足于"资本主义精神"之上,从而赋予现代概念新的时代内涵和崇高的历史感。所以说"现代"这一概念并非一般抽象形式意义的时间概念,它的出现意味着人类历史的根本性变化。

从黑格尔和马克斯·韦伯对现代概念的建构来看,他们所要寻找的不是一个直观的仅仅成为一个历史分期的时间概念,而是同时还要作为建构一种时代精神和历史意识的原则,它不是别的,就是今天学术界再熟悉不过的"现代性"。尽管黑格尔没有明确提到现代性这一词,但在哈贝马斯看来,他是第一个将现代性作为哲学问题研究的哲学家。从黑格尔对现代性展开深入的研究开始,西方学界现代性思想逐步发展至今,俨然形成了一个庞大的思想体系,尽管它没有一套严密的逻辑结构和研究范式,但以现代性为对象则是历来的哲学家们研究的共同基础。现代性并没有随着

---

① [德]于尔根·哈贝马斯:《现代性的哲学话语》,曹卫东等译,译林出版社 2004 年版,第 5 页。
② 同上书,第 5—6 页。
③ 同上书,第 19 页。

历史的发展而悄然隐遁，反之，随着全球化的发展，现代性越来越凸显其时代价值，可以说，现代性已发展成为一个全球性的现实问题。西方许多学者也一再强调，"后现代"主义虽然将批判的矛头指向现代性，声称以"后现代"的形式取而代之，但实质上并没有走出现代性，"后现代"仍是现代性存在形式之一。现代性是绕不过去的。20世纪六七十年代以来，随着世界现代化的发展，围绕着现代性的论争不断展开，现代性理论也获得了长足发展。所以说，"现代性"的出场，是人类发展进程中一个不可逆转的具有历史标志性的现代事件，它彰显了现代化及其现代意识原则的存在与意义。

2. 现代性概念的界定

在现代性理论中，现代性概念是一个基础性的理论问题。把握这一概念，实质上就是把握现代社会的总体性。那么，何谓现代性？当代不同的思想家给出了不同的回答。在这些思想家中，比较有代表性的是吉登斯、哈贝马斯和詹姆逊对现代性的界定。（1）作为一名社会学家，吉登斯的现代性概念是最为具体的，他明确从制度层面来理解现代性，认为现代性在其最简单的形式中是"现代社会或工业文明的缩略语"[1]。吉登斯关于现代性的定义构成了现代性的经典表述，也广为学术界所接受。具体说来，吉登斯对现代性的理解是："现代性指社会生活或组织模式，大约十七世纪出现在欧洲，并且在后来的岁月里，不同程度地在世界范围内产生着影响"[2]；现代性"首先意指在后封建的欧洲所建立而在20世纪日益成为具有世界历史性影响的行为制度与模式"[3]。由此可见，吉登斯的现代性概念就是指现代社会的政治与经济制度，而这种制度无疑就是指西方资本主义制度。当然，吉登斯对现代性的制度与模式并不是直接认同的，而是认为现代性社会是个"风险社会"，为此必须规制"一种全球世界主义秩序"，超越社会主义与资本主义，走"第三条道路"。（2）哈贝马斯则从哲学的层面阐释现代性概念的基本内涵。哈贝马斯虽然没有指明现代性定义，但他充分肯定了黑格尔关于主体性作为现代性原则的构想，也就是

---

[1] ［英］安东尼·吉登斯：《现代性——吉登斯访谈录》，尹宏毅译，新华出版社2001年版，第69页。
[2] ［英］安东尼·吉登斯：《现代性的后果》，田禾译，译林出版社2000年版，第1页。
[3] ［英］安东尼·吉登斯：《现代性与自我认同》，赵旭东等译，生活·读书·新知三联书店1998年版，第14页。

认同自由作为现代性的核心价值理念。哈贝马斯自认为"我并非仅止于一个现代性的卫道士,我充分意识到它自身充满着矛盾,它有黑暗面",但他仍然将自由作为现代性的首要价值,这是因为

> "现代性"首先是一种挑战。从实证的观点看,这一时代深深地打上了个人自由的烙印,这表现在三个方面:作为科学的自由,作为自我决定的自由——任何观点如果不能被看做是他自己的话,其标准断难获得认同接受——还有作为自我实现的自由。①

在这些自由中,尤其是后面两个方面,哈贝马斯将之看作现代性的标准基础:"现代性的标准基础,首先是自我决定和自我实现,可以通过一种不同的、严格后形而上学的形式而得以保护。"② 这表明,哈贝马斯虽然不满意于"主体性哲学"对主体性的规制,但他仍极力捍卫现代性的主体性原则和自由原则,只不过是他将现代性的基本原则建基于他的交往理论基础之上,以交往理性培育现代社会的主体间性,以期达至主体之间的和解,实现自我决定和自我实现的自由。(3)作为当代西方社会一位非常活跃的后现代理论家和文化批评家,詹姆逊关于现代性的理解也构成了现代性理论中的重要一环。虽然詹姆逊也未能就现代性下一个具体的定义,但他的现代性概念指向是十分清楚的。詹姆逊以现代化为架构理解现代性和后现代性。"现代性概念的一个不可回避的方面是现代化问题(本身也是一个在第二次世界大战以后的制品)。现代性总是与科技相关(至少在'现代时期'),因此最终与进步相联系。"③ 詹姆逊在这里明确指出了现代性的两个本质特征:一是现代性是一个现代化问题,二是现代性是一种进步的意识形态。在詹姆逊看来,现代性不是单一的,因为从来就没有单一的现代化,西方现代化的弊端虽然使进步的意识形态特别是与科技相关的那些进步的意识形态受到打击,但是现代性和现代化在社会主义国家则经历了相当不同的形式,这意味着"不发达国家可能需要期待一种简朴

---

① 《现代性的地平线——哈贝马斯访谈录》,李安东、段怀清译,严锋校,上海人民出版社1997年版,第122页。
② 同上书,第124页。
③ 王逢振主编:《詹姆逊文集》第4卷(现代性、后现代性和全球化),中国人民大学出版社2004年版,第6页。

的'现代性'"①。詹姆逊虽然是一个后现代理论家,但他和利奥塔等后现代主义者有别的是,詹姆逊对现代性的理解是一种"总体性"思想。这一方面表现在,詹姆逊有关现代性与后现代性界定不是绝对的而是相对的,他是在现代化的架构中将二者区分开来,具体说来,詹姆逊认为现代性是"一系列的问题和答案",它们构成了未完成或部分完成的现代化的境遇的特征,而后现代性并不是"现代化"之后的超现代性,它只是"在一种倾向于更完善的现代化的境遇中获得的东西"②,是现代化更高阶段的产物;另一方面,在詹姆逊看来,尽管每一个人都存在着一种现代性,人们可以用不同的方式塑造自己的现代性,但现代性的本质意义是十分明确的——"现代性唯一令人满意的语义学意义在于它与资本主义的联系"③,这就是说,自由市场的观点与现代性是一致的,现代性的本质意义在于世界范围的资本主义全球化,而"资本主义全球化在其制度的第三个阶段或晚期阶段所投射出来的标准化,对所有这些关于未来世界的文化多样性的虔诚希望都投以怀疑,而这个世界已经被一种普遍的市场秩序殖民化了"④。由此可见,詹姆逊最终将现代性和世界范围的资本主义全球化统一起来,以此表明他对现代性与后现代性的理解和认识。(4) 在现代性的概念上,福柯也表达了自己的见解,他将现代性理解为一种态度、一种批判精神,而不是将现代性看作是一个时间概念。

由此可见,要实现对现代性的统一理解,或者说要给现代性精确地下定义,确是一件很困难的理论工作。认识的困难并不意味理论的无为,对现代性概念做一个总体性认识还是可能的。从以上的分析,可以将现代性界定为:(1) 现代性首先是作为一个历史分期的概念而存在的,它既是一个量的时间范畴,从而呈现出时间的流动性、一维性特征,这是时间共性表现;也是一个质的历史范畴、文化范畴,从而表现出这一时代的基本特质和内在精神,这是时间个性的体现,所以说现代性既是历史的"断裂",又是历史的新的开始,是传统社会向与现代社会的根本转型,是传统与现代的高度统一。(2) 现代性是现代化的核心内容和基本理念,既

---

① 王逢振主编:《詹姆逊文集》第4卷(现代性、后现代性和全球化),中国人民大学出版社2004年版,第7页。

② 同上书,第10页。

③ 同上书,第11页。

④ 同上。

表现为现代社会生产方式、生活或组织模式，也表现为理性和主体性的社会形式，是现代化、世俗化、理性化的社会运动。（3）现代性是现代社会时代精神的全面反映，是现代文明的理论抽象，在经济领域表现为工业化、市场化、资本化，在政治领域表现为民主化、制度化、科层化，在社会领域表现为生活化、大众化、空间化，在观念领域表现为理性化、主体化、对象化。当然，这三重界定，主要是从历史学、社会学、政治学、经济学等学科上进行科学概括的，现代性还可以从美学、心理学、文艺学等学科上展开多学科的阐释。现代性的辩证法精神决定了现代性的阐释空间是开放的、巨大的、可能的。但是，无论哪一个学科的阐释，都应从哲学的高度、从历史的根基处把握现代性的总体性特征和内在精神，而不能仅仅从经济的、政治的、社会的、观念的某一个方面去认识。历史唯物主义是关于现代性认识的最科学的理论，所以我们应坚持历史唯物主义的基本原则，从历史运动中把握现代性的辩证法精神。

3. 现代性概念的方法论意义

现代性不是单数而是复数，现代性从来没有一个单一的"面孔"。在卡林内斯库看来，存在着两种截然不同而又剧烈冲突的现代性：一种现代性"是资产阶级的现代性概念，我们可以说它大体上延续了现代观念史早期阶段的那些杰出传统。进步的学说，相信科学技术造福人类的可能性，对时间的关切（可测度的时间，一种可以买卖从而像任何其他商品一样具有可计算价格的时间），对理性的崇拜，在抽象的人文主义框架中得到界定的自由理想，还有实用主义和崇拜行动与成功的定向"；另一种现代性，"将导致先锋派产生的现代性，自身浪漫派的开端即倾向于激进的反资产阶级态度。它厌恶中产阶级的价值标准，并通过极其多样的手段来表达这种厌恶，从而反叛、无政府、天启主义直到自我流放"[①]。卡林内斯库在这里虽然没有对现代性进行重新定义，但是他关于两种现代性的区分的思想实质上就是现代性概念的一般表述，构成了学术界对现代性认识的基本框架，具有方法论意义。前者所揭示的现代性就是资本主义现代性，这种现代性就是启蒙现代性，将进步、科学技术、理性、自由等作为核心价值理念；后者所阐述的就是审美现代性，这种现代性就是当下的

---

① [美] 马泰·卡林内斯库：《现代性的五副面孔》，顾爱彬、李瑞华译，商务印书馆2002年版，第48页。

"后现代"主义,主张"反叛、无政府、天启主义直到自我流放",构成了启蒙现代性的对立面,是从启蒙现代性内部所产生的一种异质力量。所以说,虽然现代性概念歧义丛生,但在其价值旨归上并无根本性差异。这也是西方学术界对现代性概念的基本认识。西方学术界所兴起的"后现代"主义思潮虽然看到了资本主义现代性的局限性,但并无力去解决这一问题,而是对启蒙现代性采取了简单的直接的否定式态度和方法。这显然是不可取的。资本主义现代性是人类社会发展的重要体现和文明成果。但资本主义现代性不是现代性的全部,也不是现代性已经达到的终点。社会主义现代性是现代性发展的新方向。卡林内斯库看不到这一点,虽然他赋予审美现代性以无穷的想象空间和动力,但这一现代性仍局限在资本主义现代性之内。

现代性概念具有辩证法的张力。它不仅暂时存留资本主义现代性,而且也为社会主义现代性开辟了生存和发展的社会空间。这表明,社会主义现代性是现代性的另一种社会形态和文化样态,是对资本主义现代性的一种辩证否定。从文化层面来看,现代性是"文化例外"与"文化多样性"的统一而不是彼此对立,这符合现代性的辩证法精神。中国是一个社会主义国家,当然不可能重走西方那样的现代化发展道路,建构"资产阶级的现代性",而是在实践的基础上开辟现代性的可能性道路,构建现代性的"例外"与"多样性"。所以说,中国现代性的建构问题,归结起来就是走社会主义现代化道路。

近年来,随着中国现代化的发展,中国社会的发展越来越多地和世界的发展产生密切的关系。在中国改革开放的过程中,西方先进的科学技术、管理经验和资本不断被引进中国,不同的文化和社会思潮也先后传入中国。现代性理论就是其中之一。在中国现实对理论的需求中,现代性理论也应是我们重要的研究领域。在现代性理论的传播中,人们逐步发现有许多重要问需要深入研究,其中就涉及一个理论上的根本问题。中国学术界在研究现代性时是否需要联系中国的实际?是移入西方的现代性理论还是建构中国现代性思想?这是中国现代化发展过程中不可回避的重大问题。正是在这一根本问题上,出现了不同的回答。这些回答概括起来就是两种:一是用西方现代性理论解决中国现代化进程中的问题,走西方发达国家的现代化之路;二是建构中国现代性理论,走有中国特色的现代化之路。这两种回答代表的其实就是两种不同的理论:现代性的西方话语和现代性的中国话语。

第二节　西方现代性哲学话语

在西方历史上，现代性的确立有着深刻的历史背景。一方面，在文艺复兴运动和宗教改革的推动下，西方社会掀起了一场深刻的思想启蒙运动，为理性作为现代社会的基本信念和规范清除了观念上的障碍；另一方面，随着地理大发现，世界市场已初露端倪，在全球化运动的推动下，西方现代化进程不断加快。这二者又相互影响、相互作用。经过实践和理论两个层面的建构，作为一个全球性的问题，现代性从18世纪开始就成为西方学界研究的一个重要领域。当西方现代化在20世纪六七十年代出现重大转型时，西方现代性理论又进入了一个新的发展阶段。当西方现代性著作先后被译介到中国以后，对中国学术界来说，这些内部存在着分歧的西方现代性理论却作为一个整体呈现在中国学术界面前。不可否认，这些西方现代性理论以自身的理论方式反映了西方现代社会以来的现代化运动，这些理论无疑构成了现代性的西方话语。为了建构中国的现代性，我们有对西方现代性的哲学话语进行认识之必要。

一　黑格尔与韦伯：面向理性的现代性话语

如上所述，"现代性"（modernity）一词的开放性，决定了现代性理解上的差异性、多样性，从而也很难给它下个确切的定义或答案。西方学界自身对这一问题的认识至今也没有完全统一起来。不过可以肯定的是，在18世纪的思想家那里，现代性这个概念与理性原则的确立密不可分。

康德作为著名的启蒙哲学大师，通过对人的理性能力的系统考察和全面批判，颠覆了中世纪宗教信仰的基础，为现代社会理性原则的确立做出了重要贡献。康德对启蒙的理解是，"启蒙运动就是人类脱离自己所加之于自己的不成熟状态"[①]，从而将理性与自由原则对于人的存在意义呈现出来，理性以及"运用理性的自由"也就构成了康德现代性思想的核心，后来的福柯很看重康德在现代性这一问题上的主张，称之为"现代性的

[①] ［德］康德：《历史理性批判文集》，何兆武译，商务印书馆1990年版，第23页。

态度的纲领"①。康德将理性以及"运用理性的自由"建构为现代性的基本原则,意义深远。

> 当18世纪想用一个词来表达这种力量的特征时,就称之为"理性"。"理性"成了18世纪的汇聚点和中心,它表达了该世纪所追求并为之奋斗的一切,表达了该世纪所取得的一切成就。……18世纪浸染着一种关于理性的统一性和不变性的信仰。②

康德将理性区分为理论理性和实践理性,从而从认识和伦理两个领域展开对人的认识能力和意志自由的批判,阐述了理性为自然立法和为道德立法的必要性和可能性,阐扬了"人是目的"这一至上的主体性观念。康德的批判哲学发展了文艺复兴时期关于人的思想,也为后来的主体性哲学奠定了思想基础,从而开启了现代性的致思与建构的基本路向。

黑格尔继承和发展了康德的理性启蒙与实践自由的现代性重要思想。如果说,康德通过为自然立法和为道德立法,为现代性开辟了一条认识论通道,那么,黑格尔则力求通过哲学和现实的结合,推动现代性摆脱外在规范的束缚,在绝对理念的运动中确证自身和实现自己。所以,与康德相比,黑格尔实现了理性的存在意义从认识论向本体论的视域转换。在黑格尔看来,现代性不应回到神学那里求助自身存在的根据,而应该从它所属的那个时代里去发掘属于它那个时代的精神。也就是说,绝对精神不是神秘的神的意志体现,而是一种客观的现代性存在。黑格尔"把现在的开始安放在十八世纪末十九世纪初这样一个转折时期,对其同代思想家来说,则意味着发生启蒙运动和法国大革命这两件历史大事的那个时刻",意指"当下从新的视界中把自己看做是现实之中的当代,但它必须把与过去的分裂视为不断的更新","现代不能或不愿再从其他时代样本那里借用其发展趋向的准则,而必须自力更生,自己替自己制定规范"③。基于从现代性那里所获得的深切体悟,黑格尔要求将现代性提升为哲学问

---

① [法]福柯:《何为启蒙》,载汪晖、陈燕谷主编《文化与公共性》,生活·读书·新知三联书店1998年版,第430页。
② [德]E.卡西尔:《启蒙哲学》,顾伟铭等译,山东人民出版社2007年版,第3—4页。
③ [德]于尔根·哈贝马斯:《现代性的哲学话语》,曹卫东等译,译林出版社2004年版,第8页。

题，以求得现代性的自我确证与自我理解，认为这是哲学的一项使命，即从思想的高度把握现代，这项使命被黑格尔自己称之为"对哲学的要求"，这也就构成了一种新的哲学观："哲学是探究理性的东西"①。在探究理性的过程中，黑格尔认识到，现代性的自我确证就是要通过理性来确立自我意识的结构，这个结构就是主体性，这也是自笛卡尔以来的近代意识哲学建构的基本原则。黑格尔作为近代意识哲学的集大成者，当然不会舍弃这一原则。但是黑格尔并非将之直接等同于现代性。现代性必须接受哲学的拷问。黑格尔认为，要描绘现代性的外观，就必须将这种主体性原则理解为"自由"和"反思"。不可否认，这种主体性原则具有强大的力量，它不仅直接主导了宗教改革、启蒙运动和法国大革命这一系列的重大历史事件，而且还深刻地影响科学、政治法律、道德和艺术等社会意识各个领域。特别是通过康德的"先验反思"，主体性力量发挥得近乎淋漓尽致。但是，历史发展表明，主体性还不能为现代性社会提供一个整体性的原则。在黑格尔看来，启蒙运动所引起并强化的当代宗教的实证性和道德实证主义已构成了"时代的困境"，即"在时代的困境中，人要么成为客体遭到压迫，要么把自然作为客体加以压迫"②。所以黑格尔视主体性原则为一种统治原则，"主体性不仅使理性自身，还使'整个生活系统'都陷入分裂状态"③。在黑格尔看来，对于理性来说，当务之急就是要克服这种分裂的状况。"主体性只是一个片面的原则"，"不能利用理性来复兴宗教的一切力量"④。黑格尔还发现，基督教和新教已分别克服了自身的犹太教和天主教的实证性，但康德的道德哲学和宗教哲学中却还存在着一些实证因素，而"这是理性自身的启蒙因素"⑤。问题很清楚，经过一系列批判而建构起来的理性只是先验的形式，它回避不了实证的诱惑。从近代主体性原则的片面性中，黑格尔发现了现代性的困境所在。为了克服主体性原则因实证性所引起的现代分裂现象，黑格尔提出了"和解理性"这一概念。黑格尔认为，理性的和解力量，可以消除主体性原则所难以克

---

① [德] 黑格尔：《法哲学原理》，范扬、张企泰译，商务印书馆1961年版，第10页。
② 转引自 [德] 于尔根·哈贝马斯《现代性的哲学话语》，曹卫东等译，译林出版社2004年版，第33页。
③ 同上书，第25页。
④ 同上书，第24页。
⑤ 同上书，第33页。

服的实证性，维护理性和社会的统一与和谐，但是"这种理性是不可能从主体性中推导出来的"①。由此可见，黑格尔之所以要表达出一种"对哲学的要求"，是因为只有哲学才能借助"绝对"理念概念，重建理性和社会破裂的总体性，证明理性是一种真正的一体化力量。但是，黑格尔这种哲学诉求并未达到目的，为现代性摆脱"时代的困境"而设计的哲学之路，仍然沿袭了主体哲学的方法，从而使通往真理之路的现代性最终还是陷入"时代的困境"之中。从根本上讲，这种局限性是黑格尔绝对理念自身所固有的，这正如哈贝马斯所指出的："哲学理性所能实现的，最多只是片面的和解，不会包括公共宗教的外在普遍性，而公共宗教应当使民众变得理性，使哲学变得感性。"② 马克思更是一语中的。

> 纯粹的、永恒的、无人身的理性怎样产生这些思想呢？它是怎样造成这些思想的呢？……理性在自身中把自己和自身区分开来。这是什么意思呢？因为无人身的理性在自身之外既没有可以设定自己的场所，又没有可以与之相对立的客体，也没有可以与之相结合的主体，所以它只得把自己颠来倒去：设定自己，把自己与自己相对立，自相结合——设定、对立、结合。用希腊语来说，这就是：正题、反题、合题。③

尽管近代意识哲学无法解决理性和社会统一与和谐的问题，但其为现代性所确立的理性传统却意义深远。马克斯·韦伯沿着近代意识哲学所开辟的理性之路，继续推进理性和社会的统一与和谐。和康德、黑格尔一样，韦伯也没有使用现代性这一概念，但他对现代社会的分析是独到而精深的，特别是他将现代文明理解为"资本主义精神"，以及对作为资本主义精神的理性化的深入阐释，许多论断已构成了当今现代性的流行话语，所以说，韦伯是西方现代性理论研究的代表性人物之一，是一个用"专

---

① ［德］于尔根·哈贝马斯：《现代性的哲学话语》，曹卫东等译，译林出版社2004年版，第33页。

② 同上。

③ 《马克思恩格斯选集》第1卷，人民出版社1995年版，第138页。

门知识"概括出一个"现代性现象学的轮廓"①的"奠基者"。作为一名社会学家,韦伯没有像康德、黑格尔那样以抽象的形式来表达对西方现代性的认同,而是通过对"资本主义精神"的阐释,将现代性直接理解为现代资本主义社会的观念意识和行为方式。韦伯现代性理论进路是,以"合理性"概念来开展对"资本主义精神"历史的和逻辑的双重论证。一方面,韦伯不惜笔墨,以实证科学的方法阐释了"资本主义精神"和西方现代社会的一致性。韦伯认为,"就资本主义这个概念的形成而言……'资本主义'和'资本主义的'企业(有时仅仅具有有限的资本核算的理性化程度)在所有的世界文明地区(kulturlander)都已存在。换言之,'资本主义'和'资本主义的'企业一直存在于中国、印度、巴比伦、埃及、古代地中海地区、中世纪欧洲,就像它们存在于现代西方一样","然而,西方赋予资本主义的那种重要性程度在其他地方是不存在的,西方并发展出实现这种重要性的、在其他地方不存在的资本主义类型、形式及趋势"②。

从方法论的视角看,韦伯对现代性的阐述是从"历史"而不是从"自然"出发的,这点值得肯定。但是,韦伯对现代性的认识仍停留于历史的表面,并未深入历史的深处。另一方面,韦伯力图在新教伦理和"资本主义精神"之间建立联系,以此构成现代性的本质根据。在韦伯看来,"正是最近几个世纪里西欧和美国的资本主义构成了我们的关注中心,而不是在中国、印度、巴比伦,在古典世界和在中世纪都曾出现过的'资本主义'引起了我们的关注。我们将会看到,所有那些地方恰恰都缺乏这种独特的伦理"③。这种"独特的伦理"就是世俗伦理,就是理性化的世俗伦理。韦伯将世俗伦理与宗教伦理区别开来,目的就是要通过这一新教伦理承载现代性的外在形式,呈现现代性的精神气质和行为方式。从某种意义上说,新教伦理也是一种"宗教"观念,在理性化、世俗化的途中,它承载着近代意识哲学理性主义的历史重任,正是这一新教伦理,推动着资本主义的发展,形塑了西方现代化道路的

---

① [英]吉登斯:《现代性的后果》,田禾译,译林出版社2000年版,第121页。
② [德]马克斯·韦伯:《新教伦理与资本主义精神》(罗克斯伯里第三版),苏国勋等译,社会科学文献出版社2010年版,第6页。
③ 同上书,第28页。

"现代资本主义精神",才使"西方"区别于其他国家和地区、"现代"区别于古典时代和中世纪。在韦伯的眼界中,"现代欧洲文明"是"特殊问题",但是它在历史发展中所呈现的价值却是"具有普遍的意义和有效的文化现象"①。当然,这些价值之源并非宗教,而是现代科学、工具理性。"现代资本主义精神乃至一般而言的现代文明的诸构成部分中的一个成分是在天职观念的基础上对生活进行理性组织。"②把"合理性"当做是架构现代文明的一种视角和方法,这是韦伯继承和发展理想主义传统,推进现代性实践的基本构思。韦伯在极力称颂"现代资本主义精神"的同时,也看到了现代性在本质上所蕴含的矛盾与冲突。具体表现在:一方面,在"世界祛魅"的过程中,现代西方社会理性化的后果是"意义的丧失",原本统一的宗教与形而上学世界观,已分裂为多元的价值状态。面对这一现实,韦伯也无法通过科学理性来解决世界的"价值"问题、生活的"意义"问题。"诸神不和"已是现代性难以克服的时代的"文化命运";另一方面,现代社会理性化、世俗化也面临着"自由的丧失"。在韦伯看来,经济和政治理性化导致现代社会生活日益科层化,在发挥有效作用的同时,现代官僚制度却越来越表现一种抽象的精神,非人性的趋向不断加快,工具理性与价值理性之间的裂缝与冲突越来越严重,文艺复兴以来所极力捍卫的人的自由与尊严面临威胁,社会情形好似"铁笼"(ironcage)一样。不可否认,韦伯的现代性理论沿袭了康德以来的理性传统,完善了现代性的逻辑预设和价值建构,但其理论本身的局限性也在一定程度上延宕了现代性的扩展,从而无法面对现代社会所出现的新问题。

二 尼采和海德格尔:批判的现代性话语

19 世纪以来,在科学技术革命和工业化的推动下,西方社会取得了巨大进步,无论是物质文明还是精神文明,都不是古典时期和中世纪时代能够媲美的。这一进步充分表明现代性已扎根于西方工业文明之中。西方现代文明的成功是理性的胜利,展示了韦伯所说的"资本主义

---

① [德]马克斯·韦伯:《新教伦理与资本主义精神》(罗克斯伯里第三版),苏国勋等译,社会科学文献出版社 2010 年版,第 1 页。

② 同上书,第 116 页。

精神"的优越感，也赋予了现代性更多的时代意义。但是，不可否认的是，在现代化进程中，各种社会矛盾和冲突也日益突出。从这些矛盾和冲突产生的根源来看，忽视人的生存价值和意义、过分崇拜科学的理性主义泛滥，不可不谓是其中一个重要原因。现代性的扩展与社会分裂的加剧，构成了现代西方社会发展的内在悖论和生存困境。人们对现代性的价值预期和现代性所达到的实际状态所形成的差距，是现代性隐忧之所在。反思理性与现代性之间的逻辑关系，就成为现代性理论又一新的课题。

在哲学史上，尼采的现代性思想占据着重要地位，这不仅与他对理性的深刻批判有关，也与他对生命价值的重新发掘有关。和历史上理性主义者不同的是，尼采对理性采取了批判的态度，从而也就构成了他对现代性所采取的批判的价值判断。在尼采看来，"'理性'在感觉主义基础上展开，在感觉之偏见基础上展开，亦即是在对感觉判断之真理的信仰基础上展开的"①，所以理性并不可靠。"世界的可计算性、一切事件都可以用公式来表达——这真的是一种'把握'吗？"②尼采试图在自己的著作中"包含一种对我们这个世纪的综观，对整个现代性、对既有'文明'的综观"③以真正克服悲观主义，从而"周游于现代心灵的整个圆周，遍历它的每个角落——此乃我的野心、我的折磨，也是我的幸福"④。现代性，一方面是通过制度所形塑的；另一方面也是通过人的活动方式所呈现的，所以尼采对现代人的批判，实质就是对现代性的批判。概括起来，尼采的现代性批判主要是围绕两个方面而展开的：制度性批判和哲学批判。对制度的批判，就是对韦伯引以为豪的"资本主义精神"的批判、对宗教的批判；对哲学批判则是对近代意识哲学一再倡导的"理性"和"自由"理念的批判。尼采这一批判可谓直指现代性的基础和核心原则。通过这双重批判，尼采充分表达了对现代理性精神的不满和悲观。现代性不再具备韦伯所陶醉的"今日的重要意义"和"精神气质"，它的神对形象变得灰暗起来，甚至被尼采批判为本质

---

① ［德］尼采：《权力意志》（上卷），孙周兴译，商务印书馆2009年版，第420页。
② 同上书，第360页。
③ 同上书，第503页。
④ 同上。

上是一种"虚无主义"。在尼采这里,"虚无主义"所描绘的是西方启蒙以来的现代性及其隐忧,这种描绘无疑为人们认识现代性提供了"另一只眼"。对此,海德格尔有过评价:"'虚无主义'这个名称表示的是一个为尼采所认识的,已经贯穿此前几个世纪并且还在规定着现在这个世纪的历史性运动。"① 尼采的"虚无主义"指向两个方面,即"积极的虚无主义"和"消极的虚无主义"。"虚无主义乃是一种常态","它是两义的":"虚无主义作为提高了的精神权力的象征:作为积极的虚无主义"和"虚无主义作为精神权力的下降和没落:消极的虚无主义"②。从这一定义来看,尼采所批判的无疑指向"消极的虚无主义"。在理性主义者那里,作为现代性的精神权力的提高显然和理性原则的确立有着一致性的关系,随着理性地位的丧失,精神权力也毫无疑问地"下降和没落"。"精神权力的下降和没落"的后果并非现代性局部受阻这么简单,尼采指出,"虚无主义:没有目标;没有对'为何之故?'的回答。虚无主义意味着什么呢?——最高价值的自行贬黜"③,所以说虚无主义所牵引的是基督教上帝的价值信仰体系的瓦解和西方传统形而上学体系的崩溃,是"西方整个超感性世界'基督教—柏拉图'图式的解体"④。尼采对理性的批判是深刻的。这一方面与他对人的本质的重新理解有关,在尼采看来,人的本质并非理性,而是人的生命与意志,这种生命与意志就是尼采后来极其张扬的"权力意志";另一方面,也与他对现代性的重建有关,尼采企图通过"理性的他者"来发掘艺术的酒神精神,以此为宗教和理性的替代物,正如理性主义者以理性为宗教的替代物一样,使其成为现代性构成的一个基本原则。归根结底,尼采对理性的批判,并非是对现代性本身的非议,而是对以理性为原则所建构起来的现代性的不满和悲观,尼采将人的本质理解为生命与意志,也就达到了颠覆以理性与自由为原则和目标所构建的现代性价值体系。从哲学史上看,尼采对传统的现代性理论的批判无疑对后来的现代性话语有着重要的影响,甚至有的学者将尼采视为"后现代"理论

---

① [德] 海德格尔:《林中路》,孙周兴译,上海译文出版社1997年版,第219页。
② [德] 尼采:《权力意志》(上卷),孙周兴译,商务印书馆2009年版,第399—400页。
③ 同上书,第399页。
④ 陈嘉明:《现代性与后现代性十五讲》,北京大学出版社2006年版,第144页。

的创立者。对此，哈贝马斯有过专门的评论："随着尼采进入现代性的话语，整个讨论局面发生了翻天覆地的变化。"① 当然，尼采的现代性理论的历史局限性也是十分突出的。从历史观上讲，尼采将人的本质理解为生命与意志，这与西方理性主义者将人的本质阐释为理性与自由相比，并不意味着进步。尼采的历史观是一种抽象的自然主义历史观，在他的眼界中，人的区别仅仅具有自然的意义，而没有历史的原则区分。尼采的现代性理论表明，现代性在其建构途中，不仅要有理性原则，也应该包含非理性因素。尼采认为，这种非理性因素可能更适合表征现代性的本质与特征。从这个意义上讲，与康德、黑格尔等人的现代性思想相比，尼采的现代性理论与其说是一种超越或反叛，不如说是现代性建构中另一种理论形态和话语，这样的理解可能更为合理些。

与尼采一样，海德格尔的现代性思想也是批判性的。不同的是，海德格尔和尼采对现代性的本质理解并不一致。尼采认为，现代性的本质的是生命与意志；海德格尔则认为，现代世界的本质是"世界图像的时代"②。所以海德格尔和尼采两人对现代性批判的路径是不同的。海德格尔认为，现代世界之所以出现"大地的荒芜"，源于现代性对存在的遗忘，技术统治了世界、统治了人，现代人处在"无家可归"的境遇之中，也就是处在"世界图像的时代"。在海德格尔看来，"世界"并不是"人"的社会，而是指"存在者的整体"；"图像"则是指作为人的对立之物的存在者在被人所"摆置"于一个"被表象"的意义上，才是存在的，才与人形成一种被表象与表象的关系。所以，"世界之成为图像，与人在存在者范围内成为主体是同一过程"③。由此可见，海德格尔通过"世界图像的时代"这一概念揭示了近代意识哲学"主客二分"的思维模式及其主体性原则的局限性，认为它不仅破坏了人与自然的和谐关系，而且也遮蔽了人的存在意义。海德格尔也由此将"世界成为图像"和"人成为主体"看作是"对于现代的本质来说具有决定

---

① [德]哈贝马斯：《步入后现代：以尼采为转折》，载汪民安等编《后现代性的哲学话语》，浙江人民出版社 2000 年版，第 98 页。

② [德]海德格尔：《海德格尔选集》（下），孙周兴选编，上海三联书店 1996 年版，第 885 页。

③ 同上书，第 902 页。

性意义的两大进程","初看起来近乎荒谬的现代历史的基本进程"①。在海德格尔眼界中,给现代性带来巨大"灾难"的这"两大进程",与现代社会的"技术统治"不无关系。在现代社会,技术并非单纯的技术、工具因素,而是"存在者整体'解蔽'的一种方式,它表现的是一个历史时代的人的存在方式,包括其世界观、行为方式乃至命运"②。海德格尔将技术的本质表述为"座架",就是将其解释为人在现代社会的所不能摆脱的一种命运、生存状态,人的自由的本质受制于技术的本质。人的本质就是一种"存在"。现代技术统治世界,使现代的工业生产与现代的主体形而上学世界观成为可能,从而导致现代社会中人的本质被"遗忘"。所以说海德格尔对现代性批判,其实也就是对这种主体性形而上学的批判。海德格尔将艺术描绘为展现真理的最好的方式,就是寄希望于艺术把人从技术崇拜引向艺术崇拜,从而摆脱现代性命运的宰制与寄托。"虚无主义"是尼采用来揭示现代性危机的一个重要概念,但在如何克服虚无主义这一问题上,尼采并没有提供一条切实有效的途径。海德格尔在对现代性的批判中接过了虚无主义这一概念,但与尼采不同的是,海德格尔将这一问题的解决与他对形而上学的重建结合起来,认为这是"真正克服虚无主义的第一个而且是唯一的有效步骤"③。由此可见,无论是对虚无主义的求解,还是对形而上学的重建,海德格尔总是试图将这些问题归结到对存在的本质和意义的追问这一根本问题上来,这一问题就是形而上学的根本问题,"我们追问的是在者在的根据,是在者是什么而不是无的根据"④。在追问人的本质和意义的真理途中,海德格尔提出了"人是存在的看护者"、是存在的"邻居"⑤ 这一重要命题,意在张扬人和存在之间的真实意义。不可否认,海德格尔对理性的态度不同于尼采。在海德格尔看来,仅仅将理性作为人的本质规定,未免简单化了,要追问人的本质与意义,就必须深入人

---

① [德]海德格尔:《海德格尔选集》(下),孙周兴选编,上海三联书店1996年版,第902页。
② 陈嘉明:《现代性与后现代性十五讲》,北京大学出版社2006年版,第166页。
③ [德]海德格尔:《形而上学导论》,熊伟译,商务印书馆1996年版,第202页。
④ 同上。
⑤ [德]海德格尔:《海德格尔选集》(上),孙周兴选编,上海三联书店1996年版,第387页。

的"生存"这一问题上来。所以海德格尔认为:"人的本质是为存在的真理而有重要的意义。"① 但是,总体上来看,海德格尔对理性的态度仍是否定的,这种态度也就决定了海德格尔对待启蒙以来的理性主义传统、对待现代性的态度均持否定性立场。"唯当我们已经体会到,千百年来被人们颂扬不绝的理性乃是思想的最冥顽的敌人,这时候思想才能启程。"② 这无疑是海德格尔现代性思想的局限性所在。海德格尔对存在的本质和意义的追问,并没有最终克服虚无主义,从而也就未能将现代人从"无家可归"的境遇中解放出来,未能真实有效地为现代性找到一条通往真理的坦途。

三 哈贝马斯:面向交往理性的现代性话语

20世纪50年代以来,资本主义发达国家的工业化已开始向信息化方向转变,现代世界开始出现重大社会转型,有的学者将这一社会转型称为第二次现代化。现代化的发展,不仅为现代性建构提供了更加充实的现实基础,而且也进一步展露了现代性的内在矛盾和冲突。在通往现代性真理的途中,来自不同方面的争论也更加激烈。是捍卫现代性的理性原则,还是彻底消解或颠覆现代性中的理性地位,这仍然是当代理论家所关注和探讨的问题。面对来自启蒙以来理性主义的流行和与之相应的诘难,当代著名哲学家哈贝马斯作出了自己的选择和回答,这一选择和回答在当代"后现代"思潮盛行的历史背景下无疑是引人注目的,他的现代性话语在思想界也是非常有代表性的。马丁·杰对此曾有过评价:"在有关从现代性转向后现代性的热烈论争中,哈贝马斯的介入注定要引起最广泛的讨论,他的成就无疑在于把论争的水平提高了几个层次。"③

和尼采、海德格尔等哲学家一样,哈贝马斯并未直接肯定现代性。不同的是,通过对现代性问题的"诊断",哈贝马斯对现代性的

---

① [德]海德格尔:《海德格尔选集》(上),孙周兴选编,上海三联书店1996年版,第388页。

② [德]海德格尔:《海德格尔选集》(下),孙周兴选编,上海三联书店1996年版,第819页。

③ 转引自[德]于尔根·哈贝马斯《现代性的哲学话语》,曹卫东等译,译林出版社2004年版,封底。

态度和所得出的结论是重建理性、重建现代性,而不是相反。从哈贝马斯现代性理论可以看到,哈贝马斯对现代性问题"诊断"的方法是"现代病理学"[①]分析,这一分析就是从黑格尔开始的。从文艺复兴以来,现代性面临两个前提性问题,即现代性的自我理解和自我确证问题,这需要哲学的论证。从近代哲学史来看,康德通过对人的理性能力的批判考察,认为人可以认识"现象世界",从而确立了理性在认识和道德两个领域的绝对地位,以此来解决现代性的自我理解问题;黑格尔则通过对"主体性"自我结构的辩证分析,揭示了主体性两个核心因素即作为个体行为权力的"自由"与作为思想和精神之本质的"反思"性活动,以此来解决现代性的自我确证问题。哈贝马斯认为,黑格尔的自我确证并不成功,其原因在于一旦黑格尔将理性视为一种绝对的知识或精神之后,哲学与现实的关系也就疏远了,削弱了哲学的现实力量,现代性的自我确证也就无法完成,所以黑格尔及其以后的青年黑格尔派都没有摆脱近代意识哲学的理性范式,从而不能真正为现代性提供理论基础。哈贝马斯还对黑格尔之后的尼采反启蒙的现代性思想进行了深入的分析,认为尼采的"权力理论"打破了现代性的"理性外壳",但尼采的做法也没有成功,他的"权力理论"在消解理性神话的同时也把自身神话化了。不宁唯是,哈贝马斯还在对尼采之后代表两条不同现代性批判途径的哲学家即"怀疑主义的科学家"和"比较内行的形而上学批判者"的现代性思想做了详细的对比分析后发现,无论是巴塔耶、拉康、福柯,还是海德格尔、德里达,都没有从根本上找到一条摆脱现代性困境之路,所以,哈贝马斯认为:"我们就有必要重新回到现代性话语的起点,以便重新考察当时人们在面临重大选择时所指明的前进方向。"[②]

哈贝马斯重建现代性的核心概念是"交往理性"。哈贝马斯认为,现代性理论之所以难以走出困境,是因为启蒙以来一直作为现代性原则的理性范式没有从根本上进行重建。我们知道,从笛卡尔到康德,以主体性为

[①] 《现代性的地平线——哈贝马斯访谈录》,李安东等译,上海人民出版社1997年版,第45页。

[②] [德]于尔根·哈贝马斯:《现代性的哲学话语》,曹卫东等译,译林出版社2004年版,第346页。

基础的理性知识和精神是启蒙的根本任务,也是现代性的基本原则,当这一理性精神经过康德的全面批判而作为原则确立之后,西方哲学界并不是就此止步,而仍是不断发掘理性的时代精神。黑格尔就是这样的一位伟大的哲学家。根据哈贝马斯的考察,在《基督教精神及其命运》一文中,黑格尔就已提出"和解理性"概念,试图运用这一概念来解决时已初露端倪的现代性问题,这就是"现代",其已是一个分裂的时代。为了解决这一时代问题,重建破裂的总体性,黑格尔预设了一种伦理总体性,这是一种新的理性——"和解理性"。这种新的理性的特点在于:用主体间的交往中介来取代以前理性原则中所阐扬的主客体之间的反思关系,并以此反抗以主体为中心的理性的权威。哈贝马斯认为,主体间的交往受到了近代意识哲学中占据主导地位的主体的个体化阻碍,从而使这种交往未能最终重建黑格尔所预设的伦理总体性,所以黑格尔的尝试没有成功。尽管后来的海德格尔也在他的"世界"概念中表达过交往行为的思想,但也没有沿着这条路走下去,从而使他的"此在是谁"这一问题失去了重建的根基。通过深入的考察,哈贝马斯认为,问题的关键不是去否定现代性,也不是直接去否定理性,而是要根治近代意识哲学范式,重建一种新的理性范式,以此拯救现代性。这种新的理性范式就是"交往理性"范式。

　　哈贝马斯构建的"交往理性"范式的核心是重建主体性结构。在理性主义者那里,主体性结构只是个体的主体性和理性化,而没有涉及主体间性。在哈贝马斯看来,"人类是通过其成员的社会协调行为而得以维持下来的,这种协调又必须通过交往"[①]。也就是说,主体间性是通过交往行为实现的。由此可见,哈贝马斯将交往看作是人类生存与发展的前提与条件。哈贝马斯认为,主体间性和个体的主体性并不存在矛盾和冲突,相反,它是后者的前提,交往理性是个体意志与自由向社会理性化转变中实现的。从个体意志和自由向社会理性化转变,不单是理性从内而外的流动,更重要的是,它是从一种视角的转换,预示着人类关注的问题从外部自然转向人类自身,所以说交往理性更切合现代性本质。哈贝马斯现代性思想无疑是丰富的,但他自己也认识到不可能对现代性做出完美的设计,他把现代性看作是"未完成的方案"。所以我们应看到,尽管哈贝马斯也

[①] 《哈贝马斯精粹》,曹卫东译,南京大学出版社 2004 年版,第 378 页。

认识到现代性的"设计"是一件非常艰巨的任务，但他的现代性思想仍存在着不可克服的局限性。从根本上讲，哈贝马斯"交往理性"理论是建立在抽象的人和抽象的社会概念的基础上的，所以他为现代性设置的"方案"未免有乌托邦之嫌，因而也就难以在实践中做到现代性问题的真正解决。

第三节　现代化、全球化与现代性

随着第二次世界大战的结束，世界进入了一个相对和平的时代，资本主义发展达到了一个新的历史高度。经济全球化的进程不断加快，信息化以更优越的方式对现代社会产生重大影响，成为现代化新的内容。但是，在社会生产力取得巨大发展的同时，资本主义世界也面临着前所未有的困难和问题，社会发展过程中不断爆发的经济危机已给资本主义带来了严重影响，成为资本主义社会的"不治之症"。现代化过程中所产生和积累的社会问题不仅影响西方资本主义国家的发展，而且也给世界其他国家和地区造成极大的冲击。现代性由此引起了人们的怀疑和批判。但正如哈贝马斯所言："为了告别现代性，激进的理性批判付出了昂贵的代价。"① 激情的批判之后，是对现代性历史反思之时。作为西方现代文明标志的现代性何以从西方向全球扩展？西方现代性是否能构建与整合当代世界乃至未来人类发展的统一"模式"？这些问题在西方现代性理论家那里似乎不值一提，原因并非其意义不大，而是西方中心主义使然。显然，对这一问题进行相应的思考，将极大地凸显现代性研究的时代意义。

一　现代化：现代性建构的实践形态

现代化是现代性的现实展开。现代化和现代性之间的同构关系本是不言而喻的历史真实，但西方学界往往却忽视或遗忘了这一层历史关系，使之出现分离趋势。20世纪50年代以来源于西方的"现代化理论""依附

---

① ［德］于尔根·哈贝马斯：《现代性的哲学话语》，曹卫东等译，译林出版社2004年版，第380页。

论"和"世界体系论"等现代化理论流派①，和西方理性主义者所开创的现代性理论不同之处在于，它不仅形成了一个较为完整的学科体系，而且直接以发展为思想主题和研究对象，这和传统的现代性理论没有形成一个专门的学科体系研究有着明显的区别。所以说当今现代化理论和现代性理论的分野，实质就是现代学科的区分。从学科的意义上讲，将现代化看作是经济学、政治学等学科的研究对象，将现代性视为哲学、美学等学科的研究任务，倒不失其合理性。但是，这只是逻辑上的一种预设和需要。问题在于，学科上的区分可能导致人们对现代化和现代性问题产生一种片面乃至错误的认识，认为这二者是两个没有关联性的、不同领域的问题。然而，在现实中现代化和现代性这二者之间有着须臾不可分离的内在联系。有必要指出的是，逻辑仅是历史的抽象而不是历史的改写，如果将逻辑完全取代历史，然则不利于学科的发展。有人认为，现代性是一个抽象的概念。从现代性的外在形式来看，这一看法不无道理。就现代性概念来说，它作为现代之为现代化的那个质的规定性，好像是概念的重复，没有什么特别的意义，但一旦将现代性置于历史之中，现代性的具体的历史的规定性就会呈现。现代化是现代性内生的历史空间和实践形态，这应该被看作是对现代化认识的必然结果。诚然，启蒙辩证法所形塑的现代性是现代性建构的重要组成部分，但这只是一种观念形态的建构，并不代表现代性的全部。现代性不仅体现在观念形态上，而且还体现在实践进程中。现代化是现代社会最为根本的历史运动，因而现代化也就是现代性建构的实践形态。所以对现代性的认识，必须深入到现代化的历史进程之中。

从各种现代化理论对现代化的认识来看，和现代性一样，现代化也无统一的定义，但对现代化的理解仍可达成一些共识：现代化是指农业社会

---

① 20世纪六七十年代的"依附论"等理论学派的学者指出早期现代化理论存在着"西方中心主义"特征，认为以西方现代化的发展经历为基础形成起来的现代化理论忽视了不同社会发展的具体历史情况，实质就是割裂了人类历史发展的普遍与特殊的关系，过分强调了现代化的普遍性，就是一种非历史的观点。当然，"依附论"理论也有其局限性。它片面强调各民族的特殊性，片面否认西方现代化对其他国家和地区的积极影响，是割裂现代化普遍性和特殊性另一种表现。基于对现代化理论批评的反思，"现代化理论"的"修正派"试图对早期现代化理论进行补充、修正。美国学者布莱克明确反对将现代化即西化、现代性与传统截然对立的观点，认为每一个社会的传统性内部都有发展出现代性的可能性，现代化是传统的制度与价值观念在功能上对现代性的要求不断适应的过程。参见谢立中、孙立平主编《二十世纪西方现代化理论文选》，上海三联书店2002年版，"编者前言"第7—8页。

向工业社会转变的历史变迁,是以现代科学技术为基础、以生产方式为根本变革内容的历史进程,是经济、政治和文化等各个领域的全面革命,是从传统社会向现代社会的变革过程。现代化指证了一种历史进步观,它既指向社会发展中物质器物层面,也指向社会化的人本身。在现代化进程中,经济现代化是基础,人的现代化则是核心。对现代化认识的这些共识表明,现代性是现代化的总体目标和核心价值,离开了现代性,现代化这一概念将会变得抽象起来。哈贝马斯曾批评了现代化理论在这方面的一些做法:"现代性理论比韦伯的'现代'概念更加抽象","它把现代性从现代欧洲的起源中分离了出来,并把现代性描述成一种一般意义上的社会发展模式"[1]。将现代化和现代性分离开来,不仅仅在于对二者历史关系的认识存在差异,而且也是对现代化本身缺乏科学认识的表现。

一般说来,现代化有广义与狭义之分。广义的现代化是指世界性的历史过程,具体说来,是指人类社会从传统农业社会向现代工业社会转变的历史进程;狭义的现代化则特指落后国家和地区向发达国家学习,建立现代化国家的历史过程,马克思所说的"工业较发达的国家向工业较不发达的国家所显示的,只是后者未来的景象"[2],这就是关于落后国家和地区发展现代化问题的重要思想。当然,现代化的广义与狭义之分只是相对的,二者的运用往往出现交错情况。从日本来说,明治维新时期,日本是一个落后的农业国家,所以对于当时的日本现代化运动来说,现代化就是一种狭义上的意义;从当代日本在世界经济共同体中所占据的重要地位来看,对于广大的发展中国家来说,日本现代化取的则是广义上的意义。现代化的广义与狭义之分虽是相对的,但是在一定的历史条件下也是明确的。从现代化的形成来看,现代化与资本主义生产方式有重要的历史关联度。"资本主义生产方式是一种特殊的、具有独特历史规定性的生产方式"[3],"现代生产方式,在它的最初时期,即工场手工业时期,只是在现代生产方式的各种条件在中世纪内已经形成的地方,才得到了发展"[4]。马克思在这里不仅明确地指出了现代化的历史规定性,而且还概括了现代

---

[1] [德]于尔根·哈贝马斯:《现代性的哲学话语》,曹卫东等译,译林出版社2004年版,第2页。
[2] 《马克思恩格斯全集》第23卷,人民出版社1972年版,第8页。
[3] 《马克思恩格斯全集》第25卷,人民出版社1974年版,第993页。
[4] 同上书,第372页。

化的发展规律。现代化形成于 18 世纪后半期到 19 世纪上半叶，其标志是在科学技术的作用下机器在工业生产中的广泛运用，这就是工业革命。把工业化作为现代化的始发原因，或者把现代化视为工业化的最终结果，这是一种较为流行的观点。现在许多人将现代化看作是工业化，就是基于这一认识。不过，需要指出的是，19 世纪上半叶欧美的工业革命并不是工业化的全部，而是早期的工业化。在西方，工业革命前后经历了三次浪潮，特别是 20 世纪 40 年代开始的第三次科技革命，对于现代化的发展具有深远的影响。正因为将工业化看作是现代化的核心内容，所以 20 世纪以来的非现代化国家在现代化建设的过程中都将工业化作为现代化的主要目标。当代世界范围内兴起的新型工业化道路是现代化进程中出现的新气象，它为现代化发展带来了新的动力和形式。历史是发展的。现代化对每一个民族和国家的影响也是不同的，从而不同的民族和国家进入现代化的时间也是不一致的，有先后之别。从世界现代化进程来看，最早进入现代化的国家是英国，其次就是法国、德国、美国这些主要的资本主义国家。英国最早进入现代化，这与其最早完成从工场手工业向机器大工业的转变、资本主义生产方式率先确立是一致的。从英国等国的现代化发展规律来看，这些国家现代化都属于内源型现代化，也就是说，早期现代化国家都是通过自身工业化、市场化和世俗化而实现的。从现代化的源头来看，西方无疑是世界现代化的发源地，从 18 世纪到 19 世纪的早期现代化，几乎就是西方现代化发展的一副地理图。但是现代化天生是"国际派"。虽然现代化产生于西方，但是在全球化的影响下，现代化已成为一种世界性的力量。对于广大的非现代化国家来说，西方发达国家的工业化道路成为后发型国家的价值选择。

所以说，现代化不仅改变西方，而且也改变整个世界。现代化是改变每一个民族和国家历史命运的现实运动。现代化的进程不是以消灭民族的存在而求得发展的，相反，它以民族的存在为前提。现代化既有世界性，也有民族性。从人类社会发展的外部特征来看，现代社会的工业化、城市化是现代化的基本内涵。这是世界现代化的一般性。现代化也有其特殊性，是普遍性与特殊性的统一。所谓特殊性，就是每个民族和国家不仅进入现代化的时间不同，更重要的是，每个民族和国家的现代化道路的具体内涵也是不一样的，具体表现在每个民族和国家所面对和所要解决的传统和现代性的关系是不一样的。有的社会学者认为，西方现代化国家现代进程中"传统"的内涵和非西方现代化国家"传统"的内涵就是不一样的，从而决定了不同国家的现代性彼此有别。就西方国家来说，其现代化所面临的传统是古希腊罗马文化和中世纪基督教文化；就东亚国家和地区来说，其现代化所面临的传统则是儒家传统文化和佛学等东方宗教文化。当然，由于进入世界现代化的时间有先后之别，加之现代化发展道路也不一样，世界现代化进程就表现为一个非对称性的历史进程。从复杂性科学来看，自然界对称性现象和非对称现象都是普遍的，我们既可从中发现大量的对称性现象，也可从中找到大量非对称实例。自然界如此，人类社会亦然。所以说对称性与非对称性不仅是自然科学中普遍存在的现象，也是人类社会和思维领域中的一般特点。世界现代化进程中也存在着对称性现象和非对称性现象，主要的、根本的则表现为非对称性特征。我们这里的非对称性并非自然地理意义上的非对称性，而是政治地理意义上的非对称性。所以，我们不能从自然科学的视角认识世界现代化进程，否则，这是没有任何意义的。世界现代化进程中的非对称性现象来自人文社会科学的发现。所谓现代化的非对称性特征，就是指世界现代化进程中不同国家的地位和力量是不平衡的、非对称的，少数发达国家主导了世界现代化进程。具体说来，从现代化发端至今，在世界现代化进程中占据主地位的政治力量是西方发达资本主义国家及其所控制的跨国公司或跨国集团，广大发展中国家虽然也参与了第二次现代化进程[①]，但在其中的地位却被边缘化了，并非处在中心位置。世界现代化进程中的非对称性不仅影响不同民族国家的现代性建构，而且也构成了西方现代性和其他民族国家现代性矛盾和冲突的根源。

现代化不是一个先验的理性符号，而是现实的合理化运动，即经济的市场化、政治的制度化和文化的世俗化。"现代化——意指现代社会目前的状态——并不是历史的终点；如果将这种现代性看作是一种现代社会独具的特质，我们也不能判定现代性究竟包括哪些内容。"[②] 虽然我们既不能确定现代性究竟应包括"哪些内容"，也不能直接将现代性等同于现代

[①] 有的学者认为，世界现代化分为第一次现代化和第二次现代化。第一次现代化是指第一次工业革命和第二次工业革命这一历史时期，第二次现代化则指第三次科技革命以来的新的现代化历史时期。

[②] 谢中立、孙立平主编：《二十世纪西方现代化理论文选》，上海三联书店2002年版，第373页。

化，但我们可以看到现代性规定着现代化的发展方向，现代化则将现代性的观念形态变为现实，并推动着现代性的进一步发展。正是从这个意义上讲，现代化表现为一个具有历史进步性的发展过程。所以我们要树立现代化的历史进步观。现代化不仅仅只是经济的变革过程，而且也是指在经济变革基础上所发生的包括政治变革、文化变革等一系列内容的从传统到现代的社会发展，涉及人类生活的所有领域和不同方面。所以现代化不是一般意义的量的变化，而是人类社会的活动方式的根本变革，是从农业文明向工业文明过渡的社会转型，是现代性建构的实践活动。

总之，现代化作为一个世界性的历史进程，是全球化时代的世界历史发展趋势，是世界上不同民族和国家发展的必经之路。

二 全球化：现代性外推的社会空间

在西方思想史上，康德将启蒙理解为一种自由的和解放的精神，黑格尔则将法国大革命理解为现代精神的体现，而韦伯将现代文明理解为西方的"资本主义精神"，这些理解显然不尽相同，但表达了一个基本的思想，那就是，不论是来自抽象的概念还是源于历史的真实运动，现代性有其历史的真实意义。在欧洲现代历史上，现代化为启蒙运动创造了历史条件，反之，启蒙为现代化确立了原则和方向。可以说现代性是启蒙运动和现代化结合的产物。当然，这里的"现代性"实质上就是"西方现代性"或"欧洲现代性"。对此，西方大多数哲学家都给予了充分肯定。哈贝马斯就多次明确提到"欧洲现代性"这一概念。这说明在西方思想家那里，现代性就是一种具体的历史的概念。据此，作为现代文明之子的现代性，能否作为一个普遍的概念而存在？换言之，西方现代性是否具有普世性价值？正如"从作为历史概念的现代化到作为普遍概念的现代化"[①]一样，现代性也存在着这一追问。所以我们不仅要从西方现代化的进程中认识现代性，而且也要从世界现代化进程中把握现代性。那么，世界现代化是如何推进的？现代性又是如何实现外推的？现代性的一般性又是如何演变为一种世界性的力量？这些问题无不和全球化有着密切关系。全球化可称之为"流动的现代性"。当然，"流动"不是任其自流，"流动"有其方向

[①] 谢中立、孙立平主编：《二十世纪西方现代化理论文选》，上海三联书店2002年版，第307页。

和秩序。从当下全球化的格局来看,现代性的"流动"主要是从西方发达国家向广大的发展中国家的"流动"。全球化无疑是担当这一任务的基本载体。全球化是世界现代化进程中现代性外推的社会空间,就是从这个意义上讲的。所以要认识西方现代性的本质,还必须结合全球化来理解。这一思想也为一些西方学者所认同:

> 要认识现代性在欧洲以外的地方传播的整个过程背后的历史情境的性质,以及这种历史情境与欧洲现代性发展的历史情境之间的差异,也就是说,在西欧,现代性基本上是从内部发展起来的,即"内生型的"——尽管在欧洲的不同社会之间也存在着差异,换言之,这种发展主要是通过将某些群体的内在潜质发扬光大以及通过这些群体持续不断的互动实现的。但是,现代性在欧洲以外的扩展则明显具有外部力量侵入传统社会和文明的性质——实际上西欧社会的逻辑前提已经构成对那些必须做出不同反应的社会的严重挑战。[①]

迄今为止,世界现代化进程可以说经历了三次重大的发展。[②] 从这三次重大发展来看,世界现代化并不是世界上每一个民族国家同时参与的发展过程,也并不是每一个民族国家共同主导的历史进程。从现代化的发生学视角看,现代化国家分为内源型和外发型两类。这种划界不仅是一种时间意义上的区分,也是一种力量较量的显示。世界现代化由内而外的发展过程就是全球化。目前,学术界关于全球化的定义也是众说纷纭,莫衷一是。其实,将现代化和全球化结合起来,就不难理解全球化的真实含义。概括地讲,全球化就是世界范围的现代化、西方现代化的世界化。全球"化"的对象是欧美以外的非现代化国家,"化"的内容无疑就是现代性。也可以说,全球化是世界现代化在经济层面、政治层面和文化层面的具体展开。基于对全球化历史的基本认识,有许多学者将全球化理解为西化、资本主义化,看起来似乎对问题做了简单化处理,实则抓住了当下全球化

[①] [美] S. 艾森斯塔德:《历史传统、现代化与发展》,孙立平译,载谢中立、孙立平主编《二十世纪西方现代化理论文选》,上海三联书店2002年版,第366页。

[②] 参见罗荣渠《现代化新论——世界与中国的现代化进程》(增订本),商务印书馆2009年版,第140—152页。

运动的实质。"现代化的'全球化'乃是西方的现代文明模式向世界扩散的过程。"① 这指明了当今全球化的实质。从全球化运动的主体来看，迄今为止，一直是西方发达国家主导全球化进程，所以从某种意义上讲，全球化就是一部打开了的西方资本主义"发展史"。要认识这一点，就必须回到全球化运历史过程之中。在全球化运动以前，对人类社会发展的认识因受自然经济及其认识方式的制约而局限于地域史、民族史之中。只有到了 15 世纪前后，在地理大发现的推动下，人类社会才开始进入全球化时代，即世界上不同民族和地区之间的普遍交往、相互影响的新的历史时期。所以说全球化的出现，意味着人类社会不再是以地理为单元的民族存在，而是以世界历史为整体的人类存在了。地理大发现并不等于全球化。真正推动全球化也因此而构成全球化内容的则是现代化。当然，现代化并不会局限于欧美内部，否则，不仅现代化难以展开，而且也会最终窒息其现代性。资本市场和科学技术的本质决定了现代化必须由内而外的展开，换言之，全球化是现代化的必由之路，资本、市场和科学技术则是推动全球化演进的决定性力量。从这个意义上讲，全球化主要是指经济全球化。在世界现代化进程中，全球化以资本、市场、科学技术为基本要素，推动了现代化从欧美地区走向世界，也为政治、文化等各个领域的相互交往提供了现实的基础，从而为现代西方文明向世界范围内传播准备了现实条件。列宁曾说过："资本主义如果不经常扩大其统治范围，如果不开发新的地方并把非资本主义的古老国家卷入世界经济的旋涡，它就不能存在和发展。"② 由此可见，全球化是资本主义为了自身利益而推动的现代性运动。

从全球化的内容和历史进程来看，全球化为现代性的形塑起到了重要的作用。首先，全球化确立了人类历史发展的现代化坐标，极大地推动了世界现代化的历史进程。18 世纪后期以来，欧美国家经过工业革命走上了现代化之路，从而为欧美国家的社会发展创造了巨大成就，所创造的财富超过了人类有史以来的总和，科学技术和文化也得到了巨大发展，现代西方文明成为现代化发展的集中体现。现代化是欧美国家走上文明之路的

---

① 金耀基：《论中国的"现代化"与"现代性"》，载《北京大学学报》（哲学社会科学版）1996 年第 1 期，第 20—27 页。
② 《列宁全集》第 3 卷，人民出版社 1984 年版，第 547 页。

根本进路。通过全球化，欧美这种现代化模式逐渐吸引了其他国家和民族的兴趣和注意。学习和引进西方现代化成果成为广大发展中国家的共识。向西方学习，不仅成为一种口号，更是一种价值选择。所以说现代化是各民族国家发展的内部需要，是人类历史发展的时空坐标。其次，全球化推动了现代科学技术和文化的广泛传播和交流。在前全球化时期，人类历史上也有着局部的科学技术和文化的传播和交流，但是，这种传播和交流非常有限，更重要的是，这种传播和交流还局限于传统的范围之内，其历史意义是十分有限的。在西方现代化时代，建立在实验和实证基础上的科学技术和文化获得了巨大发展，已发展为现代科学技术和文化，以现代科学技术和文化作为传播与交流的全球化自然是前全球化时期不可比拟的。现代科学技术和文化的传播和交流，无疑为其他民族和国家的科学技术与文化的现代化起到了重要的促进作用。再次，全球化在一定程度上促进了民族意识的觉醒和民族独立与解放运动的兴起。在现代化之前，广大的发展中国家都生活在各自民族所属的那个传统的时代。19世纪以来，随着资本主义在西欧北美的迅速发展及其向全世界的扩张，世界绝大多数国家相继沦为资本主义的殖民地和半殖民地，处在被剥削、被奴役的状态。从这个意义上讲，全球化为世界资本主义体系和秩序的形成起到了重要作用。但是全球化运动是一把"双刃剑"。它一方面为世界资本主义体系和秩序的形成提供了条件；但另一方面，也为广大的殖民地半殖民地国家和地区的民族解放运动创造了现实条件。在全球化时代，世界无产阶级和民族解放运动已汇合成一个具有共同利益和目标的现实整体，成为反抗殖民侵略和霸权主义的重要力量。

19世纪40年代诞生的马克思主义，已不仅仅是"德国哲学""欧洲哲学"，而且是现代社会的"世界哲学"了。马克思主义的产生与传播，极大地推进了国际工人运动和民族解放运动的融通与发展。"十月革命"就是马克思主义和俄国工人运动结合的胜利成果，而"十月革命"一经爆发就成为具有世界意义的历史性重大事件，它一方面大极大地推动了马克思主义在广大的落后国家和地区的进一步传播与发展，另一方面也极大地传播了"十月革命"的经验与意义，促进了包括中国在内的一系列殖民地、半殖民地国家的民族解放运动和社会主义运动的兴起与发展。社会主义国家的建立是20世纪最重大的历史事件，它改写了全球化运动以来的世界历史发展，使社会主义现代化道路成为现性建构的新的实践进路。

三 现代性后果及其出路

虽然全球化为现代性的形塑起到了重要的作用，但我们也不能不看到，在全球化的时空扩展中，世界现代化的不平衡性、非对称性也逐渐暴露出来。这表明，现代性外推并非一帆风顺，而是不断地和矛盾与困境相勾连。其实，在现代性内生的过程中，现代性的矛盾与困境也已呈现。无论是内生过程还是外推进程，现代性始终与风险同在，和矛盾同行。

从现代性内生的历史空间来看，现代性无法克服其内在矛盾性。（1）工具理性与价值理性的矛盾。西方理性主义者所一再高扬的理性旗帜，其实就是工具理性。工具理性的过度膨胀，人文价值的失落，几乎贯穿西方现代化的整个过程。现代化中人这一根本维度不仅没有得到重视，反而愈来愈边缘化了。人在社会中主体性的地位日益被庞大的机器组织和茂密的技术层级所取代或包围，人成了"单向度的人"。（2）人的主体性与异化的矛盾。启蒙所要建构的主体性，本应通过现代化加以完善并且充分展露出来，但现代化所造成的强大的物化社会，却将人一下子抛入异化状态之中，这就产生了一个奇怪的现象：对象化世界本是人所创造出来的，但现在反过来却成为统治人自身的异化力量；人生产的东西越多，失去的也就越多；人不再是目的而仅仅作为手段而存在。所以说，"在资产阶级社会里，资本具有独立性和个性，而活动着的个人却没有独立性和个性"[①]。（3）文明与野蛮的矛盾。具有反讽意义的是，欧洲是现代文明的发源地，是迄今为止现代化程度最高的地区，但它又是两次世界大战的发源地和主战场，是制造种族大屠杀的"试验场"之一，也是当今仍未铲除的强权政治和文化霸权的"繁衍地"。英国著名社会学家和哲学家鲍曼对此有过中肯的批评。在鲍曼看来，大屠杀并非仅仅发生在犹太人身上的一个偶然的历史事件，也非人类历史进程中一类常见现象中的一个极端，也和非理性因素没有必然的逻辑联系，恰恰相反，大屠杀与现代性之间有着同谋关系。"在大屠杀漫长而曲折的实施过程中没有任何时候与理性的原则发生过冲突"，"现代文明不是大屠杀的充分条件；但毫无疑问是必要条件。没有现代文明，大屠杀是不可想象的。正是现代文明化的理性世

---

① 《马克思恩格斯选集》第 1 卷，人民出版社 1995 年版，第 287 页。

界让大屠杀变得可以想象"①。

从现代性外推的社会空间来看，现代性的矛盾与困境更加突出。不可否认，全球化为广大发展中国家的现代化提供了难得的历史机遇和条件，对推进世界现代化进程起了重大的作用。但我们也要认识到，全球化虽然促进了不同国家的经济、政治和文化的交流和发展，但是它既不能改变西方现代化"全球化"的目的，也不能改变自身结构中的不平衡性、非对称性。对于西方发达资本主义国家来说，有利的投资场所、广阔的商品销售市场、赢利的技术应用、合乎西方价值理念的制度文明，是其永恒的至上的核心价值。这一具有形而上地位的核心价值决定了其他价值的从属性和有限性。也就是说，自由、平等、民主、博爱等价值观念是受制于资本逻辑的，从而这些价值的普适性也是受制于资本的历史本性的。资本不是物，而是一种社会关系；"资本不是一种个人力量，而是一种社会力量"。② 对于广大发展中国家来说，全球化又是一个不平等的现代性发展过程，它具有自身难以克服的中心—边缘结构，处在中心、支配地位的是西方发达国家，处在边缘、被支配地位的是广大发展中国家和地区。这一结构反映了全球化两种力量的分野与对立。作为处在中心、支配地位的西方发达国家，极力将西方现代化模式、西方现代性价值观念输出到世界其他国家和地区，以求建立与之相称的资本主义体系；作为处在边缘、被支配地位的国家和地区，则不断以自身的现代性建构来对抗西方现代性。所以说现代性外推中的矛盾，表面看起来是传统与现代性的矛盾，实质上是全球性与民族性之间的矛盾。马克思、恩格斯早在全球化初期，就指出了西方资本主义依托全球化对其他国家和民族进行殖民扩张的本质：

> 资产阶级，由于一切生产工具的迅速改进，由于交通的极其便利，把一切民族甚至最野蛮的民族都卷到文明中来了。它的商品的低廉价格，是它用来摧毁一切万里长城、征服野蛮人最顽强的仇外心理的重炮。它迫使一切民族——如果它们不想灭亡的话——采用资产阶级的生产方式；它迫使它们在自己那里推行所谓的文明，即变成资产

---

① [英]齐格蒙·鲍曼：《现代性与大屠杀》，杨渝东、史建华译，彭刚校，凤凰出版传媒集团、译林出版社2002年版，第24、18页。

② 《马克思恩格斯选集》第1卷，人民出版社1995年版，第287页。

者。一句话，它按照自己的面貌为自己创造出一个世界。"①

在当代，在全球化的推动下，西方发达资本主义国家以金融帝国主义、政治强权主义、文化殖民主义和军事侵略主义等多种方式，加大对广大发展中国家的干预和渗透，从而使现代性在外推中所面临的矛盾与冲突更加激烈。

从现代性内生与外推的方式来看，现代性后果是不言而喻的，其风险性也随着现代性的建构而加大。那么，如何克服现代性内在于外在的矛盾，使现代性走出困境、获得新生呢？西方哲学史上不乏这样的提问与探索，许多学者也纷纷给出了自己的答案。从尼采开始，"后现代"思潮的理论家们就以理性为批判对象，试图绕过或超越理性，以此解构或消解现代性。历史的发展越来越证明，"后现代"思潮理论家们这种做法并不成功。现代社会风险与矛盾的增大，并非完全是现代性之过；现代性之困并非完全是理性之失。概言之，这是资本主义发达国家资本扩张的结果。现代性要真正摆脱困境，出路并不在于对理性进行全盘解构或消解，而是要有效遏制西方发达国家为了自己的利益而推行的新帝国主义。要做到这一点，发展中国家就不能受西方发达国家规定的框架和活语的束缚，而应把现代性的建构与本国本民族的实际情况结合起来，走符合本国实际、有民族文化特色的现代化道路，建构具有本民族性格的现代性。

---

① 《马克思恩格斯选集》第 1 卷，人民出版社 1995 年版，第 276 页。

第二章

中国现代化进程中的两种现代性话语

现代化是符合人类社会发展规律的大趋势，是不可抗拒的历史必然。任何国家、任何民族如果自外于现代化，就等于自甘落后，自取灭亡。这已成为现代社会的共识。问题是如何在全球化时代实现现代化。不同的国家和民族对这个问题的回答是不同的。居于强势地位的发达资本主义国家所鼓吹和推行的现代化，就是资本主义全球化，就是使发展中国家继续成为它们的附庸和掠夺对象的新的殖民化。对"后发现代化"国家来说，就不能听任发达国家的摆布，落入它们的陷阱，而必须独立自主地走符合本民族实际的现代化之路。中国不是一个"早发内生型现代化"国家，所以在现代化过程中也面临着如何面对西方现代化的问题。是按照西方现代化模式进行现代化建设，还是从实际出发建设中国特色的社会主义现代化？在中国现代化进程中存在着两种现代性话语，即现代性的西方话语和中国话语。不同的话语是以不同的理论为基础的。认识这一理论基础，对于中国现代性建构来说，意义重大而深远。

第一节 中国现代化道路：实践与理论

韦伯曾就"资本主义这个概念的形成"表达过这样的看法："资本主义企业一直是一种持久的、相当普遍的和古老的组织"，"'资本主义'和'资本主义的'企业一直存在于中国、印度、巴比伦、埃及、古代地中海地区、中世纪欧洲，就像它们存在于现代西方一样"[1]。也就是说，在韦

---

[1] ［德］马克斯·韦伯：《新教伦理与资本主义精神》（罗克斯伯里第三版），苏国勋等译，社会科学文献出版社2010年版，第6页。

伯看来，劳动或商业与居住地在空间上的分离、具有独立会计部门的资本主义联合体的创设等可能出现于上述地区任何一个地方，但唯有现代西方在此基础之上发展了理性的工业化组织以及它们的市场取向，从而从"资本主义"或"资本主义企业"中发展出"资本主义精神"来，而这是西方之外其他任何地方所不能做到的。不可否认，从西方资本主义发展中发掘出"资本主义精神"并把它看作是社会合理化的过程，韦伯对现代性的认识是深刻的，其从历史出发的认识方法也是可取的。但是，韦伯将现代性视为现代西方所仅有的现代文明，这是其认识局限性之所在。韦伯没有认识到，现代性并不唯现代西方所独有，在历史向世界历史的转变进程中，每一个民族在自身的历史活动中都可以走上符合自身特点的现代化道路，创造出属于自己民族那个时代的现代性来。中国近现代社会发展就充分表明，走中国特色社会主义现代化道路是中国历史发展的必然选择。随着中国人民历史意识的觉醒，在现代化进程中中国不仅能从"资本主义"或"资本主义企业"中发展出"资本主义精神"来，而且也能从"资本主义精神"中创造出"社会主义精神"来。这已为中国近现代的社会发展所证明。

一 中国现代化的"历史之谜"及其求证

美国学者布莱克（C. E. Black）认为，人类历史有三次伟大的历史性变革，如果说第一次和第二次变革分别以人类和人类文明的出现为标志的话，第三次变革则是指从农业文明向工业文明的转变[①]，这种转变就是指现代化。布莱克这一划分虽然还有待商榷，但他将现代化提到人类历史上又一次"历史性变革"的思想仍值得肯定。作为人类社会进程又一重大历史转折，现代化对于人类社会的重要意义也许时至今日人们还难以全部地认识到。当然，现代化并非"灵丹妙药"，现代化也带来一些新的社会问题。但是从总体上看，当下人们所看到的这些问题还不足以否定现代化本身的存在意义。所以，现代化研究仍有必要，特别是对于有着两千多年封建传统的中国来说，现代化之于自身历史发展的意义就更值得我们去研究了。

---

① [美]布莱克：《现代化的动力：一个比较史的研究》，景跃进、张静译，浙江人民出版社1989年版，第1—4页。

1. 何谓中国现代化的"历史之谜"

在反思中国现代化历史进程时，我们有必要认识这样一个问题，这一问题也是人们常常会提到的：中国为什么没有成为第一批现代化国家？这一问题构成了中国现代化的"历史之谜"。

如果说这一问题对于某些国家和民族来说是一个"想象"的话，那么对于中国来说这一问题则有其真实性，因为中国历史上曾有过这样的历史基础和机遇。一方面，16世纪前后在江南和东南沿海一带曾出现过资本主义萌芽；另一方面，据有关学者考证，在鸦片战争以前中国也曾经有过三次机会（1405—1433年的郑和下西洋、1792年的英国马戛尔尼使团访华、19世纪初的陶澍改革）走向世界、成为早期现代化国家。可是由于历史的原因，"这三次机会无一成为中国社会改造自我的动力"[①]。

在今天，探讨中国为什么没有成为一个早期现代化国家，并不是一个所谓的诸如"荣誉"之类的问题，好像成为第一批现代化国家，其谱系上就多了几分"正统"，而是一个关涉历史意识的现代性问题。这里必须指出的是，早期现代化国家并不单是一个时间上的概念，而是历史分期的重要标志，早期现代化是指一种"早发内生型现代化"。美国学者列维将现代化分为"内源发展者"和"后来者"两大类型，即"早发内生型现代化"与"后发外生型现代化"。根据列维对现代化的分类，从起源上看，中国现代化无疑属于"后来者"即"后发外生型现代化"这一类。对此，学界并不存在认识分歧，因为这有历史事实证明。虽然学术界对中国作为一个现代化的"后来者"没有什么争议，但对于中国为什么成为一个现代化的"后来者"而没有成为"内源发展者"存在着争议，也就是在中国现代化的"历史之谜"的问题上存在着争议。

2. 求证中国现代化的"历史之谜"

鸦片战争以前中国有没有成为早期现代化国家的可能？从现代化发展的某些条件和民族交往的视角看，这种可能性是有的。但与这种可能性相比，中国历史上所表现出来的是更多的更实在的没有成为早期现代化国家的现实性。

---

① 周积明：《鸦片战争前中国现代化的三次延误》，《天津社会科学》1995年第1期。

(1) 从历史现象发生学来看

中国和西方在现代化起源方面似乎有很多惊人的"相似之处",都存在着较大规模的海上活动,但为什么中国就没有发展成为海上强国而西方却以此建立了强大的工业体系?同样是海上活动,但细细分析,其间的差别可谓大矣。从对外交往活动来看,西方形之于地理大发现,中国则表现为郑和下"西洋",两者虽都为人类的普遍交往做出了历史性贡献,但对于现代化之意义却大相径庭。在西方现代化的发展史上,尽管其动力是多层面、多领域的,但地理大发现无疑是一个重要的历史前提。西方不仅通过地理大发现为工业化开辟了广阔的商品市场,而且也以此在广大的非洲、美洲和亚洲为西欧资本主义发展攫取了其发展所需的巨额资本。但地理大发现之于西方现代化的这种历史作用并没有在中国发生。从历史事实来看,中国的"地理发现"活动还早于欧洲,这无可争议。在明代中国就比较大规模地进行远洋航行了,其时间明显要早于哥伦布的环球航行。据史料记载,郑和早在明永乐三年即1405年就奉命率领商队远下"西洋",至宣德八年即1433年先后在28年时间内七次远航亚非诸国,从太平洋到印度洋,最远处还曾到过非洲东海岸和红海沿岸一带。不难看到,郑和下西洋尽管有多方面的历史意义,也证实了中国当时的经济和科技实力,但终究没有产生"发现"美洲新大陆这样的社会学意义,也是历史事实。历史发展表明,这些"远航"并没有启动中国现代化的序幕。郑和下西洋虽然所到之处为中国的物品开辟了销路,但他们并未自觉建构一种承担起开拓海外市场的历史使命和现代化意识。对明成祖支持郑和下西洋的"理由",有些学者也做过分析①,但所谓"寻宝"之类的理由并不能成立,笔者赞同这一看法:"郑和下西洋既无向海外作殖民征服的意图,也不是为了开拓海外贸易,而是从侄儿手中夺取皇位的明成祖朱棣企图通过'宣威海外'以示正朔的一种努力,诚所谓'振纲常以布中外,敷之德以及四方'(费信《星槎胜览·自序》),'耀兵异域,示中国富强'(《明史·郑和传》)。"② 这也就是说,郑和下西洋所做的不是"商业之旅"而是"政治之旅"。而"地理大发现"者则不同,追求"财富"

---

① 参见[美]牟复礼、[美]崔瑞德编《剑桥中国明代史》上卷,张书生等译,中国社会科学出版社1992年版,第258页。

② 周积明:《鸦片战争前中国现代化的三次延误》,《天津社会科学》1995年第1期。

成为其直接动机。恩格斯曾明确指出:"葡萄牙人在非洲海岸、印度和整个远东寻找的是黄金;黄金一词是驱使西班牙人横渡大西洋到美洲去的咒语;黄金是白人刚踏上一个新发现的海岸时所要的第一件东西。"[1] 所以,尽管中国早于西方进行民族和地区之间的交往,但并没有在西方之前或与西方同时走上像西方那样,在地理大发现的基础上依靠海外市场与殖民掠夺的方式所发展起来的现代化道路。

(2) 从资本主义发展来看

欧洲于14、15世纪在地中海沿岸就出现了资本主义最早的萌芽形式,中国也于16、17世纪出现了资本主义萌芽,但二者的历史命运迥然有异。作为"内源发展者",西方现代化道路是从资本主义生产方式的确立和工业革命开始的。从政治上看,资产阶级革命胜利为西方现代化发展扫清了障碍,西方民主制度因此得以逐步建立和完善;从经济上看,近代工业在科技革命的作用下飞跃发展,海外殖民地不断扩大,"蓬勃发展的欧洲工业以及与之相适应的贸易,要求有更多的交换手段"[2],这些都为西方现代化发展提供了重要的物质、技术和市场支撑;从文化上看,启蒙运动所确立的理性原则及其价值观念,为西方现代化提供了一套完整的理论学说和价值体系。总之,从14、15世纪的资本主义萌芽到19世纪的现代化基本完成,西方现代化并未受到外来势力的影响,是典型的"早发内生型现代化",其发展道路已构成了世界现代化历史进程中的"经典模式"。从西方现代化这些历史条件及历史进程再来反观中国历史发展,我们不难发现,16、17世纪以来中国虽具备现代化的一些因素,但最终因缺乏现实的基础从而也就错失了早期现代化发展的历史良机。具体说来,在中国的江南一带,16、17世纪也曾出现过韦伯所说的手工业作坊等早期"资本主义企业",其中的纺织业还曾达到一定规模。据资料记载,19世纪以前,中国和西方也有一定的贸易往来。作为现代工业化基础的市场也有一定的规模。当时在江南一带还曾出现较大的集市。但是无论是从市场规模还是交换内容来看,都没有达到现代商品经济的要求。所交换的物品主要限于农产品和手工业制品。至于那时从西方输入中国的商品主要是奢侈品,这也仅供皇室、贵族和地主等统治阶级内部享用。毫无疑问,从西方

---

[1] 《马克思恩格斯全集》第21卷,人民出版社1965年版,第450页。
[2] 《马克思恩格斯文集》第10卷,人民出版社2009年版,第595页。

经济学原理来看，这些奢侈品及其消费是不可能从根本上促进一个国家和地区的经济发展的，因为真正能拉动经济增长的是来自整个社会的消费需求。更重要的是，作为现代工业需要的原材料和生产工具并不在引进的西方商品之列。到了后来，西方与中国的贸易更是以鸦片这样的毒品为对中国输出的主要商品——无论从哪个方面来看，这已经不是正常的商业贸易了，而是没有原则和人性的殖民掠夺。在这样的历史条件下，显然是不可能发展现代化的。

（3）从科学技术和文化教育发展来看

现代意义的科学技术和文化教育制度并未建立起来。不可否认，《天工开物》《本草纲目》等著作代表了中国当时的最高科学水平，但与现代意义的科学要求与发展相比，仍有一定距离。一方面，中国科学主要呈现的是经验性的知识，缺乏理性的分析和总结，从而也就不利于传播和交流，"西方科学发展出以探索宇宙奥秘为目标，以追求严格证明的数学为基础的大传统，也就是'四艺'的传统，而中国科学则始终没有发展出这样的传统，故而两者渐行渐远，差别越来越大，以致南辕北辙，乃至成为不可比较"①；更重要的是，中国的科学和技术在劳动活动中仍是处在分离状态，从而极大地限制了科学技术对社会发展的现实意义，使中国农业和手工业水平还停留在古代水平上。文化上，虽然早在16世纪西方许多传教士纷纷来中国进行文化交流，其中不乏科学技术的内容，但从总体上讲，西方传教士对中国所开展的文化交流仍是以传播宗教内容为主。1792年的英国马戛尔尼使团访华，其"目的具有现代意义，或者说具有资本主义的扩张意义"②，但由于帝国的"天朝心态"而失去了学习西方先进科学技术的机会。教育形式还是传统的私塾等教学方式，所授内容仍是传统的儒家经典，没有现代意义的科学内容。

（4）从资本的积累来看

作为工业化发展所需要的巨额资本，是任何民族国家现代化必不可少的条件。众所周知，在资本积累方面，现代化最早的国家英国最具备典型意义，它是通过"圈地运动"和对外殖民掠夺而实现的。显然英国这条

---

① 陈方正：《继承与叛逆——现代科学为何出现于西方》，生活·读书·新知三联书店2009年版，第628页。

② 周积明：《鸦片战争前中国现代化的三次延误》，《天津社会科学》1995年第1期。

"经典"的现代化发展之路对于中国来说没有任何实际意义。这种做法，一则和中国传统文化中以"仁"为核心的价值观念相冲突，二则不容于以农业为基础的自然经济结构。此外，还有一个重要原因，那就是，从乾隆朝经嘉庆朝到道光年间，中国的国力已日衰弱，财政危机空前。"财政危机的出现，虽与乾嘉两朝多次用兵有密切关系，但最根本的原因还在盐、河、漕三大政运转失灵。"[1] 姑且不论官员腐败如何等社会政治问题[2]，单从经济学的角度看，数额庞大的治河经费，对于当时的国家来说，就是一个巨大的财政负担和开支，"岁费五六百万，竭天下之财赋以事河"[3]，其结果必是"民生日蹙，国计愈贫"[4]，从而就根本谈不上现代化所需的资本的原始积累了。

由以上分析可知，中国现代化虽然有内生的基础，但在西方现代化"全球化"之前，中国现代化没有出现是一个基本的历史事实，究其原因在于，生产力发展水平较低，森严的等级制度和传统的生产方式等严重地阻碍了科学的创新、技术的革新和商品的流通，从而严重地制约了中国从传统向现代化的转变。

总而言之，与西方经典现代化模式相比，中国是非经典的现代化国家。中国虽然具备现代化发展的一些可能性因素，但也存在更多制约现代化发展的现实性因素。可能向现实的转化本身就是一个艰难的过程，鸦片战争的爆发则从根本上割断了中国现代化从可能向现实转化的"内源发展"之路。自鸦片战争以来，中国社会发展出现了重大转折。这种转折不仅体现在国家主权和领土问题上，而且也体现在经济、文化和社会生活各个领域。在英国殖民强权的征服下，从1840年开始，中国开始沦为一个半殖民地半封建社会国家。在国家主权受到削弱、领土失去完整的历史条件下，中国绝不可能像西方那样也走现代化"内源发展"的道路了。中英战争彻底改变了以前中英贸易的格局。英国以武力为后盾，打通了向中国倾销商品的广阔市场。随着后来更多的西方国家入侵，中国社会半殖民地半封建性质基本形成并不断加深。所以说，从1840年开始，中国社

---

[1] 周积明：《鸦片战争前中国现代化的三次延误》，《天津社会科学》1995年第1期。

[2] 参见赵凯荣《马克思论中国为何由盛转衰：意识形态与文化战略》，《武汉大学学报》（人文科学版）2004年第1期。

[3] 《魏源集》，中华书局1983年版，第365页。

[4] 《清史稿·食货志》。

会的矛盾已由人民大众和地主阶级的矛盾，转化为中华民族和帝国主义、人民大众和地主阶级之间的双重矛盾。中国近代社会历史进程就是在这样的双重矛盾交织之中展开的，这也就决定了近代以来中国人民所要面临的两大历史任务是实现民族独立与自由和国家发展与富强。西方殖民侵略唤醒了中国人民的历史意识、民族意识、生存意识和发展意识。一部分先进分子认识到，要维护民族独立，就必须"师夷长技以制夷"。从向西方学习科学技术到仿效西方兴办近代工业，中国现代化起步可谓艰难至极。19世纪60年代以后，当时统治阶级内部一部分大地主、大资产阶级代表人物以"自强求富"为目标，掀起了洋务运动。洋务运动分为军用工业和民用工业两个阶段，但只有后期的民用工业才可以看作是中国现代化的开端。从洋务运动开始，历经清末、民初北洋政府时期和国民党统治时期三个不同时期，中国的现代化运动由小到大、由弱变强、由沿海到内地，在曲折中发展，在发展中壮大。但总体上讲，1949年以前的中国现代化进程不仅非常缓慢，而且也不显著，以致到了新中国成立前夕，现代化工业体系并没有建立起来，相反的是，"国民政府的财政和金融彻底崩溃了，国民党官僚资本彻底破产了，民族工业资本也完全没落了"[①]。

所以，严格说来，新中国成立以前中国并没有真正走上现代化道路，这是由中国近代历史条件决定的。中国不仅未能在西方之前或与西方同时走上现代化道路，而且还是通过全球化才开始步入现代化途中的。总之，中国现代化道路与当时中国的社会矛盾有着密切关系。

3. 从"西方中心观"到"中国中心观"：西方学界认识的转变

在如何认识中国现代化"历史之谜"的问题上，我们有必要对西方的"求证方案"进行简要评析。

西方学界很长一段时间流行一种"西方中心观"学说，对中国现代化取三种解释框架，即"冲击—回应框架""近代化框架"与"帝国主义框架"[②]。对此，美国学者柯文有过深入的研究。所谓"冲击—回应"框架，是邓嗣禹与费正清在其《中国对西方之回应》一著中首先提出来的，他们认为，在充满"不平等条约"的整整一个世纪中，中国和欧美日益

---

① 严立贤：《现代化模式与近代以来中国历史进程》，九州出版社2010年版，第382页。
② 参见[美]柯文《在中国发现历史——中国中心观在美国的兴起》（增订本），林同奇译，中华书局2008年版，"序言"第55页。

接触，在工业革命的推动下，这些接触对中国社会产生了灾难性的影响，使社会活动的各个领域、一系列复杂的历史进程——包括政治的、经济的、社会的、意识形态的和文化的进程对中国传统进行挑战并制服之，而"中国国内的这些进程，是由一个更加强大的外来社会的入侵推动的"①。简单地说，就是认为中国的现代化是在西方现代化的冲击之下而被动地作出的历史回应的。② 所谓"近代化框架"，就是运用传统—近代的两分法来阐释中国近代社会的演变，而这种两分法又是以西方的影响为中心的，所谓"传统"就是没有受到西方影响，而"近代"则是与西方接触比较频繁的历史时期，也正是在与西方接触之中，中国才走上了现代化道路，所以中国现代化道路就是"近代化"，这一解释框架同样认为中国的"解放"不是来自"自身"，而是来自"我们"——西方。③ 所谓"帝国主义"框架，就是以"帝国主义"为总体性范畴，考察鸦片战争到新中国成立这一个世纪中中国的种种问题，将"帝国主义"理解为问题的"最后根源"。④ 以上三种解释框架都是以"西方中心观"为基础建立起来的理论学说，尽管从中国与西方的历史联系中阐释了中国近代以来的现代化，但因为理论的基点建立于"西方"而不是"中国"的基础之上，所以其历史局限性也就不言而喻。

柯文看到了这种"西方中心观"的局限性，力图以"中国中心观"为基础，建构新的解释框架。在柯文看来，"19、20世纪的中国历史有一种从18世纪和更早时期发展过来的内在的结构和趋向"⑤。不可否认，柯

---

① 转引自〔美〕柯文《在中国发现历史——中国中心观在美国的兴起》（增订本），林同奇译，中华书局2002年版，第3页。

② 美国学者柯文提出"在中国发现历史"的命题就是从批判"冲击—回应"说开始的。柯文指出，美国学者从第二次世界大战后一直到20世纪70年代一直以"西方冲击"和"中国回应"这两个概念所建立起来的理论框架来解释中国鸦片战争到义和团起义这段历史（这也就是指从中国开始进入半殖民地半封建社会到完全沦为半殖民地边半封建社会这一历史时期），认为中国近代的变化是因为受到西方的冲击而引起的，在这一历史变化中，西方扮演着"主动"的角色，中国则处在消极的或者说"回应"这一被动的位置，"冲击—回应"说代表人物就是费正清等。

③ 参见〔美〕柯文《在中国发现历史——中国中心观在美国的兴起》（增订本），林同奇译，中华书局2002年版，第54页。

④ 同上书，第106页。

⑤ 〔美〕柯文：《在中国发现历史——中国中心观在美国的兴起》（增订本），林同奇译，中华书局2002年版，第210页。

文是以"中国"而不是以"西方"为中心,改变了西方学界传统的解释框架和研究方法,这对于深化中国现代化有着重要的学术意义。然而,我们要指出的是,柯文这一解释框架的确立并不意味着他对中国现代化的"历史之谜"的"求证"就已成功。尽管柯文自己也强调,使用"中国中心"一词"绝对无意用它来标志一种无视外界因素,把中国孤立于世界之外的探讨这段历史的取向"①,但是他对于中国现代化的认识仍存在着不可克服的局限性。柯文没有从中国近代以来的社会矛盾中认识中国现代化的必然性,更没有认识到推进中国现代化的真正力量之所在,从而也就无法真正认识中国近现代社会的巨大变化。

二 中国现代化的发展历程

众所周知,在鸦片战争和洋务运动之间,中国南方爆发了一场声势浩大的太平天国革命运动。不论今天的人们怎样认识和评价其历史意义,但有一点是不容否定的,那就是太平天国革命运动是在西方殖民者入侵中国之后爆发的,是在中国社会矛盾日益尖锐的背景下发生的。关于这一点,马克思当时就看得十分清楚:"中国的连绵不断的起义已经延续了约10年之久,现在汇合成了一场惊心动魄的革命;不管引起这些起义的社会原因是什么,也不管这些原因是通过宗教的、王朝的还是民族的形式表现出来,推动了这次大爆发的毫无疑问是英国的大炮,英国用大炮强迫中国输入名叫鸦片的麻醉剂。"② 在认识中国现代化的时候,我们也应该充分注意到这一点。中国现代化经历了从自发到自觉、从外发到内生、从"西化"现代化到社会主义现代化的发展历程。

1. 新中国成立以前的现代化道路

不可否认,《中英南京条约》签订后,西方列强就开始在中国的通商口岸办厂、通商,这些国外资本对中国社会的影响也越来越大。但从现代化的主体来看,这并不能看作是中国现代化的开端。

中国现代化发端于中国人自己创办的近代化产业。从性质上讲,洋务运动只是清朝后期统治阶级内部一部分开明的大地主为了巩固清政府统治

---

① [美]柯文:《在中国发现历史——中国中心观在美国的兴起》(增订本),林同奇译,中华书局2002年版,第210页。

② 《马克思恩格斯选集》第1卷,人民出版社1995年版,第690—691页。

地位、维护大地主阶级利益而掀起的一场"自救"运动，但这一运动因为客观上兴办了中国第一批近代军事工业和民用工业，在一定程度上推进了中国融入全球化的历史进程，所以，洋务运动的兴起可以看作是中国现代化的开端。如果从洋务运动计时起，到新中国成立前夕，中国现代化先后经历了清末、民国初年、国民党统治时期三个历史阶段。这里仅以经济层面为例。在清末阶段，洋务运动从19世纪70年代开始转入民用工业以后，为近代中国创办了最早的采矿业、金属业、冶铁业和棉纺业等近代工业部门，据资料统计，"19世纪70年代至甲午战争前夕，政府办民用工业企业有27家，经费约3000万元，工人25500—29000人"[①]；戊戌变法虽然前后不过百余天，但其"维新"的影响很大，其政治、经济、军事、文化等改革措施深入人心，特别是在经济方面明确规定要在各省设立招商局，在中央设立矿务铁路总局等，这对于现代化有明显的推进作用，所以虽然后来维新运动失败导致很多改革措施被废弃或被搁置，但经济方面仍取得了一定成效，比如，从铁路建设来说，到1911年前夕，中国共修建9618.1公里，其中各国直接投资建筑的有5192.78公里，采用间接投资方式修建的有3759.7公里，以中国资本修建的有665.62公里，虽然只占总数的6.9%，但其招商的效应也是有的[②]。辛亥革命后，由于清帝制被废除，民国政府颁布了大量鼓励工商业的政策和措施，加之第一次世界大战的爆发，中国社会内外部适时释放了历史上十分难得的发展机遇，民族工商业有了较为宽松的外部环境，从而促进了中国现代化在这一时期前所未有的发展。但好景不长。在北洋军阀和国民党统治时期，虽然民族资本主义表现了一定的发展态势，在近代工业、交通运输业等产业方面取得了一定程度的进展，但以"四大家族"为代表的官僚资本主义长期占据统治地位，不断压缩和排斥民族资本主义的发展空间。所以说新中国成立以前中国现代化并未真正发展起来，中国社会的经济形势依然是以传统农业为基础的自然经济，整个国民经济特别是工业经济对外依赖性很高，"西化"是贯穿这三个阶段现代化的根本特点。

纵观这一时期的中国现代化运动，由于现代化主体的分殊，现代化呈现出几种不同的进路。有的学者认为，从社会道路的角度可以分为三类，

---

① 许纪霖、陈达凯主编：《中国现代化史》第1卷，上海三联书店1995年版，第112页。
② 同上书，第177页。

即官僚垄断资本主义现代化模式、民族资本主义现代化模式和资产阶级民主主义现代化模式。"现代化的这三种模式或三条道路,在近代中国的历史上,错综复杂地交织在一起,相互之间为争夺主导地位而进行着斗争……它们之间的斗争及优势地位的转换,以及最终由资产阶级民主主义现代化道路发展而来的新民主主义现代化道路取得主导地位的历史,构成了波澜壮阔的中国现代化史。"① 实质上,现代化的这三种模式或三条道路的分野与对立,分别代表了当时中国社会三种不同的阶级力量。官僚垄断资本主义现代化模式代表的是大地主、大资产阶级的利益,这种模式的现代化具有垄断性、买办性和封建性等特点,是一种"在帝国主义允许范围内的现代化"②;民族资本主义现代化模式代表的是民族资产阶级的利益,由于民族资产阶级在中国近代史上没有自己的独立地位,所以这种现代化模式既遭到西方资本主义的冲击,也受到本国官僚资本主义的压制,与之既有矛盾也有依赖性,因而最终难以真正发展起来;资产阶级民主主义现代化模式,是"由孙中山开创、由资产阶级革命派领导、实际上是以资产阶级中下层和农民阶级为基础的现代化模式"③,这种现代化模式的目的就是要在中国建立一个政治、经济上独立的资产阶级共和国。显然,这种现代化主张由于孙中山先生英年早逝和资产阶级革命派人士处在权力的边缘地带,因而就没有在实践中真正得以展开,但它关于经济现代化的基本主张为新民主主义现代化模式所吸收和发展。毛泽东曾明确指出:"'凡本国人及外国人之企业,或有独占的性质,或规模过大为私人之力所不能办者,如银行、铁道、航路之属,由国家经营管理之,使私有资本制度不能操纵国民之生计,此则节制资本之要旨也。'在现阶段上,对于经济问题,我们完全同意孙先生的这些主张。"④ 在新民主主义经济纲领制定与实施中,毛泽东进一步明确指出:"没收地主的土地,分配给无地和少地的农民,实行中山先生'耕者有其田'的口号,扫除农村中的封建关系,把土地变成农民的私产。"⑤ 当然,这种现代化思想已不再是资产阶级民主主义现代化的乌托邦设计,而是新民主主义革命的现代化

---

① 严立贤:《现代化模式与近代以来中国历史进程》,九州出版社2010年版,第1页。
② 同上书,第6页。
③ 同上书,第12页。
④ 《毛泽东选集》第3卷,人民出版社1991年版,第1057页。
⑤ 《毛泽东选集》第2卷,人民出版社1991年版,第678页。

的经济纲领了。

2. 新中国成立以来的现代化道路

新民主主义现代化模式是中国共产党在新民主主义革命时期关于现代化的基本主张。毛泽东同志在《新民主主义论》一文中，高度概括了中国共产党关于新民主主义革命时期的政治、经济和文化纲领，明确表达了中国共产党人关于建立一个现代化"新中国"的基本构想。毛泽东指出：

> 我们共产党人，多年以来，不但为中国的政治革命和经济革命而奋斗，而且为中国的文化革命而奋斗；一切这些的目的，在于建设一个中华民族的新社会和新国家。在这个新社会和新国家中，不但有新政治、新经济，而且有新文化。这就是说，我们不但要把一个政治上受压迫、经济上受剥削的中国，变为一个政治上自由和经济上繁荣的中国，而且要把一个被旧文化统治因而愚昧落后的中国，变为一个被新文化统治因而文明先进的中国。一句话，我们要建立一个新中国。①

因为历史原因，新民主主义现代化模式只在解放区进行了有选择性地实践。随着中国革命的胜利，这种现代化模式很快取代了官僚资本主义现代化模式，这就为新中国走上社会主义现代化道路奠定了坚实的物质基础。"消灭封建制度，发展农业生产，就给发展工业生产，变农业国为工业国的任务奠定了基础，这就是新民主主义革命的最后目的。"② 1949 年新中国成立以后，在中央人民政府的统一领导下，中国开始有计划、有步骤地进行新民主主义现代化的建设，使新民主主义革命由理论变为现实。这主要表现：在城市没收官僚资本为人民政府所有，建立强大的国营经济，逐步恢复国民经济，实现国家财政状况和金融秩序的根本好转；在农村广泛开展土地改革运动，实现资产阶级民主主义现代化所构想的和新民主主义革命纲领中所提出的"耕者有其田"的基本目标；对资本主义工商业实行利用、限制、改造等政策，充分调动其生产和经营的积极性，逐步引导其发展方向。到了 1953 年，党和政府又适时开展对农业、手工业和资本主义工商业的基本改造，不断壮大社会主义因素和国营实体的经济实力。

---

① 《毛泽东选集》第 2 卷，人民出版社 1991 年版，第 663 页。
② 《毛泽东选集》第 4 卷，人民出版社 1991 年版，第 1316 页。

到了1956年年底，随着生产资料社会主义改造的完成，中国社会进入社会主义时期，拉开了中国社会主义现代化建设的序幕，从而也就意味着中国现代化的真正启程。

纵观中国社会主义现代化建设的历程，可分为两个阶段。（1）从1949年到1976年，建立了比较完整的社会主义工业体系和国民经济体系。早在1953年，党和政府就着手编制第一个五年计划，其中重大国民经济建设项目有156个，涉及机械、钢铁、汽车等多个行业。到1957年第一个五年计划完成时，新中国基本建立了独立的比较完整的工业体系和国民经济体系。1956年中共八大确立了社会主义现代化的基本目标，这标志着中国共产党作为执政党开始将工作重心从夺取政权转移到现代化国家建设上来。1957年，在最高国务会议上，毛泽东代表中央作了《论十大关系》的报告，全面阐述了现代化建设的宏伟蓝图。从1958年开始，党和政府不仅及时进行第二个五年计划，而且还开始编制科学技术12年规划。到了1964年第三届全国人大会议召开时，周恩来总理代表党和政府正式宣布中国现代化建设规划，全面阐述"四个现代化"的基本构想和建设目标。"今后发展国民经济的主要任务，总的说来，就是要在不太长的历史时期内，把我国建设成为一个具有现代农业、现代工业、现代国防和现代科学技术的社会主义强国，赶上和超过世界先进水平。"[①] 从这一阶段情况来看，中国现代化道路具有以下几个特点：自力更生与苏联援助相结合；经济建设和科学技术发展相结合；生产资料的改造和人的改造相结合；农业发展和工业发展相结合；沿海和内地相结合，保持地域平衡。但我们也必须看到，在这一时期，较为频繁的政治运动冲击了现代化建设，使现代化发展受到了一定的制约；特别是"文化大革命"，使国民经济出现严重倒退，给现代化建设带来巨大损失，现代化进程受到了严重影响。而从世界现代化历程来看，从20世纪60年代到70年代，这是世界现代化进程中的"黄金时期"，不仅发达的资本主义国家在这一时期获得了新生，其他许多非西方现代化国家和地区也走上了现代化道路，特别是"亚洲四小龙"更是成为西方现代化国家之外又一新的"现代化模式"。社会主义制度的建立，为中国现代化提供了坚实的现实基础，但由于国际社会两大阵营的长期"冷战"及其他方面的历史原因，中国现代

[①] 《周恩来选集》下卷，人民出版社1984年版，第439页。

化发展又一次失去了难得的历史机遇,其历史教训不可谓不深刻。这同时也表明,在全球化时代,任何国家的现代化不能离开世界现代化而自我运行。(2) 1976年以来社会主义现代化道路。"文化大革命"之后的头两年,由于仍执行以前的"左"的错误做法,中国国民经济处在徘徊状态。1978年5月11日,《光明日报》公开发表了《实践是检验真理的唯一标准》一文,将现实中人们普遍遇到的各种困惑上升为"哲学中的问题",从而引发了一场全国范围内真理标准问题的大讨论。毋庸置疑这场讨论起到了解放思想的作用,从理论上冲破了"两个凡是"的禁区,为中共十一届三中全会的召开扫清了思想上的障碍。1978年12月18日,中共十一届三中全会在北京胜利召开。这次会议通过了党的工作中心由阶级斗争转向社会主义现代化建设的重大决定,重新确立了实事求是的思想路线,从而在中国共产党和中国现代历史上具有十分深远的意义。"搞社会主义现代化建设是基本路线"①,邓小平这一科学论断成为全党和全国人民的共同心声和一致行动。从1979年开始,中国开始进入改革开放和社会主义现代化建设的新时期。到1992年中共十四大召开之际,中国改革开放和社会主义现代化建设已取得了巨大成就,极大地缩小了和现代化发达国家的经济差距。中共十四大将社会主义市场经济体制作为社会主义现代化建设的重要目标和任务,从而标志着中国现代化建设进入了又一个新的发展阶段。从中共十四大到十八大,中国现代化建设成就举世瞩目。近年来中国国内生产总值已位居世界第二位。根据英格斯的现代化指标,中国沿海部分地区已实现了基本现代化,正在向充分现代化目标迈进,整个国家的现代化程度已有很大程度的提高。现代化的"中国经验"已基本形成,"中国道路"已初见成效。

三 中国现代化道路的三次论争

在当今全球化时代,国家之间的合作与竞争是以综合国力为基础而展开的。综合国力不是一个单一的指标,而是一个综合的评价体系,其中包括政治、经济、文化、军事、外交等多方面因素。从这个方面来看,对于全球化时代任何一个国家和民族来说,综合国力的较量就不仅仅是走不走现代化道路的问题,而且还表现在走一个什么样的现代化道路的问题。所

---

① 《邓小平文选》第3卷,人民出版社1993年版,第138页。

以说现代化道路的选择对于每一个现代化国家来说至关重要。当中国现代化以实践的方式展开以后,对现代化的理论探索也从未停止过。在中国近现代历史上,曾围绕现代化问题出现了三次较大的论争,这些论争就是现代化进程中所表现的理论探索活动。不可否认,这些论争对中国现代化发展起到了极大的促进作用,从某种意义上讲,正是这些论争彰显了社会主义现代化道路的历史性与科学性。

1. "维新与革命"之争

这次论争是在以梁启超为代表的维新派和以孙中山为代表的革命派之间展开的。从论争的内容来看,这次论争以要不要革命为主题,这看起来与现代化无关,但实质上就是现代化道路之争。以梁启超为代表的维新派主张走资产阶级的改良道路,在君主立宪制的框架内发展资本主义。不可否认,维新派在封建主义和资本主义之间、传统与现代之间选择了后者,"维新"是维新派所提出的向西方学习的口号,体现了维新派对现代的一种价值追求,正如毛泽东所指出的,"那时,求进步的中国人,只要是西方的新道理,什么书也看","这些是西方资产阶级民主主义的文化,即所谓新学,包括那时的社会学说和自然科学","要救国,只有维新,要维新,只有学外国"①。但维新派对现代的价值追求与选择并不彻底,它是以维护君主制统治为前提的,将现代化的希望寄托在所谓的"贤明"的君主身上,这种思想恰恰是封建意识的反映。在保守与改良之间,维新派选择了后者,这是其"现代性"的表现;但在改良和革命之间,维新派却选择了前者,这又是其"封建性"的体现,从这个意义上讲,维新派是一个新的"保守派",具有现代性与封建性相勾连的矛盾特征。以孙中山为代表的革命派,提出"三民主义"的革命纲领,旨在发展资本主义。"三民主义"的核心是民生主义,即走现代化道路。这次论争不是以学术的形式表现的,但贯穿其中的是各自的社会发展理论。对于维新派来说,改良道路的理论基础是进化论;对于革命派来说,革命道路的理论基础是"三民主义"。

2. "资本主义还是社会主义""中国本位还是全盘西化""以农立国还是以工立国"的现代化道路之争

从20世纪20—40年代,中国知识界围绕现代化道路的问题展开了激

---

① 《毛泽东选集》第4卷,人民出版社1991年版,第1469—1470页。

烈的论争，这次论争持续时间之长、参加的人数之多、争论的主题之突出都是中国现代化进程中少有的。和"维新与革命"之争不同的是，这次论争主要是以学术的形式表现的。从论争的主题来看，既有现代化具体道路方面的论争，也有社会性质方面的论争，还有中国文化方面的论争，这些问题无论是经济的、政治的，还是文化的，归根结底，都是关于中国现代化应该走什么样的道路问题，这其中既有具体操作层面的东西，更主要的是关于社会主义和资本主义之争，由此表明，这一次论争是中国现代化道路论争的"总演习"，当下学术界有关中国现代化问题的论争不过是其继续，实质上不过是这些问题的翻版，而这些问题已由中国现代化的实践作出了回答。但实践的回答不等于学理上的澄清。我们对这一论争有必要进行一番回顾，这将有助于我们认识今天学术界各种"现代化"理论形态及背后的真实意图，意义深远。这次论争，从形式看，表现为三个方面：中国现代化是走资本主义道路还是走社会主义道路、中国文化的出路是以中国为本位还是全盘西化、中国经济发展是以农立国还是以工立国，但究其实质则是中国化还是西方化的问题。这次论争的学术性质决定了论争双方的理智态度。无论是主张"以农立国"还是主张"以工立国"，无论是主张"资本主义"还是主张"社会主义"，都没有表现为一种盲目性的批评，而是一种理性的认识，从这个意义上讲，这次论争本身也是现代性的重要体现。

对于"以农立国"的论者来说，西方现代性所呈现的不仅是积极的方面，也有其消极的方面："此观于各国歇闭之工厂，实业之工人，及各工厂不能充分使用其力量之事实并列国竞争市场之激烈状况可以确信"[1]，"欧洲各工国实业之民渐多倒是实事"[2]，"资产集中，贫富悬殊，国内有劳资两极"[3]，"工业化以人为刍狗"[4] 等等；与之相反，"农国讲节欲"

---

[1] 董时进：《论中国不宜工业化》，载罗荣渠主编《从"西化"到现代化》下册，黄山书社2008年版，第768—769页。

[2] 杨明斋：《评〈农国辨〉》（节录），载罗荣渠主编《从"西化"到现代化》下册，黄山书社2008年版，第788页。

[3] 孤桐：《农国辨》，载罗荣渠主编《从"西化"到现代化》下册，黄山书社2008年版，第779页。

[4] 潘光旦：《工业化与人格》，载罗荣渠主编《从"西化"到现代化》下册，黄山书社2008年版，第1096页。

"农国尚俭"。通过对比农业化和工业化,一部分主张"以农立国的论者",不是反对现代化,而是反对工业化,其实质上就是主张走农业现代化之路。对于"以工立国"的论者来说,"欧美工业进化之恶果"[①]固然存在,但是工业化乃是现代社会的进化潮流:"至于农业,则为保守的,少进化的,与现社会之进化潮流,当相反;工业为进化的,且速进化的,与现社会之进化潮流相应"[②];"工业化与失业,不一定有因果的关系"[③];从而断定农业的自然经济结构是不利于现代化发展的。由此看来,两派论者各执一端,对现代化做了片面的理解,相对而言,"以工立国"派主张更具合理性,更能把握现代化的一般规律性。一般性不独仅存于思想之中,现实生活中也具有一般性的意义存在。所以说现代化道路中的价值一般是存在的。否认这种一般性,现代化中的许多问题反而不能认识。当然,尽管在现代化具体道路的选择上存在着分歧,但在对帝国主义与中国现代化之间关系上所有论者的认识是一致的,"中国被资本主义侵入八九十年还没有资本主义化的原因,完全是因为帝国主义者欲保留这块沃土为他的原料取给地和货物销售场"[④],所以说,"在帝国主义经济侵略之下,都市工业不容易建立,农村工业也就同样的难以培植"[⑤],"列强侵略的结果,直接使中国的内政纷乱,经济落后,社会畸形,造成中国现代化最困难的原因"[⑥]。

从表面上看,"以农立国"和"以工立国"的论争从属于现代化的具体操作层面,没有涉及现代化的深层次问题,其实不然,在这些论争的背后就涉及走资本主义现代化道路还是走社会主义现代化道路的问题。正是在"以农立国"和"以工立国"的论争中,西方资本主义现代化道路受

[①] 孙倬章:《农业与中国》,载罗荣渠主编《从"西化"到现代化》下册,黄山书社2008年版,第750页。

[②] 同上书,第748页。

[③] 吴景超:《我们没有歧路》,载罗荣渠主编《从"西化"到现代化》下册,黄山书社2008年版,第811页。

[④] 姚溥荪:《不复兴农村中国也可以工业化吗?》,载罗荣渠主编《从"西化"到现代化》下册,黄山书社2008年版,第839页。

[⑤] 张培刚:《第三条路走得通吗?》,载罗荣渠主编《从"西化"到现代化》下册,黄山书社2008年版,第848页。

[⑥] 罗吟圃:《对于中国现代化问题的我见》,载罗荣渠主编《从"西化"到现代化》上册,黄山书社2008年版,第269页。

到了批评、苏联社会主义现代化道路赢得了称赞,尽管一些学者也承认,"社会主义之实现,距现在之制度虽较远",但认为,这并非遥不可及,"苟欲登时达到,固属不尽理,然亦未始不可以达到"①;"我们虽不能马上像苏联那样,五年之内便把全国工业化了,但是我们要学着那样做,要把全国经济统制起来,走上工业化的大路"②。在此基础上,一些学者进一步提出了"走新民主主义道路"的问题,认为"毛泽东先生所倡导的新民主主义(经济)在中国是有其实现的根据的"③。这已经触及现代化道路的"中国化"问题了。不仅如此,随着论争的深入,现代化道路之争还深入现代化的前提与方式、现代化与人格以及"问题与主义"等社会问题上来。有的学者认为:"工业化的前提是厉行法治"④;"工业化的过程也就是人力解放的过程,所以工业化的程度愈高,人力解放的程度也就愈高"⑤。从这里可以看到,这些论争已超出经济学的范围,而已涉及现代性和马克思主义中国化问题了。但是,在当时的历史条件下,这些认识并没有得到进一步发展,这是其历史局限性之所在。

3. "中国道路"和"苏联模式"之争

在 20 世纪 20 年代到 40 年代的"现代化道路"之争中,许多学者就明确指出,中国现代化发展要学苏联而不能学欧美。新中国成立以后,随着中苏友好同盟互助条约的签订,两国关系进入一个实质性的友好的发展时期。在这样的历史背景下,向苏联社会主义现代化学习就从以前的理论研究阶段转向实践操作层面。实行计划经济,成为现代化建设中中国向苏联学习最集中的表现和结果。无论是第一个五年计划还是第二个五年计划,都具有鲜明的"苏联现代化"特征。

但随着中国现代化建设的深入,中国共产党人开始反对现代化建设中

---

① 孙倬章:《农业与中国》,载罗荣渠主编《从"西化"到现代化》下册,黄山书社 2008 年版,第 764 页。

② 张培刚:《第三条路走得通吗?》,载罗荣渠主编《从"西化"到现代化》下册,黄山书社 2008 年版,第 861 页。

③ 许涤新:《中国经济的道路》(节选),载罗荣渠主编《从"西化"到现代化》下册,黄山书社 2008 年版,第 1070 页。

④ 张素民:《中国现代化之前提与方式》,载罗荣渠主编《从"西化"到现代化》上册,黄山书社 2008 年版,第 228 页。

⑤ 刘绪贻:《工业化的利弊》,载罗荣渠主编《从"西化"到现代化》下册,黄山书社 2008 年版,第 1106 页。

的教条主义，从而形成"中国道路"与"苏联模式"之争。严格说来，这不能看作是一次论争，因为这既没有形成公开的学术论争，也没有在党内展开广泛的讨论，更没有形成争论的"双方"，而是以理论反思的形式表现出来的对中国现代化道路的探索。1956 年《哲学研究》第 2 期发表了青年学者陶德麟先生一篇题为《关于"矛盾同一性"的一点意见——评罗森塔尔、尤金著〈简明哲学辞典〉"同一性"条目释文》的论文。在这篇文章中陶先生就苏联两位院士对"同一性"的解释提出了批评，并结合毛泽东思想对"同一性"概念做了重新阐发。这篇文章的学术意义不仅在于其哲学思想，而且还在于其学术影响，因为该文无论是其基本观点还是其论证的"实例"，都是反"苏联模式"的。1957 年毛泽东在南宁会议上也就这一问题进行了阐述和回应。这不是偶然的。这是毛泽东对"中国道路"探索的开始。之所以这个探索没有采取公开的形式，这与当时的国际背景是有关系的。为了打破资本主义阵营对社会主义国家的孤立和封锁，巩固和苏联等社会主义国家的友谊，新中国成立以后，毛泽东和中国共产党人开始逐渐淡化"马克思主义中国化"和"毛泽东思想"等提法。所以在公开场合，对"苏联模式"还不能加以批评。但毛泽东在《论十大关系》等文章中还是对"中国道路"进行了有益探索。毛泽东曾指出：

> 最重要的是要独立思考，把马列主义的基本原理同中国革命和建设的具体实际相结合。民主革命时期，我们吃了大亏之后才成功地实现了这种结合，取得了新民主主义革命的胜利。现在是社会主义革命和建设时期，我们要进行第二次结合，找出在中国怎样建设社会主义的道路。①

所以说，这不是一种严格意义上的现代化道路之争，而是中国共产党人在现代化道路上的自我反思。通过这一反思，"中国道路"的思想开始形成。

到了后来的 20 世纪 80 年代，邓小平对这一思想做了进一步的丰富和

---

① 中共中央文献研究室编，逄先知、金冲及主编：《毛泽东传（1949—1976）》（上），中央文献出版社 2003 年版，第 506 页。

完善，并公开表述为"有中国特色社会主义现代化建设道路"。进入 21 世纪以来，随着全球化进程进一步加快，面对国际合作与竞争日趋多样化、复杂化，中国共产党人果断地提出了走可持续发展的现代化道路，坚持以科学发展观为指导思想，充分调动广大人民群众的积极性、主动性与创造性，努力构建和谐社会。在中国特色社会主义理论指导下，中国现代化建设取得了巨大成就，成为全球仅次于美国的第二大经济实体，社会主义现代化建设逐渐为国际社会所赞同和认可，"中国道路"成为世界现代化进程中又一相对成功的范例，再次确证了社会主义的生命力。

"中国道路"的基本形成有着重要的历史意义。从实践上看，"中国道路"的基本形成是中国近现代百年来现代化探索特别是新中国成立以来社会主义现代化建设的伟大成果，彰显了社会主义制度的优越性；从理论上看，"中国道路"的基本形成，既是对中国现代化历程中三次论争的一个总结，也是马克思主义中国化的必然结果。"中国道路"的基本形成表明，中国现代化不仅要进行经济现代化建设，而且还要进行政治现代化、文化现代化建设，中国现代化道路是"全面的现代化"；中国现代化不仅要实行对外开放，充分吸收世界文明的优秀成果，更重要的是要独立自主，充分实现和发挥广大人民群众当家做主的地位、意识和作用；从中国实际出发，走中国特色的现代化道路，建构中国现代性。

第二节 自由主义与中国现代性

从中国现代化的理论与实践来看，为什么走现代化道路和走什么样的现代化道路是一个问题的两个方面。作为前者，历史已做出了选择。中国百年来受尽西方列强百般欺凌和掠夺的历史说明了全球化时代一个重要现象：落后就要挨打！[1] 实际上这是现代社会"资本逻辑"衍生的强权政治逻辑。西方资本主义国家从这里似乎超越了和它有着千丝万缕联系的宗教，"真正地"成为世俗化了的宗教对立物，所以它绝不会为此流下半滴"感伤的泪"："根据传统的基督教道德传统规范，贫穷当然不是罪恶，甚至可能是一种美德的象征；但是在资本主义出现的世界里它逐渐地被看成

---

[1] 北京大学哲学系吴国盛教授对"落后就要挨打"这一观念做了较深入的分析。参见吴国盛《现代化之忧思》，生活·读书·新知三联书店 1999 年版，第 66—75 页。

失败的象征。"① 在西方资本主义国家的眼中，中国就是这样的贫穷的失败者。但历史辩证法告诉我们，矛盾双方是相互转化的。造成中国近代落后的历史原因有很多，从经济学的视角来看，没有成为现代化国家无疑是其中一个重要的历史因素。所以在走现代化道路的问题上，即使是文化保守主义者，对此的认识最终也是一致的。作为后者，从现代化发端至今，学术界仍有不同的看法和主张，现代性从来就不是一个既定的历史定在，它需要不断地建构，哈贝马斯将现代性理解为"未完成的方案"，其道理也就在这里。走什么样的现代化道路或者说如何走现代化道路，并非只是一个纯粹的经济学问题，它同时也是一个哲学问题。从哲学层面来看，它表征为现代性及其建构。毫无疑问，任何建构必须有其理论基础。不同的理论及其实践，决定了现代性建构的不同进路与目标。从西方资本主义现代化历史来看，其现代性建构的理论基础是自由主义。由此可见，中国走什么样的现代化道路之争，实质上就是社会主义现代化道路和资本主义现代化道路之争，就是马克思主义与自由主义之争。

下面的思考是由这一问题引申而来的：如果中国选择走西方资本主义现代化道路，那么西方现代性的移植就是理所当然的了，从而自由主义作为中国现代性建构的理论基础也就是理所当然的了，从而这一论争包括我们对中国现代性理论基础的探讨也就没有必要了，显然这是一种无批判的历史原则，西方现代性所呈现的种种问题已经表明这一原则是失效的；如果选择一条非西化的现代化道路，那么中国现代性就必须重建，从而自由主义是否作为中国现代性的理论基础就存疑，从而对这一理论前提就必须予以重新省思和批判。对于这一批判原则，自由主义者也是赞同的：任何不经过讨论和挑战的真理都有可能最终成为"僵死的教条"而非"活的真理"②。由此可见，自由主义和中国现代性的关系并非一个不证自明的历史前提，反之，它是一个亟须回答的现实问题。

一 作为西方现代性理论基础的自由主义及其历史局限性

从西方现代化的历史与现实来看，以自由主义为理论基础的自由与平

---

① [英] 安东尼·阿巴拉斯特：《西方自由主义的兴衰》，曹海军等译，吉林人民出版社2004年版，第191页。

② 同上书，第12页。

等两大原则，在任何时候都是作为现代性的基本价值而加以建构和推广的。在全球化时代，对于西方资产阶级来说，现代化的历史寓意是十分明确的：离开自由主义这一理论基础，现代性的基本价值就难以确立起来。但正如一些西方学者所言，自由、宽容和个人权利这些现代性的基本价值并非唯自由主义所独占，这些价值观念早在自由主义形成之前就已存在，自由主义的历史贡献仅在于，在西方个人主义观念的指引下对这些价值观念进行了重新界定和重构。[①] 不可否认，自由主义所重新界定和重构的这些价值原则，作为资本主义和前资本主义划界的重要界标，已成为人类社会进步的重要尺度。但是一旦将这些价值原则抽象化，它们也就会失去其历史维度，从而演变为超历史的虚假的意识形式。所以问题不仅在于自由主义如何重新界定和重构现代性的基本价值，而且还在于这些基本价值如何被自由主义神圣化、抽象化和普世化。

不管自由主义将其所建构的价值原则如何神圣化、抽象化、普世化，自由主义本身是一个历史的产物却是事实。根据英国学者阿巴拉斯特对自由主义的历史的考察，现代自由主义的发展可以追索到文艺复兴，因为"直到那时，我们才发现作为现代自由主义不可或缺之哲学内核的人性观与世界观发生了意义重大的深刻变革。这种内核即为个人主义，将人视为个体的存在，这是一种史无前例的洞见，而正是这种观念构成了文艺复兴的主要标志"[②]。阿巴拉斯特说，自由主义的谱系还可以追溯得更远，从12世纪所出现的个体意识、生命与艺术的个人主义式的发展直到古希腊时期的民主政体与自由，这些都可看作是自由主义的历史发端处。一句话，自由主义有其思想源流，从而也就有其历史性。

在西方哲学史上，自由历来就是其中的一个重要思想传统。在古代希腊哲学中，自由思想业已形成。赫拉克利特最早提出了"辩证法"一词，从其本意上讲，辩证法是指一种自由的论辩，不受外界束缚而让思想本身自由地呈现，这里所表达出来的自由就是一种思维自由、认识论意义上的自由，所以赫拉克利特的辩证法思想从某种意义上讲也是一种自由思想。古希腊哲学中的真正的自由思想主要是遵循着下面两条路径所展开的：一

[①] 参见［英］安东尼·阿巴拉斯特《西方自由主义的兴衰》，曹海军等译，吉林人民出版社2004年版，第18页。

[②] 同上书，第121页。

是本体论，二是道德论。众所周知，古代的本体论的最高水平是德谟克利特所阐发出来的原子论。德谟克利特认为，世界最基本的单位是原子，原子是运动的。但由于德谟克利特将原子看作是一种定在，这就决定了运动只是原子的形式，而不是其本质属性，运动改变的只是原子的状态，而无法实现其自由的本性，所以德谟克利特无法将原子的运动和自由思想统一起来。这一问题是到了伊壁鸠鲁那里才得到了解决。伊壁鸠鲁用原子的偏斜运动来说明原子有三种运动形式，其中的偏斜运动不是对直线运动和垂直运动简单的否定，相反，原子的偏斜运动恰恰是原子自由运动的表现。所以原子主义构成了古典自由主义的基础。现代自由主义以个人主义为核心，与古希腊哲学这种原子主义思想不无关系。将自由思想引入道德领域，则是由苏格拉底所开启的，而后经过柏拉图，到亚里士多德终其成。苏格拉底被称为"古代著名的自由主义者"，因为他是"引发思想自由的殉教者"。柏拉图和亚里士多德也分别表达了自由的思想。柏拉图"理想国"就包含着一种自由的、和谐的思想，自由作为一种美德而被提出来。总之，自苏格拉底实现哲学的人的转向以后，自由、平等这些价值观念就被逐步确立起来，而这是与当时的社会结构相适应的。雅典共和国素以民主、自由、平等著称，建立了被后世当作典范的民主政体。但是，作为一种民主政体，希腊哲学中的自由、平等观念并不见于全体人民，而只限于国家的公民，而女人、臣民和奴隶是排除在公民之外的，所以这种自由与平等关系并不具有普遍的意义。霍布斯在《利维坦》中揭示了古希腊自由观的实质："古希腊罗马人的哲学与历史书中经常推崇的自由，不是个人的自由，而是国家的自由。"[①] 到了中世纪，古希腊罗马哲学中的自由传统受到了神学思想的抑制，但其自由思想并未消失，而是由神学进行了重构，毫无疑问，这种重构是一种去人化的神秘化过程，在神学那里，自由只有对于神来说才具有真实的意义，而古典自由主义传统中那种属于人的意义的自由也就被彻底解构了。从这里可以看到，我们不能简单地批评中世纪没有自由思想，有的西方学者将古代希腊的苏格拉底和中世纪的彼

---

① 转引自〔英〕安东尼·阿巴拉斯特《西方自由主义的兴衰》，曹海军等译，吉林人民出版社2004年版，第123页。

得·阿伯拉尔同时看作是现代以前两个自由主义者的代表是有一定道理的①。但是，有必要指出的是，从现代自由主义所确认的现代性价值原则来看，文艺复兴以前的自由思想对于现代自由主义只具有一种象征性的意义，现代自由主义是以个人主义为核心的，这和古希腊罗马哲学中的自由观是有差别的。文艺复兴之所以被认为是现代自由主义谱系的直接来源，如阿巴拉斯特所说，文艺复兴是以人为中心、以个人为本位、以个人主义为核心，这一价值原则正是自由主义为现代性所要建构的人性观和哲学观，所以文艺复兴对于自由主义、对于现代性价值原则的确立有着重要的历史意义。但是，文艺复兴只是将人提升到和神同等重要的地位，并未动摇神学的社会根基，这和现代自由主义所要构建的现代性价值原则还存在着很大的差距。后面这一工作是由宗教改革运动来完成的。

> 在某些地方始终流行着一种老辉格党的观点，即宗教改革运动直接导向了一些主要的自由主义原则和自由主义的成功。新教确实是个人的宗教信仰，因此逻辑地和历史地导出了宽容和良心的自由。这些观念的非宗教形式正是自由主义。②

所以说宗教改革运动开启了一条通往自由主义的进路。无论是路德还是加尔文，都自觉地将上帝之王国和世俗之王国严格区分开来，这一做法的实质就是将宗教与世俗分离开来，将精神与物质分离开来，这"可以看成是预示了其后作为自由主义特征的价值与事实的分离"，进一步来说，"信仰与世俗世界的分离也有助于营造一个知识的氛围，鼓励对自然世界的科学研究的发展。这种分离的另一个维度就是路德教会的信仰与理性的分离"③。科学和哲学从宗教中解放出来，这是现代自由主义形成的前提和基础。

现代西方自由主义思想以个人主义为核心，但因为以来自不同的理论来源为基础，从而这一个人主义的自由主义传统从一开始就出现较大的差

---

① 参见［英］安东尼·阿巴拉斯特《西方自由主义的兴衰》，曹海军等译，吉林人民出版社2004年版，第15页。
② 同上书，第136页。
③ 同上书，第139页。

异，虽然后来出现了融合的价值取向，但仍然形成了不同的价值观念，从而为后来现代性建构及其分裂预制了困境。对现代自由主义来说，其哲学基础是不同的，正是在这里，出现了自由主义的分野，一个是经验主义的自由主义传统，另一个是理性主义的自由主义传统。经验主义的自由主义以经验论哲学为基础，这派的代表人物有培根、霍布斯、休谟；理性主义的自由主义则以唯理论哲学为基础，其代表人物是笛卡尔、斯宾诺莎、莱布尼茨等为代表。这两个传统随着经验论和唯理论的论争而不断演变。从西方哲学史来看，经验论将个人感觉看作是知识的唯一的直接的来源，而唯理论则怀疑经验对于现代知识建构的基础性作用，认为只有经过理性的指引的知识才是可靠的。培根和笛卡尔分别是经验论和唯理论的始作俑者。培根认为，相对于人类心灵来说，感觉无疑是值得信任的，它是知识的唯一来源；笛卡尔则认为，在知识的来源问题上，感觉在某种程度上是易错的和不可靠的，人所具有的理性能力是人成为其人的本质所在。如果说培根从客观的感觉活动出发，那么笛卡尔就是从个人的心灵出发。尽管培根要通过个体的感觉经验达至知识的普遍性，笛卡尔也是从个体的心灵经过对神的沉思进入外部世界存在，但是其路径是相反的。对于自由主义传统来说，这种理路的分殊倒不是问题的关键，其意义在于为后来康德完成认识论的哥白尼式革命乃至整个现代性价值原则的确立奠定了基础。"培根与笛卡尔被其后的几代人看成是两个伟大的解放者——将哲学从经院哲学、亚里士多德哲学，以及神学的束缚中解脱出来，并开辟了理智发展的新纪元。"[①] 毫无疑问，在对待科学和信仰、知识和权力分离的问题上，甚至在对待理性的问题上，无论是经验论还是唯理论对此的认识并无分歧，其根本区别仅在于他们对知识的信念上，经验论将个人的感觉置于首位，而唯理论则将天赋观念作为前提。正是这一认识论和方法论的分野，导致了现代自由主义中的经验主义的自由主义和理性主义的自由主义两个传统。具体说来，经验主义的自由主义将知识的来源建立在个体经验的基础之上，就是要确立个体经验与自由之间的内在关系，所以在经验主义的自由主义看来，个人权利和自由体现在私有财产权利和信仰自由上，而且这种个人权利和自由就是现代国家生活的终极目的；而对于理性主义

---

① [英]安东尼·阿巴拉斯特：《西方自由主义的兴衰》，曹海军等译，吉林人民出版社2004年版，第169页。

自由主义来说，就是要寻求知识的普遍性与精神之间的内在关系，将理性置于首要地位，构建理性的权威地位，认为个人权利和自由必须服从于现代国家理性和道德精神，以此实现理性与自由的融通。

虽然经验主义的自由主义和理性主义的自由主义在个人本位与国家本位的问题上存在着冲突，但无论是哪种自由主义传统，都旨在介入现实、完成资产阶级革命的历史使命，所以追求政治解放、反对僧侣主义和封建专制对个性自由的扼杀就成为两者共同的价值取向。从这个意义上讲，解放是自由主义的内在逻辑和现实活动。对于资产阶级这一"解放"的意义，我们必须加以历史分析和科学评价，否则，我们既看不到自由主义运动对历史的贡献，也不能正确辨认其历史局限性。按照马克思在《论犹太人问题》一文中对人的解放理论的阐释，"解放"有两重结构：一是政治解放，二是人类解放。所谓政治解放，就是使人从神学统治、从专制政权、从自然经济中解放出来。（1）从神学统治中解放出来，就是将国家从宗教神学中解放出来，以理性精神取代宗教权威，使国家成为理性国家而不是宗教国家，并使国家承担起它应该承担的历史责任（保护个人在市民社会中的私有财产权利和宗教信仰自由权利），从而彰显其存在意义，这样，通过政治解放，宗教就从国家公共领域退回到市民社会的私人领域，宗教信仰就完成变为个人的"私事"。（2）从专制政权中解放出来，就是将市民社会的存在看作是国家的前提和基础而不是相反。"把市民社会，也就是把需要、劳动、私人利益和私人权利等领域看作自己持续存在的基础，看作无须进一步论证的前提，从而看作自己的自然基础"①，也就是说，对于市民社会来说，国家只是作为手段而不是作为目的存在，国家的意义也就在这里。（3）从自然经济中解放出来，就是促进商品自由交换，创造更多的物质财富，实现人对私有财产占有的基本权利，"自由这一人权的实际应用就是私有财产这一人权"②。由此可见，自由主义者所进行的以追求个人的基本权利和自由为价值旨归的政治解放，是人类解放不可逾越的历史阶段，马克思也正是在这一层意义上对自由主义运动给予了高度的评价。当然，这种政治解放的历史局限性也是显而易见的。因为，在资本主义社会，由于国家和市民社会的划界，从而使其各自承担

---

① 《马克思恩格斯全集》第 3 卷，人民出版社 2005 年版，第 188 页。
② 同上书，第 183 页。

了不同的功能，对于国家来说，就是将人变成公民，而对于市民社会来说，又将人变成"利己的人"，这从而造成"人"的存在二重化：在国家中，个人是法律上所规定的公民，享有参加国家生活的各项政治权利，这是一种民主的权利，是作为公民的基本权利而存在的；而在市民社会中，个人是"利己的人"、独立的个人，"这种人，市民社会的成员，是政治国家的基础、前提。他就是国家通过人权予以承认的人"[①]，作为市民社会中的一员，个人则享有私有财产的权利和信仰自由的权利。在政治解放的框架中，人的基本权利就是由这两部分所组成的。问题就在于，因为市民社会是国家存在的前提和基础，所以公民在市民社会所拥有的私有财产的权利和信仰自由的权利优先于作为公民所享有的基本权利，这也就表明，在国家生活中政治解放所取得的公民权是一种形式上的基本权利，而在市民社会中政治解放所取得的自由权利是一种事实上的基本权利，毫无疑问，根据自由主义者的解放逻辑，事实上的权利高于形式上的权利。从资产阶级革命的历史来看，形式的权利归于国家生活中的每一个人，即公民，从这里，资产阶级的民主和自由等现代价值得以充分体现；事实上的权利则只属于资产阶级，即私有财产的所有者，所以说，国家和市民社会的划界其实就是形式上权利和事实上的权利的区分。由此看来，正如有的学者所指出的，"个人在现实的市民社会生活中依然受到私有财产和宗教信仰这种'世俗桎梏'对人的限制"[②]，资产阶级国家和法的精神从表面上看是体现了所有"人民"的意志的，实质上只是体现和保护资产阶级利益的，这就是资本主义国家和法的本质，也是资本主义自由的本质。因为个人在现实生活中依然不能摆脱两重"世俗桎梏"对人的限制，从而就不可避免地陷入两难境地：自我异化和宗教狭隘性。因为这两难境地是政治解放所遗留的不可克服的内在性，所以企图通过政治解放来摆脱这两难境地，对于资产阶级来说是不可能做到的，以否定为原则的辩证法精神和利己的资产阶级的阶级本性从根本上讲存在着对立与冲突，对于资本主义社会的发展来看，资产阶级的解放不是其他阶级解放的条件，相反，是以牺牲和奴役其他阶级为前提的。资产阶级的虚伪性也就体现在这里：以形式上的自由掩盖事实上的不平等，以人的自由和解放为口号谋取自身的

[①] 《马克思恩格斯全集》第3卷，人民出版社2005年版，第187—188页。
[②] 阎孟伟：《马克思与欧洲自由主义运动》，《哲学研究》2010年第6期。

基本权利。所以说要走出这两难境地，就必须加快解放进程，将政治解放推进到人类解放这一历史进程中，实现政治解放和人类解放的真正统一。马克思的解放理论的科学之处在于，它不仅深刻分析了资产阶级政治解放的历史价值和局限性，而且也明确指出了无产阶级是完成从政治解放到人类解放的真正阶级力量之所在。

二 中国现代化进程中的西方话语

全球化的一个重要特征或者说意义是，世界上再没有一个国家和民族会因为地域关系而脱离世界历史进程，相反，不同的国家和民族因为现代化这个共同的历史主题而相互联系、相互依赖。当然，从系统论的视角来看，在一个系统内部，由于每一个要素具有不同的结构和功能，因而在系统内所处的地位和所起的作用是不一样的，结构完善、功能齐全、性能优良的要素，必然逐渐消化乃至取代其他结构不完善、功能不齐全、性能不优良的要素而使整个系统趋同化，从而向更高的系统进化和演变。对于世界现代化进程来说，这一系统论原理也是适用的。西方资本主义作为"早发内生型"现代化，不仅仅是在时间意义具有领先的地位，更重要的是在现代性建构方面具有形塑"他者"的功能，也就是说，西方现代化国家在现代化模式上更多的具有"引领"的作用。这种"引领"的方式是多方面的，其中一个重要方面，就是为广大的"后发型"现代化国家输入其"生产方式"及其"价值观念"，从而使每一个"后发型"现代化国家按照西方资本主义的"面貌"建构现代性，走西方现代化道路。"按照自己的面貌为自己创造出一个世界"[1]，这就是西方资本主义现代化"系统论"的逻辑要求。不过，人类社会因为有"人"的因素，系统论在人类实践中常常会自觉地"修正"自己的原理。这并不是否定系统论，而是系统论更加"系统"的体现。从世界现代化进程来说，一方面，西方资本主义并不是一个结构完善、功能齐全、性能优良的"现代化国家"，其各种现代性问题早已受到包括西方学界在内的世界范围的批评；另一方面，其他"后发型"现代化国家只是在时间上具有"后发"特征。至于一个"后发型"现代化国家和民族能否取得成功，一方面取决于它如何科学地对待西方现代性；另一方面，这也是最重要的，和本民族现代

---

[1] 《马克思恩格斯选集》第1卷，人民出版社1995年版，第276页。

性建构有密切关系。毫无疑问，中国就是一个"后发型"现代化国家。中国现代化要取得成功，就必须符合上述两种要求。在这里，我们首先看第一个问题：如何科学对待西方现代性？正如上文所述，西方现代性建构的理论基础是自由主义，所以这里的论题就是自由主义对中国现代性建构的影响。第二个问题，将在后文中加以论述。

1. 自由主义"在中国"

在中国近现代思想史上，"自由主义"是一个颇能引起人们争议的社会思潮。这不仅是因为自由主义在中国曾经产生了较大的社会影响，而且还因为它在中国的传播和发展有着十分鲜明的理论旨趣和价值选择。但自由主义最终只是取得了一种"在中国"的身份认同，并没有发展为"是中国"或"中国化"这样的理论形态与实践建构。自由主义"在中国"这一历史命运不仅是西方自由主义者所没想到的，也是中国自由主义者不愿意看到的。在自由主义者看来，自由主义缔造了西方现代性的"神话"，为什么就不能在中国现代历史上也演绎这一"神话"呢？其实答案很简单。正如自由主义起初在中国的传播是由于中国社会的需要一样，自由主义"在中国"这一历史命运也是由中国社会需要所决定的。

自由主义"在中国"，这是对其生存状态的一种描述。从时间上看，自由主义"在中国"不过几十年。如果将这一时期进行划界的话，大致可以分为两个历史阶段：第一个阶段是19世纪末到新文化运动，这一阶段主要是以译介西方自由主义基本思想为主要任务，还没有发展为一种社会思潮，属于自由主义"在中国"的准备阶段；第二个阶段是新文化运动到20世纪40年代末，这一阶段主要是进行自由主义的理论宣传和政治活动，从这个意义上讲，这个时期的自由主义不仅仅是作为一种思潮存在了，它同时也具有一种"运动"的性质，这具体表现在抗战胜利以后一部分自由主义者通过"第三条道路"来表达政治上的诉求，即在中国建立资产阶级共和制国家，实现资产阶级民主和自由。"1949年以后，自由主义开始从中国大陆隐退了，而至1957年，自由主义终于在中国大陆的反右斗争中画上了一个暂时的句号。"[①] 虽然后来自由主义从中国大陆转向台湾和香港等地，中国大陆在改革开放以后也出现了"自由化"倾向，但无论是规模和影响，都无法跟20世纪20—40年代的自由主义运动相

---

① 何萍、李维武：《马克思主义中国化探论》，人民出版社2002年版，第198页。

比。归结起来，自由主义"在中国"这一命题包括两层意思：一是自由主义在一个时期内适应了近代中国人民争取国家独立与自由和争取个人民主自由权利的双重需要，这是自由主义在中国传播和发展的社会基础，所以说自由主义传入中国有它的历史必然性；二是自由主义最终没有成为中国人民进行革命和现代化的理论基础和指导思想，这不仅是因为自由主义理论本身存在局限性，更重要的是中国革命和现代化对社会发展理论有着更高的要求，而自由主义不能满足中国社会发展对这一理论的要求，这也是中国历史发展的必要体现。由此可见，自由主义和中国现代化之间不是一种内在关系而是一种外在关系。自由主义这种"他者"的身份和地位，最终取决于中国历史发展的现实需要。自由主义"在中国"这一历史际遇表明，中国历史最终所否定的是自由主义思潮而不是自由这一现代性原则和价值理念。

中国有没有"自由主义"？从西方自由主义的理论与实践的视角来看，中国是没有"自由主义"的。自由主义"在中国"就是要到达这样的目的：自由主义"是中国"或"中国化"。也就是说，自由主义"在中国"不单单是要建构一种自由的原则和价值体系，而更主要的是要在中国造成西方那样的"自由主义运动"，使自由主义成为建构中国现代性的理论基础，或者说得更直接一点，就是中国现代化应以西方现代化为模式，走西方现代化之路。所以在所有的自由主义者看来，中国是没有"自由"的，不仅形而下没有"自由"，而且形而上也没有"自由"。这一论点显然是不能成立的。中国没有"自由主义"，但这并不意味着中国没有自由思想或对自由智慧的追求。从实践的层面看，中国历史上历次的农民起义，不能说没有一种"自由"的理念在里面起作用；从"庖丁解牛"的"手之所触，肩之所倚，足之所履，膝之所踦，砉然向然，奏刀騞然，莫不中音。合于《桑林》之舞，乃中《经首》之会"到"卖油翁"的"取一葫芦置于地，以钱覆其口，徐以杓酌油沥之，自钱孔入，而钱不湿"，中国古代劳动人民在生产劳动中所表现的技艺的熟练不能说不是对"劳动自由"境界的向往和追求，从某种意义上讲，这种劳动生活中所表达出来的"自由"智慧恰恰最能切中"自由"的真实意蕴。从理论层面看，追求自由的智慧，一直是中国哲学的传统。从道家学说来看，自由思想就一直占据其重要地位。庄子在《逍遥游》等篇目所阐发的"无待"这一范畴就表达了极其丰富的自由思想，特别是对外在自由的一种追求。或许有的人可能进一步追问，道家中存在自由思想这不可否认，但儒家思想中没有自由思想则是不容否认的事实。从儒学的"三纲五常"的基本要义来看，人与人之间所有的关系和行为都限制在人伦纲常之中，自由似乎被排斥在儒学之外。实质上这也是对儒学的误读。从形式上看，儒学的"礼"教对人的道德与行为确实做出了一系列的规制，但是这些规制都是建立在"仁"这一核心原则之上的，而"仁"的基本价值理念就是自由。孔子在和子路、曾晳、冉有、公西华等弟子交流时曾对曾晳的"莫春者，春服既成，冠者五六人，童子六七人，浴乎沂，风乎舞雩，咏而归"的尚礼与教化而生成的自由境界就予以高度赞赏和极力推崇。孔子关于礼教与自由这一立场和态度是非常清楚的。再从儒家"穷则独善其身""达则兼济天下"的"独善"和"兼济"两个对应的概念来看，儒家在立身处世方面存有较大的余地，这就是一种自由，精神上的自由，可以说儒家很崇尚一种内在的自由。所以简单否定中国哲学中没有自由思想不是一种科学的态度。当然西方自由思想和儒家思想也是有差别的，儒家思想的自由思想主要指向伦理道德领域，而西方自由思想更偏向本体论和认识论层面。如果从现代性这一层面来看，西方自由思想体现了现代的价值原则和理念，这也就是西方自由主义一旦传入中国以后，其自由与平等原则和价值理念迅速吸引国人关注的重要原因。另外，从西方自由主义发展路径来看，它更关注现实问题，特别是指向经济和政治层面，而这是中国传统哲学的自由思想所缺乏的。所以说问题不在于中国历史上有没有自由思想，而在于中国现实需要什么样的自由原则和价值理念。从现代性建构的层面来看，中国传统哲学中的自由思想和观念显然还不能适应现代化的需要，但它为西方自由主义思想在中国的传播提供了思想机制。

自由主义"在中国"的实践虽然以失败而告终，但其理论贡献还是值得肯定的。严复、梁启超和胡适是自由主义"在中国"时期三位重要人物，他们对"自由"的阐释和理解是自由主义"在中国"理论形态上的重要表现。(1) 严复"以自由为体"的自由思想。严复的自由思想的形成，一方面与他对西方自由思想的推崇是分不开的，另一方面是建立在他对传统文化的激烈批判之上的。在严复看来，西方与中国的一个重要区别，就是没有言论自由："夫自由一言，真中国历古圣贤之所深畏，而从未尝立以为教者也。彼西人之言曰：唯天生民，各具赋畀，得自由者乃为全受。"① 严复十分赞同西方"天赋自由"的思想，认为"以自由为体，以民主为用"的思想是西方富强的根本原因。在严复看来，自由不仅表现在言论上，而且也表现在经济生活和政治改革之中。在斯密自由主义市场经济思想的影响下，严复对中国传统思想中的义利观给予了批评，倡导经济自由："斯密之言，其一事耳。尝谓天下有浅夫，有昏子，而无真小人。何则？小人之见，不出乎利。"② 但是，严复并没有完全摆脱中国传统文化的影响，所以，在群体自由与个体自由之间，严复选择了前者。从严复将密尔的《论自由》译为《群己权界论》就可以看到他对自由的一种理解，即必须对群体自由和个体自由进行划界，并确定个体自由不得侵犯他人自由的原则："人得自繇，而必以他人之自繇为界。"③ （2）梁启超"国家自由"的自由思想。和严复的自由思想涉及的范围较广相比较，梁启超的自由思想主要表现为一种政治自由。受西方自由主义思想的影响，梁启超的政治自由的基本原则是：每个人的自由，以不侵入他人之自由为界。从这里可以看到，梁启超这一自由思想是对严复群体自由和个体自由思想的继承。但和严复不同的是，梁启超是在国家的框架内建构自由。这表现在梁启超首先对政府的职能明确加以界定，认为政府的义务就是要维护个人利益，使其自由不受侵犯。"政府之义务虽千端万绪，要可括以两言：一曰助人民自营力所不逮，二曰防人民自由权之被侵而已。"④ 其次，在个体自由和团体自由之间，梁启超和严复一样，处在同一逻辑建构中："自由云者，团体之自由，非个人之自由也。野蛮时代，个人之自由胜，而团体之自由亡；文明时代，团体之自由强，而个人之自由减。"⑤ 梁启超这种自由思想明显含有忽视个人自由的意味，因而被后来的学者批

---

① 严复：《论世变之亟》，载王栻主编《严复集》第1册，中华书局1986年版，第2—3页。

② 严复：《〈原富〉按语》，载王栻主编《严复集》第4册，中华书局1986年版，第859页。

③ 严复：《译〈群己权界论〉译凡例》，载王栻主编《严复集》第1册，中华书局1986年版，第132页。

④ 梁启超：《论政府与人民之权限》，载林志钧编《饮冰室合集·专集之十》，中华书局1989年版，第2页。

⑤ 梁启超：《新民说》，载林志钧编《饮冰室合集·专集之四》，中华书局1989年版，第44—45页。

评为不是一个西方自由主义精神的信仰者①，这也不是没有道理的。梁启超重视国家的独立和自由的思想，虽然和西方自由主义思想传统有一定差异，但在国家框架内构建个体自由的致思进路最终还是通向西方自由主义，只不过是梁启超的自由思想更多了几分启蒙的意蕴。（3）胡适"健全的个人主义"的自由思想。从历史的影响来看，胡适无疑是中国近现代历史上最著名的自由主义者了。从对自由的理解和阐释来看，胡适的自由思想受到了美国哲学家杜威极大的影响，因而可以说是一个新自由主义者。和严复、梁启超不同的是，胡适对个体自由与国家自由、个体本位和国家本位之间的关系作了重新认识。胡适指出："争你们个人的自由，便是为国家争自由！争你们自己的人格，便是为国家争人格！自由平等的国家不是一群奴才建造得起来的！"②在个体自由与他人自由的关系问题上，胡适认为二者不是对立的而是统一的，"自己要争自由，同时便想到别人自由，所以不但自由须以不侵犯他人的自由为界限，并且还进一步去要求绝大多数人的自由"③，这是"社会化"的趋势。在个体自由和国家自由、群体自由的关系问题上，严复等三人没有歧义，但在具体阐释和运用上，胡适和严复、梁启超二人区别开来。胡适十分重视个体自由，重视个体人格的建构和个性的追求。"自治的社会，共和的国家，只是要个人有自由选择之权，还要个人对于自己所行所为都负责任。若不如此，绝不能造出自己独立的人格。社会国家没有自由独立的人格，如同酒里少了酒曲，面包里少了酵，人身上少了脑筋：那种社会国家绝没有改良进步的希望。"④在如何建构个体人格和个性的问题上，胡适提出了"健全的个人主义"这一概念，这一概念既是对杜威"真的个人主义"的继承和发展，也是对严复、梁启超疏远个体自由的一种回应，从而将他的个人本位思想进一步彰显出来。所以说，胡适的自由思想更接近西方自由主义思想传统。

总之，自由主义"在中国"表明，"自由主义"和中国近现代历史存

---

① ［美］张灏：《梁启超与中国思想的过渡（1890—1907）》，崔志海、葛夫平译，江苏人民出版社1997年版，第146页。

② 胡适：《介绍我自己的思想》，《胡适全集》第4卷，安徽教育出版社2003年版，第663页。

③ 胡适：《我们对于西洋近代文明的态度》，载罗荣渠主编《从"西化"到现代化》上册，黄山书社2008年版，第149页。

④ 胡适：《易卜生主义》，载《胡适全集》第1卷，安徽教育出版社2003年版，第615页。

在着深切的关联度。作为西学东渐的一部分,自由主义从19世纪末传入中国起就不仅仅是作为价值理性加以追求,而且也是被当做工具理性对待的。和其他思潮相比,自由主义可以说是最早引起思想界注意并加以重视的思潮之一。严复早在19世纪末就开始较为系统地译介自由主义的思想,中间经过梁启超等人的大力介绍和宣传,到了新文化运动时期,自由主义就已经成为当时的"显学",由一种观念形态的思想变为有较大社会影响力的新思潮了,其地位和影响力甚至远高于同时期的马克思主义在中国的传播和发展。从20世纪20年代到40年代,自由主义又逐渐从一种谋求社会发展的社会性思潮发展到中国历史上一种重要的政治派别和政治运动,成为"第三条道路"的理论基础。但是,历史最终选择了马克思主义而没有选择自由主义。这是因为,自由主义的理论旨趣和中国现实的需要之间存在着较大的差距,自由主义理论不能解决中国的现实问题,从而自由主义最终也就没有从理论走进实践,更不用说"中国化"了。当然,我们也不能因为自由主义的理论旨趣和价值追求,否定它在中国现代化进程中的历史作用。可以说,自由主义"在中国"为马克思主义中国化创造了条件。

2. "西化"思想:现代性的西方话语

检视中国现代化的历史进程,自由主义"在中国"虽然没有最终达到在中国发展资本主义的目的,但是自由主义在中国的传播还是产生了一定的影响,形成了中国近现代历史著名的"西化派"。"西化派"不是一个有着明确纲领和组织的党派,而是一个范围较为宽泛的阶层,既有政治上的"西化派",也有思想文化上的"西化派"。从现代化的视角来看,无论哪个方面的"西化派",其基本思想和主张基本上是一致的:走西方资本主义现代化道路。"西化派"有两个核心价值理念:"西方化"和"现代化"。毫无疑问,"西化"就是"西方化"和"现代化"而不是其中之一。"西化差不多是抄袭西洋的现成办法,有的加以变通,有的不加以变通。"[①] 所以说"西化"思想就是中国语境中的西方现代性思想或者说是现代性西方话语的中国形式。

"西化"思想的形成是一个历史过程。"西化"思想最早体现在一种

---

① 张熙若:《全盘西化与中国本位》,载罗荣渠主编《从"西化"到现代化》中册,黄山书社2008年版,第485页。

面向"西方"的开放心态和思维方式上。早在19世纪40年代，在与西方的较量中，一批有识之士就看到了西方现代性的先进性，对"西方"采取了一种积极的开放心态和思维方式。林则徐是禁烟运动的民族英雄，他对西方殖民行径在态度和行动上是坚决予以抵抗的，但维护国家利益的原则并没有影响他对西方持一种开放的思维方式和态度。魏源则是最早明确提出向西方学习的代表人物，他认为，西方国家之所以富强，不仅在于其拥有强大的军事力量，更重要的是它们建立了现代化的工业，所以中国要想强盛起来就必须"师夷长技以制夷"，"应得西洋之长技，为中国之长技"。林则徐、魏源这些变革思想无疑代表了当时逐渐兴起的向西方学习的进步思潮。到了19世纪50年代，人们对西方现代性认识又进一步深入。在当时王韬给友人周腾虎的信中就可以看到，在口岸华人中已流行三种观点：

（1）外贸的增长带来了大量关税，因而对于中国有利；（2）中国将以采用西方先进技术而富强，这些技术包括船坚炮利、铁路纺织及农业机械；（3）中国学者掌握像天文、数学、地质、水文和医学等西学，将有实际的益处。①

毋庸置疑，这些口岸华人，也就是日后所谓的买办商人，明显地表现出了"西化"的倾向，虽然王韬对此给予了有利回击，但不可否认的是，在全球化的影响下，变革维新思潮已成为不可阻挡之势，它迫使中国思考历史的发展和民族的未来。太平天国起义以"拜上帝教"为名义，就是以西方宗教文化为旗帜，公开反抗清政府的黑暗统治，虽然从根本上讲太平天国起义是阶级矛盾不可调和的产物，但是，西方文化的影响也是不可忽视的重要原因。到了19世纪60年代，这种新思潮也开始影响到地主阶级上层社会，洋务运动就是这一思潮的直接产物，没有这些新思潮的影响，也就没有洋务派的工业化运动。柯文曾经说过：在19世纪后60年，中国人生活的许多基本模式和以前并没有什么区别，"但在许多方面特别是精神

---

① ［美］柯文：《在传统与现代性之间——王韬与晚清改革》，雷颐、罗检秋译，江苏人民出版社2006年版，第17页。

方面的不断变化，却堪称为革命性的"①。这一现象的出现，无疑和人们对西方现代文明的认识有密切关系。对此我们必须加以肯定。从"西化"的"现代化"的价值取向来看，"西化"思想的出现具有一种启蒙的意义。对于当时的中国来说，"西方"不仅是"唯物的文明"，而且也是"精神的文明"。所以"西化"现代化思想就具有一种解放的意蕴："充分运用人的聪明智慧来寻求真理以解放人的心灵，……这样的文明是精神的文明。"②

"西方化"和"现代化"作为"西化派"的两种目标，也是"西化"思想建构的两个支点。正如上文所指出的，"西化"思想的形成是一个历史过程。作为一个过程，"西方化"和"现代化"这两个支点也是逐步建构起来的。从"西化"现象来看，它呈现为从"西方化"到"现代化"的历史走向和致思路径。具体说来，"西化"思想大致是通过以下几次演变而固化的。

（1）"中体西用"的现代性思想。在洋务运动的过程中，晚清重臣张之洞为了维护清廷的统治，提出了"中学为体，西学为用"的现代化口号以应对"三千年未有之大变局"。虽然张之洞这种现代化思想仍然局限在"中学"的本位上，但他也及时地提出了向"西方"学习的口号，尽管他将"西学"摆在"用"的位置上，但与顽固派、保守派固守"传统"相比，他勇于直面生活这在当时是有很大进步意义的。

（2）"新民"化的现代性思想。从19世纪70年代开始，严复等开始宣传达尔文进化论等现代西方科学思想和进步观念，为后来的自由主义传播准备了条件。以社会进化论思想为理论基础，康有为、梁启超掀起了一场旨在"维新"的变法运动，这可以说是近代中国"西化"思潮的首次展现，"维新"的"新"不是"传统"而是西方现代化，"维新变法"就是它以改良的方式在封建制度的框架内发展资本主义。尽管"维新"变法运动因为本身的自悖性结构（以封建性的形式发展现代化内容）而失败，但它昭示了现代性的历史意蕴。20世纪初，梁启超在"维新"的思

---

① ［美］柯文：《在传统与现代性之间——王韬与晚清改革》，雷颐、罗检秋译，江苏人民出版社2006年版，第1页。

② 胡适：《我们对于西洋近代文明的态度》，载罗荣渠主编《从"西化"到现代化》上册，黄山书社2008年版，第152页。

想进一步提出了著名的"新民"理论。梁启超的"新民"理论就是人的现代化思想。在梁启超那里,"新民"就是现代国民。和"维新"的"新"一样,"新民"之"新"并非一般意义上的"新",即形式的"新",而是"现代"之谓、"西方化"之谓,所以这里的"新"是一种富有革命性的时代性的思想;"民"也不是一般意义上的"人",而是"现代国民"。从这里可以看到,梁启超的"新民"思想的要旨就是要培养像西方现代文明那样的"国民",形塑现代人的精神和形象。尽管梁启超本人的思想复杂多变,但贯穿始终的还是"西方化"思想,梁启超不是"西化"人物,但是他的思想无疑成为"中体西学"现代化思想到"西化"现代化的"一环"。

(3)"欧化"的现代性思想。在新文化运动和"五四"运动期间,陈独秀逐渐形成了"欧化"现代性思想。陈独秀将西方的民主和科学看作是现代精神的体现,而将中国传统看作是批判的对象。陈独秀认为:"宗法社会之道德,不适于现代生活","记者非谓孔教一无可取,惟以其根本的伦理道德,适与现代背道而驰,势唯并行不悖。吾人倘以新输入之欧化为是,则不得不以旧有之孔教为非。倘以旧有之孔教为是,则不得不以新输入之欧化为非,新旧之间绝无调和两存之余地"①。陈独秀通过"新青年"表达了他对"现代人"的构想:自主的、进步的、进取的、世界的、实利的和科学的"青年"②。

(4)"全盘西化"的现代性思想。胡适和陈独秀都是新文化运动和"五四"运动的代表人物,在关于现代精神的理解上,他和陈独秀是一致的,也将民主和科学看作是西方现代性价值的根本要素。但陈独秀后来由于十月革命和马克思主义的影响,在现代性的"西方化"的价值取向上发生了根本转变,从"欧化"现代性转移到"苏俄"现代性上,而胡适则在"西方化"的路径上进一步发展了他的"西化"思想。20世纪20年代,胡适明确主张东方落后民族应当以"西化"方式实现现代化的追赶型发展。到了20世纪30年代,在现代化道路的论争中,胡适又进一步明确表达了他的"全盘西化"的现代性思想。"我很明白的指出文化折衷

---

① 《陈独秀著作选编》第1卷,上海人民出版社2009年版,第311页。
② 同上书,第159页。

论的不可能。我是主张全盘西化的。"① 胡适对西方现代文明的推崇显然是与他的现代性思想分不开的。"我们现在可综合评判西洋近代的文明了。这一系的文明建筑在'求人生幸福'的基础之上,确实替人类增进了不少的物质上的享受;然而他也确然很能满足人类的精神上的要求。"② 从这里可以看到,胡适和同时代的论者相比,是从物质和精神两个方面来"综合评判西洋近代的文明"的,这一方法论思想还是值得肯定的。从"西方化"到"现代化",这是胡适"西化"形成的标志,也是整个"西化派"现代性思想形成的标志。不过,胡适后来对他的"全盘西化"的思想作了解释,认为他的"全盘西化"思想实质上是"充分世界化",或"一心一意的现代化",或"全力的现代化",或"充分的现代化"③。

纵观"西化"思想从"西方化"到"现代化"的演变,我们可以看到,这是其现代性建构的重要体现,具有合理性。对此,冯友兰曾有过专门的评价:"从前人常说我们要西洋化,现在人常说我们要近代化或现代化。这并不是专是名词上的改变,这表示近来人的一种见解上的改变。这表示,一般人已渐觉得以前所谓西洋文化之所以是优越的,并不是因为它是西洋的,而是因为它是近代的或现代的。我们近百年来之所以到处吃亏,并不是因为我们的文化是中国的,而是因为我们的文化是中古的。这一觉悟是很大的。"④

毋庸讳言,"西化"现代性思想的历史局限性也是显而易见的,它以"西方"为本位,以"西方现代性"为范式,表达一种现代性的西方话语,这不仅难以在实践中实现,而且在理论上也存在根本的缺陷。在现代化和"西化"的问题上,"西化派"坚持以"西化"取代现代化,虽然不是去否定现代化而是实现现代化,但它是在"西方化"的框架下建构现代性的,这就是本末倒置,没有正确处理好中国现代化和西方现代化之间的关系。这一点,在当时也为一些学者看得十分清楚:"现代化可以包

---

① 胡适:《编辑后记》,载罗荣渠主编《从"西化"到现代化》中册,黄山书社 2008 年版,第 445 页。

② 胡适:《我们对于西洋近代文明的态度》,载罗荣渠主编《从"西化"到现代化》上册,黄山书社 2008 年版,第 151 页。

③ 胡适:《充分世界化与全盘西化》,载罗荣渠主编《从"西化"到现代化》中册,黄山书社 2008 年版,第 445 页。

④ 冯友兰:《新事论》,载《三松堂全集》第 4 卷,河南人民出版社 2000 年版,第 225 页。

括西化，西化却不能包括现代化。"①"西化派"这一现代性建构的逻辑与其历史文化观和思维方式有密切关联。在"西化派"看来，西方文化等于"进步"和"创造"，中国文化则与之相反。"他们以为中国文化乃至于'中国的特征'，全是应受天演淘汰的腐败物，世界上没有罪恶便罢，假如是有，那中国文化就应是一切罪恶的总和。反之，西化都是进步的、创造的，天然能征服全世界，不许中国除外的，中国人如果不是妄人，那就应该无保留地全盘接受西化。"② 这种历史意识和文化观，从根本上讲，就是一种民族虚无主义的表现。所以说，"西化"现代性思想所表现的问题，归根结底，就是一种历史意识无主体论。在这个问题上，张东荪认为："我主张必须恢复主体的健全，然后方可吸取他人的文化"③，"现在的问题在于如何造成民族性"④。这一看法很有见识。我们不能批评"西化派"，说它没有现实情愫、没有现代意识。"西化派"没有将"中国"作为本位，这是其现代性建构偏离实际、受到批评的根本原因，正如后来殷海光所批评的，"西化派"是"只开花不结果"。

由此可见，在中国现代性建构中，以自由主义理论为基础的现代性肯定不是中国的"现代性"，而是西方的现代性。"西化"现代性思想就是一种现代性的西方话语。

三 新自由主义与马克思主义

新自由主义是当代非常活跃的经济自由主义思潮，对我国也有很大的影响。在新自由主义的影响下，新的"西化"思想有所表现。过分迷信资本和市场对于经济建设和社会发展的作用、站在资本者立场上为"富人"集团说话、忽视社会公平、损害普通民众的合法权益等现象的出现，在某种意义上讲，和新的"西化"思想不无勾连。所谓新自由主义是相对于古典自由主义而言的。在这里，我们有必要将新自由主义和中国近现

---

① 张熙若：《全盘西化与中国本位》，载罗荣渠主编《从"西化"到现代化》中册，黄山书社2008年版，第485页。

② 王新命：《全盘西化的错误》，载罗荣渠主编《从"西化"到现代化》中册，黄山书社2008年版，第467页。

③ 张东荪：《现代的中国怎样要孔子？》（节录），载罗荣渠主编《从"西化"到现代化》中册，黄山书社2008年版，第425页。

④ 同上书，第426页。

代思想史的"新自由主义"一说区别开来。在新文化运动时期，胡适曾指出，"今日西方政治学说之趋势，乃由放任主义（Laissez faire）而趋干涉主义，由个人主义而趋社会主义"①，这种放任主义已为西方所见，所以我们不能不深思明辨。相对于古典经济的放任主义，新自由主义就是一种"经济干涉主义"。在20世纪20年代，胡适进一步明确提出了"新自由主义"这一概念。胡适说：

> 近世的历史指出两个不同的方法：一是苏俄今日的方法，由无产阶级专政，不容有产阶级的存在。一是避免"阶级斗争"的方法，采用三百年来"社会化"（Socializing）的倾向，逐渐扩充享受自由享受幸福的社会。这方法，我想叫他做"新自由主义"（New Liberalism）或"自由的社会主义"（Liberal Socialism）。②

由此可见，胡适的"新自由主义"和当下的新自由主义理论是不一样的。不仅如此，当代的新自由主义还是通过对胡适这种"新自由主义"批判而来的。从新自由主义的形成来看，新自由主义是在20世纪20年代到30年代资本主义和社会主义的论战中发展起来的。胡适的"新自由主义"也是这一历史时期的思想产物。只是二者虽然名义上都为"新自由主义"，但理论本义和致思路径刚好相反。从胡适"新自由主义"在经济方面的旨趣来看，它实质上就是凯恩斯的国家干预主义。当下的新自由主义则是对古典自由主义的一种回归。

新自由主义，从根本上讲，就是一种经济自由主义。新自由主义推崇市场"原教旨主义"，倡导市场竞争原则和个人主义，认为市场不再是国家的而是全球的，反对国家对经济的干预，重视市场对经济的自发调节作用，主张私有化。概言之，新自由主义的核心价值观就是市场化、自由化、私有化和全球经济一体化。从西方自由主义的发展史来说，新自由主义所信奉的这些核心价值观在古典自由主义那里已有论证。英国古典经济学家斯密就将市场看作是一只"看不见的手"，认为政府应减少对经济的干预。但是，以古典自由主义为理论基础的市场经济，并没有像自由主

---

① 胡适：《胡适留学日记》（上），安徽教育出版社1999年版，第374页。
② 胡适：《欧游道中寄书》，《胡适全集》第3卷，安徽教育出版社2003年版，第57页。

者所想象的那样一路高歌猛进，不断爆发的经济危机就是自由主义者永不可治愈的切身之"痛"。随着1929—1933年世界经济危机的爆发，资本主义世界遭受惨重打击，资本主义阵营也发生了重大调整，为了摆脱经济危机，意大利、德国和日本相继走上了法西斯道路，美英则采取了凯恩斯的国家干预主义政策。不可否认，凯恩斯的国家干预主义政策对于美英等资本主义国家克服世界经济危机起到了重要作用，在某种意义上，这也可看作是对苏俄社会主义计划经济的回应和吸收。但是进入20世纪70年代以后，新的经济危机又开始产生。1974—1975年经济危机的爆发，导致资本主义世界进入一个失业与通货膨胀并存的"滞涨"时期。面对这一"滞涨"难题，凯恩斯主义已束手无策。正是在这一历史条件下，新自由主义重新回归资本主义世界经济和政治舞台。到了20世纪80年代，随着全球化的新发展，新自由主义开始对全球发挥越来越重要的作用。这种发展最终表现在1990年的"华盛顿共识"的形成。对于"华盛顿共识"，美国著名学者乔姆斯基曾有过评析："新自由主义的'华盛顿共识'，指的是以市场经济为导向的一系列理论，它们由美国政府及其控制的国际经济组织所制定，并由它们通过各种方式进行实施"；"其基本原则简单地说就是：贸易经济自由化、市场定价（'使价格合理'）、消除通货膨胀（'宏观经济稳定'）和私有化。"[①] "华盛顿共识"的形成不是一个偶然的现象，也不是一个纯粹的经济学"共识"，而是意味着新自由主义已经从学术、理论的层面向政治和意识形态层面"挺进"。从这个意义上说，新自由主义已经不再只是经济学中的自由主义，而同时也是意识形态中的自由主义。"新自由主义作为一整套原则统治全球，成为世界历史上最为成功的意识形态。"[②]

新自由主义的发展，正如法国著名学者皮埃尔·布迪厄所指出的，已成为当代世界占据支配地位的话语体系。[③] 在哈耶克看来，"自由主义是现代唯一的政治哲学，而且是唯一可以与精确科学，特别是最新的物理学

---

① [美]诺姆·乔姆斯基：《新自由主义与全球秩序》，徐海铭、季海宏译，江苏人民出版社2000年版，第4页。

② [美]佩里·安德森：《重建》，《新左派评论》2000年第1期。转引自周穗明《当前西方左翼的新自由主义批判》，《马克思主义研究》2001年第6期。

③ 参见何增科《法国学者布迪厄谈新自由主义的本质》，《国外理论动态》1999年第4期。

和化学理论并存的哲学"①。但是，和凯恩斯的国家干预主义一样，新自由主义也无法破解资本主义世界的发展难题，从根本上克服经济危机。近年来世界范围内的金融危机的爆发，表明新自由主义也不是拯救资本主义危机的"自由方舟"。新自由主义没有为资本主义世界缔造新的"神话"，相反，资本主义现代性问题更加突出。对于资本主义世界来说，经济没有出现快速增长，贫困反而进一步加剧，国家经济更趋不稳定，社会风险加大，经济危机已成为"流行病"；对于广大的发展中国家来说，新自由主义更是一场"灾难"，不仅经济停滞不前，更重要的是，社会矛盾增多，政权不稳定，社会动荡不安，特别是奉行新自由主义的一些拉美国家，不仅经济出现倒退现象，社会也乱象环生。所以说，新自由主义绝不是哈耶克所标榜的，"整个人类史表明，哪里有正常运营的市场，哪里的人民就最自由、平等和进步"，"自发秩序优于政令秩序"②。

从目前的整个国际经济发展情况来看，近年来在资本主义世界所发生的世界金融危机并没有好转，资本主义国家还没有走出困境，世界经济发展前景依然不够明朗。西方开始重视马克思及其《资本论》。这并不奇怪。法国哲学家 D. 本赛德指出："我认为，就马克思主义理论的本质（对资本主义的政治经济学批判和对资本积累的秘密的揭示）而言，依然是解决自由市场全球化带来的问题的最有效工具。正如我已经说过的，马克思主义理论的切题性或现实性在于资本自身。实际上，大多数社会运动都是在马克思主义理论的启迪下兴起的，不管人们是否意识到这一点。"③在整个科学社会主义体系中，马克思的自由理论占据着极其重要地位。人的自由和全面发展是贯穿马克思整个实践活动和理论活动的主线。"马克思当然经常谈论自由，问题在于马克思从来强调的不是自由本身或观念化的自由，而是实现自由的条件。只有在不考虑独立于个人而存在的生存条件的人看来，自由才是外表上独立的个人自由。"④ 所以说马克思对自由的理解从来就是一个具体的历史的认识活动。马克思对人的自由理解是和

---

① ［法］G. 索尔曼：《哈耶克：使自由主义复兴的人》，江小平译，《国外社会科学》1989年第6期。

② 同上。

③ ［俄］前进社会主义者同盟：《如何看待马克思主义理论的过去与现在——法国马克思主义哲学家 D. 本赛德访谈》，聂大富译，《马克思主义研究》2011年第1期。

④ 孙辉：《马克思主义中国化的学术意义》，《哲学研究》2010年第3期。

人的解放结合在一起的。正是在人的解放区分为政治解放和人类解放的基础之上，马克思才在上述自由的理解上和自由主义者一致。但马克思的自由不限于此。超出政治解放这一尺度，马克思和自由主义者就开始分野了。当然，即使在政治解放这一尺度内，马克思的自由思想和自由主义者仍有原则区别。马克思虽然肯定了政治解放尺度内的自由的合理性，但认为，这种"使每个人不是把他人看作自己自由的实现，而是看作自己自由的限制"的自由，是一种"自私自利的权利"[①]，而这在自由主义者那里是神圣不可侵犯的人的基本权利。由此可见，马克思的自由思想和自由主义者的自由概念相区别的不仅是其具体内涵，而且也从其理论基础上反映出来。马克思的自由思想建立在他的实践观基础之上。马克思认为，实践是人的对象性的、感性的人的活动，人类社会就是在这一历史活动中生成的，人的现实的本质也是在这一历史活动中生成的。马克思正是从人类的社会实践活动考察了人的生存状况，从而发现在资本主义历史条件下人的异化本质，认为，"在现存的资产阶级社会的总体上，商品表现为价格以及商品的流通等等，只是表面的过程，而在这一过程的背后，在深处，进行的完全是不同的另一些过程，在这些过程中个人之间的表面的平等和自由就消失了"[②]。所以，要实现人的自由，就不仅要谋求政治解放，而且还应该追求人类解放，并将二者统一起来。马克思认为，只有在共产主义社会，人才能实现政治解放和人类解放这两重尺度的统一，从而获得真正的自由而全面的发展。马克思对未来社会的构想是以个人的自由而全面的发展作为核心原则的："在那里，每个人的自由发展是一切人的自由发展的条件。"[③] 简言之，马克思的自由观是个人自由和所有人的自由的和谐统一。

总而言之，无论是从实践还是从理论来看，自由主义都不适合作为中国现代性建构的理论基础。

第三节　现代新儒学与中国现代性问题

在当代现代化理论所受到的批评中，它对传统的漠视或割裂无疑是其

---

① 《马克思恩格斯文集》第1卷，人民出版社2009年版，第41页。
② 《马克思恩格斯全集》第46卷（上册），人民出版社1979年版，第200页。
③ 《马克思恩格斯选集》第1卷，人民出版社1995年版，第294页。

中的重要原因。不可否认，现代化在推进中必然要面临这样的现实问题：如何处理传统与现代性的矛盾？对这一问题的不同回答，也构成了现代化道路分野的重要界标。处理传统与现代性的关系看似简单，或肯定之，或否认之，但真正做起来绝非易事。对于这些来自人类历史领域的基本问题，用科学实验的方法，或现代数理逻辑的推导方法显然都是束手无策的。传统与现代性的关系从根本上涉及我们应如何认识人类自身的历史活动。在许多人看来，传统有时被看作是阻碍现代性建构的一个必要性条件，所以对传统采取拒斥的态度和立场就似乎是理所当然的了。实质上，在现代化进程中传统与现代性的矛盾远比我们想象的要复杂得多。从现代性的内生历史进程来看，其矛盾来自现代化国家内部的传统与现代性的关系；从现代性的外推空间来看，现代化所面临的矛盾是非现代化民族国家的传统与西方现代性的矛盾。这也是现代化进程中规律性的问题。每一个现代化国家必须面对之，中国也不例外。对于中国现代化来说，这个问题就具体化为：如何处理中华民族传统文化与西方现代性的矛盾？中华民族传统文化，上下五千年，虽历经变故，但也源远流长，自成体系。在中华民族传统文化中，儒家文化可谓独树一帜，长期占据主流意识形态地位，是维系中华民族历史统一与延续的命根，为东方民族守护思的事业做出了历史性的贡献，从而也就具有中华民族文化传统的象征的意义。由此一来，在中国现代化进程中，传统与现代性的矛盾就表征为儒家文化与西方现代性的矛盾。这里其实还隐藏着另一个更深的问题：儒家文化是否在本质上和现代性具有天生的对立性？如果这一假设成立的话，那么，不管我们今天如何复兴国学（当然，国学不等于儒学，但国学的核心是儒学则是无异议的），如何进行儒学创造性转化，这些学术诉求都是徒劳的、毫无意义的。历史的真实果如这种假设吗？回答显然是否定的。作为一种具有顽强生命力的思想形态和价值体系，尽管儒家文化在中国现代化进程中有时处在被边缘化甚至被放逐的历史境遇之中，但经过自身的创造性转化，儒家文化又获得了新生，从而在对抗西方现代性、建构中国现代性的历史中，重新找寻和确定了自我的思想价值和理论定位。所以说在现代性的西方话语与中国话语的矛盾与斗争中，现代新儒学及其发展就是一个绕不过去的问题。

一 全球化与传统儒学的式微

从中国现代化的发生学来看,全球化所展现的是一种来自世界现代化的现实动力,传统儒学则是一种历史性的文化形态,是中华民族自我认同和精神看护的思想核心和价值基础。当这两种不同力量汇聚一起的时候,必然产生相应的矛盾与冲突,这种矛盾与冲突不仅体现在"古"与"今"的对照上,而且也体现在"中"与"西"的比较中。矛盾与冲突的结果是,"儒学由原来的主流文化形态一变而为裂散的、漂浮的文化碎片,并极度地边缘化和沉隐化了"[①]。这表明传统儒学日渐式微,儒家文化必须加以重建。

1. 全球化与"中国中心性"世界观的破灭

纵观中国历史,自孔子创立儒学以来,到19世纪末,儒学一直处在不断地发展和完善之中,但这一发展进程出人意料地在19世纪随着西方列强的入侵而受到阻挠。这种阻挠的力量并非单单的宗教输入,也不仅仅是为了所谓的鸦片贸易而爆发的战争,在中国的历史上,以宗教输入和武力征服不乏先例,但从来没有哪种宗教输入和武力征服能动摇传统儒家文化在中国思想文化体系中的主导地位,所以从根本上讲,这是一种新的历史力量,即人们现在所熟知的全球化。从世界历史的视角来看,在全球化的影响下,世界上所有的民族都被纳入全球化运动之中,以前那种生活在民族史、地域史的时代从此不再存在了,"历史向世界历史的转变"是人类历史发展总的必然趋势。所以说19世纪西方列强对中国的侵略并不是一个孤立的历史事件——我们不要把近代中国的历史变迁仅仅看作是"鸦片贸易"而引起的偶发事件,在资本主义"文明字典"里,"鸦片贸易"也是非法的、反人道主义的——而且是具有普遍性的历史现象,这是由其资本主义本性决定的。因为对于资本主义来说,资本是维系其生存和发展的最根本性因素。按其本性来讲,资本本是人类活动的历史产物,是商品经济发展中的必然现象,但在资本主义历史条件下,资本却不断抽象化,越来越离开其本质而幻化成一种与现实对立的超历史现象,变成社会生活中的"圣物",以致成为超越其他商品,甚至超越人自身而统治一

[①] 景海峰:《儒学的现代转型与未来定位》,载国际儒学联合会主编《儒学现代性探索》,北京图书馆出版社2002年版,第1页。

切的又一神秘力量。现代性本是反抗神学的理性硕果,但现在又由于资本的抽象化而演变为现代化进程中新的"神学"。由此看来,资本创造了现代文明的神话,但也制造了现代社会的种种问题,而这些问题却直接影响到人类生存与发展。这就是矛盾,来自历史深处的矛盾。对于这些矛盾,资本主义社会无意也无力化解,相反,还在进一步制造矛盾。矛盾的集中表现是,资本高度抽象化了。资本抽象化、神秘化、神圣化的结果是资本拜物教的出现。资本拜物教是资本主义社会所有异化现象的历史根源,也是资本主义现代性矛盾达到极端的表现。为了克服和摆脱资本主义现代性的矛盾,西方资本主义国家积极筹划资本的输出、实现矛盾的"外嫁",将全球化视为现代性外推的空间进路,以此不断加强对广大的非现代化国家的侵略和奴役,从而达到消解其自身现代性矛盾的目的。掠夺从来就是资产阶级的生存法则。从这里不难看到,全球化为什么从其产生的那一刻起就不断遭到批评与抵制,因为从一开始全球化就承担起资本主义化的历史使命,背负着化解现代性矛盾的沉重负担。资本主义化的核心内容就是资本主义体系化、市场化、民主化和自由化。中国近代社会所出现的重大变化,和资本主义全球化不无关系。西方列强通过鸦片战争等一系列殖民掠夺的方式,迫使中国社会更改历史进程和发展方式,"使东方从属于西方",使中国从属于列强诸国。马克思对此早有精辟的论述:"所有这些同时影响着中国的财政、社会风尚、工业和政治结构的破坏性因素,到1840年在英国大炮的轰击之下得到了充分的发展;英国的大炮破坏了皇帝的权威,迫使天朝帝国与地上的世界接触。与外界完全隔绝曾是保存旧中国的首要条件,而当这种隔绝状态通过英国而为暴力所打破的时候,接踵而来的必然是解体的过程,正如小心保存在密闭棺材里的木乃伊一接触新鲜空气便必然要解体一样。"[①] 对此,我们应有充分的认识。

作为一种历史现象,全球化有许多值得我们思考的地方。就全球化的起源来说,地理大发现就是其历史条件之一,而地理大发现的直接动力则是来自东方文明对西方社会的影响与冲击。具有反讽意味的是,全球化却是以西方文明为基础而展开的对包括东方文明在内的西化进程。在对全球化历史目的及其本质有了较为全面和深入认识的基础上,我们不难看到,全球化对中国的影响不仅是不可避免的,而且也是相当深刻的。从文化视

---

① 《马克思恩格斯选集》第1卷,人民出版社1995年版,第692页。

角来看，全球化对中国的影响最直接的后果，就是促使当时在认识论领域里占据支配地位的"中国中心性"世界观的破灭。柯文曾对所谓"中国中心性"世界观做过这样的描述：

> 在地理层面，普遍认为地球是平面的，中国居于中央。这种地理中心感有与之相应的政治观，即在一个安排恰当的世界中，中国将是权威的终极源泉。最后，这一大厦建筑在这样一种信念的基础上，它相信中国的价值观念和文化规范（中国人将其统归于"道"这一概念之下）是人类永久的合理性。中国的标准就是文明的标准，成为文明人就是成为中国人。①

列文森也对这一现象做过描述。② 这表明，"中国中心性"世界观不只是一个地理学意义的概念，而且更主要的是一个文化学意义上的范畴。换言之，"中国中心性"世界观的基本理念是将中国置于世界的中心地位，彰显古代农业文明的历史优越性，张扬传统儒学价值的普遍性。这一基本理念一经固化、内化为价值追求时是很难改变的。当我们对 19 世纪以前的中国历史进行考察时就会发现这一现象的存在：尽管郑和下西洋开拓了中国与东南亚和环印度洋地区的商贸往来和文化交往，但"中国中心性"这一世界观不仅没有改变，反而更加流行。出于传教的目的，利玛窦来到中国也不得不为了迎合明王朝的这种文化心理，特意在其绘制的世界地图中将中国置于全球的"地理中心"。在当时的统治者看来，中国不仅是世界的"地理中心"，而且也是世界的"历史中心"。从表面上看，这种世界观在中西文化交流中好像得到了巩固和充实，利玛窦的绘图似乎说明了这一点，但实质上，建构这种世界观的科学基础和思想基础均已受到西方科学、哲学和神学等确证的西方现代性的影响。实际上利玛窦对明王朝统治者的面上奉迎并没有阻拦他对"中国中心主义"世界观所做的批评：

---

① ［美］柯文：《在传统与现代性之间——王韬与晚清改革》，雷颐、罗检秋译，江苏人民出版社 2006 年版，第 16 页。
② 参见 ［美］约瑟夫·列文森《儒教中国及其现代命运》，郑大华、任菁译，广西师范大学出版社 2009 年版，第 80—85 页。

> 因为不知道地球的大小而夜郎自大,所以中国人认为所有各国只有中国值得羡慕。就国家的伟大,政治制度和学术的名气而论,他们不仅把别的民族都看成是野蛮人,而且看成是没有理性的动物。在他们看来,世界上没有其他地方的国王、朝代或者文明是值得夸耀的;这种无知使他们愈骄傲,一旦真相大白,他们就愈自卑。①

历史事实也表明,18 世纪以后中国综合国力开始下降,所以 15 世纪以前那种在政治、经济和文化等方面居于世界重要中心地位的时代已不复存在了。遗憾的是,明清两代统治者并没有认识到这一历史变化,其思想观念仍停留于以前那种"中国中心性"世界观中。现实的反动背离了中国传统哲学中固有的辩证法精神。到了 19 世纪中叶,随着西方列强的入侵,在全球化的冲击下,明清两代统治者所构筑的所谓的"地理中心"和"历史中心"的世界观、历史观就分崩离析了。"中国对西方关系的观点在 1840—1895 年期间是在不断的变化之中的,而且在 1860 年以后变化的速度加快了。"② 洋务运动的兴办,从实际操作层面上引进西方的部分先进机器和技术,从某种意义上讲,就是承认西方现代化的先发优势地位,这也就预示着"中国中心性"世界观面临现实挑战的两难处境。

> 许多士大夫赞成"洋务"运动,因为它是现代的,所以寄希望于它能拯救中国免于灭亡。不过当时也有些人反对"洋务"运动,因为它是西洋的,所以担心它会取代儒家学说。他们面临着如何既能拯救中国而又同时仍然保持中国方式这一问题,所以他们表现了矛盾的心理状态。③

戊戌变法以后,从维新派到革命派,都不同程度地宣传西方现代性思想,辛亥革命的爆发最终导致"中国中心性"世界观的破灭。显然,这一世

---

① [意] 利玛窦、金尼阁:《中国札记》,何高济等译,中华书局 1983 年版,第 13 页。
② [美] 费正清、刘广京编:《剑桥中国晚清史》下卷,中国社会科学院历史研究所编译室译,中国社会科学出版社 1985 年版,第 195 页。
③ 同上书,第 196 页。

界观的破灭,其历史影响是巨大的,它不仅从西方引进了民主共和观念,促使中国传统的思想观念体系走向分裂,而且将支撑这一世界观精神支柱的儒家思想置于被怀疑甚至被批判的境地,从而动摇了儒家思想在中国文化和思想领域的根本地位。中国不再等同于世界文明,而仅是"文明的各种形式中的一种"[①]。20世纪初,随着西学不断东渐,中国社会意识形态开始分化,一部分人也开始走向历史的对立面,从信奉儒家学说到否定儒家思想,逐步形成一股强大的中国不仅"技艺不如人",而且"实业不如人""文化不如人"等否定民族自身存在价值的西化思潮。西化思潮的兴起与发展无疑促进了现代化问题的现实化,也推动了社会对传统儒学的重新认识和定位。

2. 从新文化运动到"五四"运动:对传统儒学的批判

从中国儒学思想史来看,儒家学说并非任何时候都是处在绝对信从的地步,它也是不断地在批判之中走向发展和繁荣的。儒家学说的命运,在某种意义上往往被看作是我们这个民族在思想探索的道路上所走过的艰难历程的真实反映。毋庸置疑,在全球化的冲击下,西方不同科学和文化思潮的输入,不可避免地将传统儒学一次次置于被审判的席位,传统儒学与现时代的关系因为民族危机的加剧也越来越受到现实的拷问。到了新文化运动和"五四"运动期间,对传统儒学的批判更是达至极端,从以前那种仅对汉宋儒学的批判一直发展到对孔子其人、对儒学本身的批判。从近代思想史来看,在新文化运动以前,康有为、梁启超、严复、章太炎等人对传统儒学的批判就已展开,但其批判的目的并非从根本上否定儒学的价值与存在,而是维护儒学正统。但到了新文化运动时期,这种对传统儒学批判显然已公开指向孔子、指向儒学本身了。"打到孔家店"就是这一时期对传统儒学批判的总口号或总动员令。为了宣传西方科学和民主精神,陈独秀对传统儒学采取了激进的批判立场和行动,从而也被冠以新文化运动的"总司令"称号。从陈独秀这一时期的文章和讲演来看,他对传统儒学的批判是异常尖锐的:

"吾宁忍过去国粹之消亡,而不忍现在及将来之民族,不适世界

[①] [美]柯文:《在传统与现代性之间——王韬与晚清改革》,雷颐、罗检秋译,江苏人民出版社2006年版,第42页。

之生存而归削（消）灭也"①，"要拥护那德先生，便不得不反对孔教、礼法、贞节、旧伦理、旧政治。要拥护那赛先生，便不得不反对旧艺术、旧宗教。要拥护德先生又要拥护赛先生，便不得不反对国粹和旧文学。"②

从这里可以看到，陈独秀将传统儒学和西学的作用做了极其严格的区分，将前者看作是阻碍民族生存和发展的根本性制约因素，将后者看作是中国社会发展的精神动力。陈独秀这种贬儒抑"西"的做法在当时是有普遍性的。在对传统儒学的批判中，不宁陈独秀如此，吴虞、李大钊、胡适、鲁迅等也都是批判传统儒学的激进主义者。从整体上看，这些批判涉及思想、道德、语言、文艺等社会意识各个领域，其旨趣并非仅仅是理论上的，更主要的还是面向当时的社会现实，所以对传统儒学的批判到了后来就发展为中国现代化史上占有重要地位的启蒙思潮。可以说从新文化运动走进"五四"运动，就是从批判传统儒学走向现代启蒙。在这种启蒙运动中，对传统儒学的批判被看作是历史意识觉醒的表现。传统儒学虽然重视人格精神的培育和社会伦理的和谐，但其现代性的历史意识原则并没有确立起来，对"历史向世界历史"这一人类社会根本转向缺乏应有的思考和认识。无疑，西学对历史的真实把握更能切中现实的变化。从中国近代社会的重大转型来看，对传统儒学的批判是必要的，对西方科学和民主精神的译介和传播是亟须的。新文化运动所开启的启蒙运动，对于推进中国现代化进程有着十分重要的意义。问题在于，在对传统儒学的深度批判中而树立的历史进步意识，却是建立在对传统与现代、中国与西方两极分离、对立的思维方法和认识论的基础之上的。在哲学史上，两极分离、对立的思维方法和认识论早在黑格尔和马克思那里就被批判了。所以说建立在这一思维方法和认识论基础之上的历史进步意识的合法性自然就要受到历史的考问。概而言之，在这些批判中，传统儒学被看做是"科学"和"民主"的对立面，被看作是阻碍现代化进程的"落后因素"，也被看作是现代性必须加以反对和批判的对象；反之，由于将西学等同于民主和科学，西学则被看作是启蒙的对象和内容，看

---

① 《陈独秀文章选编》（上），生活・读书・新知三联书店 1984 年版，第 160 页。
② 同上书，第 317 页。

作是现代性的代名词。"一方破坏中国农业社会旧有思想,一方输入西洋工业资本社会之新思想","中国农业宗法封建社会思想的代表,就是孔子……自从工业资本主义社会思想来到中国,所以首先攻击这笼罩二千余年的孔子学说思想。"[①] 这一情况表明,以批判传统儒学所开启的启蒙运动,在很大程度上自我复制了西方现代性的内在矛盾,后来儒学的复兴正是基于这一矛盾而展开的。

传统儒学这种被审判、被放逐的历史命运,有其复杂的历史原因,既有全球化的深刻影响,也有社会危机所引发的民族生存与发展的矛盾,此外,与传统儒学自身的历史局限性也有密切关系。在对传统儒学的批判中,既有维新派,也有革命派。在对社会危机所引发的传统儒学全面批判中,我们不能将此仅仅解释为"应时之作"——当然,如果将此"时"阐释为中国现代性建构的需要,那么就另当别论——这样的理解未免过于狭隘了。对传统儒学的批判,绝非个人情绪之宣泄,也绝不是纯粹的学术研究使然。从新文化运动到"五四"运动,对传统儒学的全面批判,是和中国现代化道路的探索分不开的。这种现代化道路的探索,涵盖了我们今天所说的"救亡"和"启蒙"这两大历史任务。在反思"五四"运动的历史意义时,学术界至今仍在为"五四"运动所引发的"救亡"与"启蒙"的价值优先问题而争论不休。是救亡大于启蒙,还是启蒙高于救亡?这一论争当然不是抽象之议,它涉及我们应如何认识传统与现代性的问题。实质上,救亡和启蒙并不矛盾。救亡是启蒙的历史前提,启蒙则是救亡的现实内容。这里所引出的一个问题是,无论是救亡也好,还是启蒙也罢,传统儒学是否构成两者的前提批判?换言之,传统儒学是否构成中国现代性批判的前提?这一问题,当然不是纯粹理论所能解决的,必须通过社会实践加以验证。传统儒学是否能适应中国现代化发展?在历史上,儒家思想体系和价值系统与中国长期以来的农业社会结构是一致的。从经济层面来看,传统儒学适应了以农业为基础的自然经济的生产方式,为中国古代农业文明的繁荣做出了应有的历史贡献;从政治层面来看,传统儒学所构建的伦理价值体系也适应了维护国家和社会的稳定与统一的需要。从儒家一贯的学术追求来看,儒家思想并非天生具有疏远现实的本性,恰恰相反,儒家介入现实的品格与生俱来。现实关怀也是儒家思想的一个基

---

① 郭湛波:《近五十年中国思想史》,山东人民出版社1997年版,第80、78页。

本品格。所以抽象地从理论与现实的关系上否定儒学对于现代性的价值乃为不实之议。理论是灰色的，生活之树常青。对于理论与现实的关系，马克思早就说过："理论在一个国家实现的程度，总是决定于理论满足这个国家的需要的程度。"① 这就是说，理论与现实的关系是辩证发展的，理论的实现程度并不源于理论本身，而是取决于实践的需要。从理论上我们可以为儒家思想进行充分的辩护，从儒家思想的价值来看，这样做无论怎样也不为过，因为在两千多年的儒家思想发展中，儒家逐步建立了一套以"仁"为核心范畴的思想体系和价值系统，创造了中国哲学智慧，在人和自然、人和社会以及人本身方面都有许多精深的思想，这些思想一直到当代还有其重要价值，达到了它应有的历史高度。对此，学术界有公认的看法。后来许多为儒学辩护的做法，其实都是基于这一理论进行的分析。我们不能否认为儒学辩护的学术意义。从理论与现实的关系上，我们也可从历史进程中找出大量儒学与实际结合的生动范例，这些经验事实都可以从不同方面反映儒学观照现实的基本精神。那么，新文化运动和"五四"运动所展开的儒学批判，其学理依据何在？这个问题不搞清楚，不仅不利于儒学的当代发展，而且也有可能曲解新文化运动和"五四"运动的历史意义，走向否定之说。归根结底，对传统儒学的批判，实质上是对儒学与现时代的功能关系的批判。换言之，传统儒学是作为"封建性"的"副本"而被加以批判的。虽然以农业为基础的自然经济方式依然在社会发展中占据主导地位，但现代化所开辟的现实道路已初露现代性曙光。在这一时期，无论是革命派还是维新派，无论是激进的民主主义者还是全盘西化者，虽然还不能真正认识"时代精神"的真正内涵，但也逐步认识到传统儒学的历史局限性，所以从新文化运动到"五四"运动，对传统儒学的批判就被看作是对封建性的批判，尽管这有失公允，这一批判本身还值得批判，它没有针对封建性本身而展开批判。遗憾的是，当时不仅大部分自由主义者没有看到这一点，而且许多新儒家也没有认识到这一点。后来的东西文化论争就充分说明了这一问题。这一问题已被当代学术界注意到了。"在由中心到边缘、由浑沦到破碎的过程之中，儒学遭遇到了现代工业文明和政

---

① 《马克思恩格斯选集》第 1 卷，人民出版社 1995 年版，第 11 页。

治意识形态的双重解构。"① 这一看法是有见地的,儒学遭遇现代工业文明的解构是事实,但将"五四"救亡运动仅仅解释为政治意识形态的需要,从而将儒学也看作是遭遇政治意识形态的解构,未免将问题简单化了。实质上,在由中心到边缘、由浑沦到破碎的过程之中,真正解构儒学的现实力量不是别的,而是现代化的客观需要。

二　东西文化论争与现代儒学的复兴

在人类社会历史领域中,文化复杂性总是因为根植于人类历史活动而一再呈现。文化的复杂性不仅表现为文化活动的复杂性,而且表现为人们对文化认识的复杂性。仅从文化的概念来看,有关"文化"的定义就多达600多种。从总体上看,文化是符号,具有抽象性,但现实中则没有纯粹抽象的文化,任何文化总是表现为具体的历史的民族文化,具有历史与逻辑、事实与价值、普遍与特殊、统一与多样等复杂性特征。文化的复杂性也表现为民族文化之间的差异性。不同文化之间交流、碰撞、冲突、融合等几乎是不可避免的发展规律。"同化"和"冲突"是不同文化之间两种激进状态。从文化发展的视角来看,这两种状态并非人类理想的价值目标。近年来,国际社会在文化比较的基础上,对中国儒家思想所倡导的"和而不同"的和谐文化观表现了较高的认同度,为不同民族和国家所接受,成为处理全球文化冲突和文化价值追求的"黄金律"。对于不同的民族文化来说,思想观念交流中引起的论争、冲突、矛盾,和相通、互补、融合等一样,都是文化发展中的必然现象。对此,我们不必大惊小怪。

任何文化要想生存与发展,就必须同时具备两个基本的品质,即开放性和守成性,从而维系文化的延续性。所谓守成性,就是在文化发展中坚持面向自身的民族文化传统,传承历史性,所以说不同民族文化之间的论争、冲突与矛盾,实质上是围绕民族文化传统而展开的;而所谓开放性,就是在文化发展中不断面向世界,培育时代性,所以说不同民族文化之间的相通、互补与融合,也就是围绕民族文化创新而展开的。从16世纪中西文化交往以来,中西文化的关系就在这种矛盾性中得以发展,只不过是在不同时期侧重点不一样罢了。当今美国学者亨廷顿所抛出的"文明冲

---

① 景海峰:《儒学的现代转型与未来定位》,载国际儒学联合会主编《儒学现代性探索》,北京图书馆出版社2002年版,第1页。

突论",实质上就是将文化间的冲突与矛盾从各个民族的历史活动中抽象出来、放大而已。单从历史解释的角度来看,"文明冲突论"和其他众多文化理论一样,并不能解决真正的历史问题,"文明冲突论"过分强调了文化冲突的现实因素而忽略了文化冲突的历史根源。20世纪20年代中国社会兴起的东西文化论争,如果仍沿袭任何文化之间必有冲突一说,那么,这一解释框架对于我们认识这场影响中国历史发展的文化论争则没有任何实质性意义,因为它无法解释这场文化论争的真正动力和实质。

所以在对这场东西文化论争的认识中,我们有必要引入"历史"这一概念。列文森曾对此作过特别的说明。"对历史的解释必须排除对文字意义的理解的限制","历史并不是一切,在每一代人中,当前总是最珍贵的"[1]。列文森对"历史"的阐释并非完美无缺,他对"历史"的理解仍有商榷之处,但他所反复论证的从"历史"出发这一认识方法仍是可取的。所以我们不能从文化理论本身抽象地谈论东西文化论争及其必然性,如此观点成立的话,则意味着我们可以在任何时候、任何地方谈论这一问题,即文化的冲突性及其必然性;这样一来,文化冲突的"历史性"将会被外表的语词争论所掩盖。纵观中国历史,从战国时代赵武灵王的"胡服骑射"到清代的"汉化",虽然都是由于经济、政治等而引起冲突的典型事例,但都不排除文化因素在其中的重要作用。至于印度佛学等异域文化传入中国,其间更是经过了长期的冲突与斗争,最后经过禅宗"中国化"的工作,这一冲突与斗争才基本上得以消解。但无论哪种文化冲突,并未从根本上改变中国历史的走向,也没有动摇儒家文化在社会中的主流思想地位。之所以说近代以来的东西文化冲突,从性质上讲和以往的文化冲突有着根本的区别,就是因为这场文化论争直接关乎中国历史的走向,给儒家文化也带来严重影响。

"历史"是贯穿这场东西文化论争的基本主线。这里所谓的"历史",并非一个抽象的概念,而是指中国现代化这一运动。正是在中国现代化这一主题之下,近代以来具有特定历史意义的东西文化论争才得以形成与发展,到了"五四"运动以后就达到高潮。在中国现代化进程中很多早期

---

[1] [美]约瑟夫·列文森:《儒教中国及其现代命运》,郑大华、任菁译,广西师范大学出版社2009年版,第327、329页。

代表人物，囿于传统与现代性的矛盾，而表现出将东西文化冲突的特征集于一身的悖论。魏源如此，王韬亦然。作为近代史一位著名的改革者，他"可能是现代第一个既受过中国经典训练，又在西方度过一段有意义时光的中国学者"①，王韬对西方现代性的态度是双重的。一方面，基于在欧洲生活中对中西社会和文化的客观比较，王韬主张学习西方的火器船舰和西方的语言；另一方面，王韬则从自己信奉的传统出发，始终反对扩大外贸、采用西方技术（虽承认优于中国）及研究西方科学和数学。虽然王韬本人还做了大量的翻译工作，对沟通中西两种文化发挥了积极的作用，但在王韬那里，传统文化的中心地位是不可动摇的，儒学具有真理性，儒学之说已内化为一种为人处世的行为准则。王韬对儒学的追求近乎一种信仰，尽管他没有像当时大多数中国人那样视西方朋友为"蛮夷"，但对他们"仅把儒学教义视为研究对象而不是作为生活的真理宝库"②的做法明显表示不满。王韬这种复杂的甚至矛盾的价值观是其受东西文化冲突影响的集中表现。当然，对于19世纪以来的中国来说，像魏源、王韬这样集东西文化冲突于一身的知名人士毕竟为数不多，更多的是表现为东西文化各执一端，从而形成东西文化之论争。

东西文化论争有广义和狭义之分。

1. 广义的东西文化论争

广义的东西文化论争从17世纪就开始了。这一论争虽然也见诸中国，但主要是以欧洲为主。当耶稣会传教士来到中国进行传教并将中国文化输入西方时，耶稣会士就中西文化问题，具体说来就是关于中国文化是否可以与基督教相通融的问题展开了激烈的"语词之争"和"礼仪之争"。所谓"语词之争"，就是指中国文化中是否具有像基督教上帝那样的核心概念；所谓"礼仪之争"，就是指中国文化中的各种祭祀礼仪是否与基督教的教义相冲突。③ 这就是17世纪耶稣会士关于东西文化冲突所表现出来的两个主要问题，围绕这些问题，自然形成了两种不同意见的派别：一派持反通融主义（anti-accommodationism）立场，认为东西文化不可通融，

---

① ［美］柯文：《在传统与现代性之间——王韬与晚清改革》，雷颐、罗检秋译，江苏人民出版社2006年版，第44页。
② 同上书，第42页。
③ 参见桑靖宇《莱布尼茨的神学理性主义及其对中国理学思想的解读》，《武汉大学学报》（人文科学版）2009年第6期。

其理由就是以儒学为代表的中国文化是无神论，中国文化中根本没有精神实体的概念，只有全部抛弃中国文化才能真正接受基督教信仰，这派的代表人物有龙华民、利安当等；另一派则对东西文化持通融主义（accommodationism）态度，认为古典儒学有着鲜明的宗教特色，只不过不为当时的无神论的新儒学即理学所理解，这派代表人物有利玛窦等，在当时耶稣会士中占据大多数。这两派的争论引起了欧洲社会极大的关注，与这场论争相反的是，"中国"成为18世纪西方知识分子谈论的热门话题。正是在这种情况下，培尔、马勒布朗士、莱布尼茨等著名哲学家也对这一问题产生了兴趣。

在众多的代表人物中，莱布尼茨和伏尔泰一样是个狂热的中国文化的崇拜者。莱布尼茨对中国的文化做了比较深入的研究，认为中国虽然在"思考的缜密和理性的思辨方面"不及西方，但"在实践哲学方面，即在生活与人类实际方面的伦理以及治国学说方面，我们实在是相形见绌了"①。所以莱布尼茨曾经说过：

> 全人类最伟大的文化和最发达的文明仿佛今天汇集在我们大陆的两端，即汇集在欧洲和位于地球另一端的东方的欧洲——支那（人们这样称呼它）。我相信，这是命运的特殊安排。大概是天意要使得这两个文明程度最高的（同时又是地域相隔最为遥远的）民族携起手来，逐渐地使位于它们两者之间的各个民族都过上一种更为理性的生活。②

从这里可以看到莱布尼茨期望通过中西文化会通，使中西各个民族"都过上一种更为理性的生活"，这是莱布尼茨对现代性的一种愿景。虽然莱布尼茨没有明确提出中国现代性如何建构这一问题，但他以中西文化会通作为"理性的生活"即现代生活的基础的思想，也可看作是他对中国当时社会发展的一种构想，这实质上就是表达对中西文化会通和现代性建构之间关系的一种认识。莱布尼茨关于东西文化通融的思想虽然是为其政治

---

① ［德］莱布尼茨：《〈中国近事〉序言：以中国最近情况阐释我们时代的历史》，载［德］夏瑞春编《德国思想家论中国》，陈爱政等译，江苏人民出版社1995年版，第3页。

② 同上。

哲学思想服务的，也不可能真正解决东西文化之间的冲突问题，但他的哲学探索无疑是有意义的，特别是他认为，"我想首先应当学习他们（指中国——引者注）的实用哲学以及合乎理性的生活方式。鉴于我们道德急剧衰败的现实，我认为，由中国派教士来教我们自然神学（natürliche Theologie）的运用与实践，就像我们派教士去教他们由神启示的神学（die geoffenbarte Theologie）那样，是很有必要的"①。这对于后来中国历史境遇中发生的同样的东西文化论争中如何正确认识儒学的价值及其复兴是有意义的。莱布尼茨以后，西方进入飞跃发展的科技革命和工业化时代，在强大的资本和世界市场面前，东西文化论争早已被西方现代性消解得无影无踪了。

2. 狭义的东西文化论争

狭义的东西文化论争则是指近代中国所发生的思想解放运动，也可看作是现代性的启蒙运动。我们一般所论及的并非广义的东西文化论争，而是狭义的东西文化论争。狭义的东西文化论争，也从历史的一个向度中呈现了"中国问题"的由来。纵观中国历史境遇中发生的东西文化论争，以"五四"运动为界，它可以分为两个阶段：前一阶段，表现为传统儒学与现代西学的冲突；后一阶段，表现为现代新儒学与自由主义、马克思主义之争。在前一阶段，传统儒学固守儒家思想主流地位，持守"中学为体、西学为用""西学中源"的基本主张，认为中国社会从根本上需要的是儒学而不是西学。这一主张不断遭到自由主义思想的批判，到了新文化运动和"五四"运动期间，传统儒学则成为被全面批判的对象。后一阶段，儒学出现分化，一部分儒家适应时代变化，开始关注中国现代化问题，提出了"儒学革命"的口号，并根据西方资本主义现代性中所出现的种种问题，由此展开对自由主义的反批判，重新发掘儒学价值，构建儒学新目标，恢复儒家思想的历史地位，从而迎来了儒学的复兴。在儒学复兴运动中，梁漱溟、熊十力、张君劢、贺麟等都是其中的代表人物。在现代新儒家看来，近百年来的民族危机"根本上是一个文化的危机"，但西学的输入并没有解决这一根本性问题，"让五花八门的思想，不同国别、不同民族的文化，漫无标准地输入中

---

① [德]莱布尼茨：《〈中国近事〉序言：以中国最近情况阐释我们时代的历史》，载[德]夏瑞春编《德国思想家论中国》，陈爱政等译，江苏人民出版社1995年版，第9页。

国"是"不能担负起建设新国家新文化的责任"① 的。从这里可以看到，现代新儒家新的历史意识在逐步形成。对于当时正在流行的科学主义，新儒家代表人物张君劢提出了批评：

> 故科学无论如何发达，而人生观问题之解决，决非科学所能为力，惟赖诸人类之自身而已。而所谓古今大思想家，即对于此人生观问题，有所贡献者也。譬诸杨朱为我，墨子兼爱，而孔孟则折衷之者也。自孔孟以至宋元明之理学家，侧重内心生活之修养，其结果为精神文明。三百年来之欧洲，侧重以人力支配自然界，故其结果为物质文明。②

张君劢这一批评，不单单是就科学主义对儒学批评所做出的一个回应，实质上它揭开了西方现代性的温情面纱，标志着新儒家对西方现代性的理解达到了一个新的认识高度。

对于现代新儒家来说，"五四"运动以后的东西文化论争意义重大，它既是以往论争的继续，又是新的文化论争的起点。这一论争与以往不同的是，新儒家不仅要从东西文化论争中对自由主义进行有力回击，又要反对马克思主义在中国的传播与发展。

三 儒学的创造性转化与中国现代性

近代以来，在全球化的历史条件下儒学式微的际遇并非儒学思想史上的个案，而是其曲折发展的表现。儒学的式微并不等于儒学的终结。在儒学思想史上，董仲舒、朱熹等儒学大师都是在儒学面临困境之时而分别承担起开启汉代儒学和宋代儒学的重任的。所以我们必须正视儒学的历史与未来。近代儒学这种被解构、边缘化的历史宿命，既与世界现代化这一大的历史背景有密切的关系，也与中国近代以来所遭遇的空前的民族危机和阶级矛盾密不可分，同时还与自身身份的分裂也有重要

---

① 贺麟：《儒家思想的新开展》，载陈来主编《贺麟选集》，吉林人民出版社2005年版，第130—132页。

② 张君劢：《人生观》，载张君劢、丁文江等《科学与人生观》，山东人民出版社1997年版，第38页。

关联。

关于儒学自身身份分裂而引起儒学的破碎和飘散这一问题，其实早在20世纪20年代就已引起学术界的注意。梁启超对此做过精辟的阐释。梁启超在《清代学术概论》一书中曾以有清一代学术为对象，就"道咸以后，清学曷为而分裂耶"这一问题进行过深入思考，他列举了近代儒学分裂的几个方面的内外因，其中所谓考据范围"甚拘迂"等就是从传统儒学自身演绎出来的问题。梁启超所揭示的问题无疑反映了19世纪以来儒学自身发展的困境，这一困境引发了儒家对儒学正统之检讨，具体表现在儒学内部围绕义理、考据、辞章的问题而展开的汉宋儒学之争。不可否认，这一争论直接导致儒学传统中考据学的衰落和经学的终结，极大地削弱了儒学的中心地位。这表明，儒学的合法性受到质疑，不仅是外部原因引起的，也是内部因素造成的结果。儒学的合法性问题虽然说是一个理论上的问题（直到今天这一问题还在争论，并未得到最终解决），但它也是一个实践问题。它反映了儒学的本质特征。从本质上看，儒学也从来不单单是个人私语的修身养性之道，它同时也是面向历史的齐家治国平天下之学。儒学这一本质特征决定了对它的存在的追问：儒学向何处去？中国现代性建构能够绕过儒学传统吗？对这些问题我们有必要进行深入的思考。对于19世纪后期的儒学来说，虽然汉宋儒学之争也开启了经世致用的学风，在一定程度上为儒学的发展带来一丝曙光，但仅仅寄望于此，儒学的出路必将渺茫。所以在没有彻底地自我认识、自我革命之前，儒学的经世致用之路也难通现代性之途。

儒学必须进行自我认识、自我革命。早在20世纪40年代，著名哲学家贺麟从"儒家思想是否复兴的问题，亦即儒化西洋文化是否可能，以儒家思想为体、以西洋文化为用是否可能的问题"出发，明确地提出了"儒家思想的新开展"[①] 的要求。对此，当代新儒家的认识也是一致的。关于当代儒学的"新开展"，杜维明称之为儒学的现代转型，林毓生、韦政通称之为儒学的创造性转化（creative reformism），余英时称之为儒学在现代的重建。不管哪种提法，意思都是一样的，都是指向儒学的现代革

---

① 参见贺麟《儒家思想的新开展》，载陈来主编《贺麟选集》，吉林人民出版社2005年版，第130—132页。

命。儒学的现代革命就是自我革命、自我创造性转化。儒学的创造性转化，并非仅仅是摆脱自身困境的需要，它也是文化自觉、自信的一种显示。长期以来，我们受一种观点误导，即儒学的创造性转化是儒学自我救赎的被动选择、无奈之举。不可否认，在西学的冲击和自我分裂中，传统儒学遭受了前所未有的批判，从儒学的基本原则到存在价值，无一不在考问之中。但我们必须看到，这一批判也是有片面性的，它不是从世界历史的高度对儒学的基本原则和存在价值予以辩证的反思，而是局限于西方自由主义话语的批判。实质上，在东西文化论争中，东西文化自身的局限性都在不同程度上显露出来，并不唯儒学如此，以西学为表现形式的西方现代性一样存在着历史局限性。所以彻底抹杀儒学的基本价值，完全照搬照抄西方现代化模式的西化道路、西方自由主义话语，无疑也成为现当代新儒家批判的对象之一。

现代新儒家认为，现代性具有民族性，现代性与传统的关系不是对立的，而是统一的。中国进行现代化建设，必须建构具有儒家精神的现代性，所以在现代性的建构中，儒学并非如自由主义者所批判的是一种外在关系，而是内在的关系。在对自由主义的批判中，以现代性为价值旨归的儒学科学化、现代化问题已成为现当代新儒家思考的基本问题，而这正是儒学创造性转化的关键和主题所在。

下面，我们对儒学的科学化、现代化和马克思主义关系等三个问题进行一番探讨，以深化对儒学创造化转化的认识。

1. 儒学的科学化

从西方现代化发展历程来看，现代性一个重要特征无疑就是理性化、科学化。虽然西方理性主义和科学主义日益受到批判，但理性原则和科学精神并没有被彻底否定和消解，它们仍然是现代性的基本品格。儒学要走出破碎和飘散的状态，就必须科学化、面向现代性。

众所周知，儒学作为伦理修行之学，其主要是通过"内圣外王"的途径实现的。面对日益发达的现代科学技术和教育手段以及普遍交往方式，儒学传统显然是不能适应现代化建设需要的。儒学对于现实的意义，并不取决于儒学本身的学术旨趣，而是取决于现实的需要。如上所述，近代以来儒学之所以受到严重批判，就是因为它不能真正走进现实、服务现实。这里的现实当然是指经过历史前提批判的现实的生产过程和生活过程，而不是费尔巴哈所理解的那样的"粗陋的卑劣的物质生活"。正是在这一现实意义上，儒学和现实之间才不可避免地出现分离与对立。儒学要重新回到现实，并非一条坦途，中间需要许多历史条件，科学无疑是其中之一。在这里儒学有必要借鉴西学的成功经验。从西方历史来看，科学的发展是一个重要原因。英国实验科学的兴起确立了经验原则，推翻了中世纪神学思维的抽象统治；以牛顿经典力学为重要标志的现代实证科学进一步树立了实践是检验真理标准的原则。在西方近代史上，现代科学和哲学始终保持"共同战斗"的友谊，从而为西方现代性的确立开辟了一个经过前提批判的、可能性的社会化空间。科学之于现代性的意义，在西方思想界并未引起太大的争议；问题倒在于哲学之于现代性的意义不断被质疑。所以说儒学回到现实，科学化是必经途径之一。所谓科学，它是知识之学。知识的获取是与实践的方式紧密相连的。在实践的推动下，知识化已成为科学发展的一个重要动力。

儒学的科学化有两条路径：一是指儒学的学科化、专业化，二是指儒学的体系化、理论化。

（1）所谓儒学的学科化、专业化，就是指儒学要从学说发展为学科。儒学传统当然不是知识体系，但作为观念史却存在着知识化、专业化的问题。"十九世纪思想史的首要标志就在于知识的学科化和专业化，即创立了以生产新知识、培养知识创造者为宗旨的永久性制度结构。"[①]儒学的学科化、专业化符合现代性的科层化的发展方向。

（2）所谓儒学的体系化、理论化，就是指儒学要从学科发展到科学。这也是儒学科学化的高级阶段。从学科发展到科学符合现代哲学的发展方向。我国著名哲学家黄枬森先生近年来多次呼吁哲学的科学化，虽然学术界目前未能就此统一认识，但黄先生关于哲学发展从学科到科学的思想无疑具有重要的指导意义。黄先生认为，哲学要成为科学必须具备三个条件：一是明确的研究对象；二是比较丰富和真实的内容，即原理；三是严密的思想体系。对于儒学来说，从学科到科学，必须具体做到这三个方面：一是要将儒学的研究对象从道德领域延伸到经济领域，探讨市场经济条件下经济与道德的矛盾与张力，从中建构反映现代

[①] ［美］伊·华勒斯坦等：《开放社会科学——重建社会科学报告书》，刘锋译，生活·读书·新知三联书店1997年版，第8页。

经济发展的伦理原理和道德准则，充分发挥儒学对伦理关系的建构功能；二是推进儒学对现实问题的关注，将现代性作为学科建设的基本内容，充分发挥儒学对人文精神的建构功能；三是将对个人的道德要求与对社会的规范要求统一起来，发掘个人与社会和谐的时代价值，充分发挥儒学对思想体系的建构功能。

2. 儒学的现代化

如果说儒学的科学化是儒学创造性转化的重要条件的话，那么儒学的现代化就是儒学创造性转化的基本内容，这二者具有内在的联系。从近代对儒学的批判来看，将儒学视为现代化的对立面就是其中所表现出来的基本观点。这一批判对儒学来说是否公允，学术界还未形成定论。但它说明了一个重要问题：儒学的现代化是任何一个新儒家必须面对的现实问题。儒学的现代化并非儒学形式的革命，而是整个范式的变革。这一范式无疑就是中国现代化。

从儒学传统来看，儒学的现代化是可能的。一方面，儒学的人文精神是现代性建构的重要内容，西方现代化的发展表明，科学理性对于现代性来说并非全部，人的异化实质上是工具理性的直接后果，所以儒学传统中的人文精神对于修补西方现代性是十分必要的；另一方面，儒学所倡导的"天人合一"的价值观对于现代性建构来说也是具有重要意义的。从现代化的视角来看，儒学的现代化也是必要的。在世界现代化进程中，中国和东亚地区的现代化取得了巨大成功。从东亚地区"四小龙"的现代化的发展来看，现代化并不意味着一定要以西方现代化模式为标准。从这些成功的经验来看，儒学的价值并没有过时，相反，儒学对于现代性建构来说还有着重要的特殊的价值。这表明，中国现代性建构离不开现代化了的传统儒学。

3. 儒学与马克思主义中国化

马克思主义、现代新儒学和自由主义是中国近现代历史上的三大思潮。在一个较长时期内，自由主义和现代新儒学曾展开了较为激烈的论争。在自由主义这里，儒学成为"传统"的替代词，而"传统"又成为"专制"的替代词，由此一来，自由主义就将儒学、传统作为批判对象，将它们看作是现代化的对立面。但是，自由主义在中国失败了。对此，美国学者格里曼曾说过：

> 自由主义在中国的失败并不是因为自由主义者本身没有抓住为他们提供了的机会，而是因为他们不能创造他们所需要的机会。自由主义之所以失败，是因为中国那时正处于混乱之中，而自由主义所需要的是秩序。自由主义的失败是因为，自由主义所假定应当存在的共同价值标准在中国却不存在，而自由主义又不能提供任何可以产生这类价值准则的手段。[①]

格里曼虽然看到了自由秩序的建构是自由主义的内容，但将自由主义在中国的失败归之于中国的混乱，则没有认识到"中国问题"的本质所在。马克思主义同样兴起于中国的"混乱"之时，却最终成为中国革命和现代化的"思想武器"。所以说，格里曼对自由主义在中国失败的解释是片面的。自由主义之所以在中国失败，原因是多方面的，其中之一就是没有处理好和现代新儒学的关系。对此，当代学者林毓生曾认为："中国自由主义者的现代课题，不是对传统的全面否定，而是对传统进行创造性的转化。"[②] 这一看法，意味着自由主义的致思进路：自由主义儒学化。至于自由主义和现代新儒学是否能和解，这还有待研究。

现代新儒学和马克思主义的关系也是中国现代化中的重大课题。当前，有的学者提出了儒学的马克思主义化这一论断。这一观点歧义较大，值得深思。从历史上看，当马克思主义传入中国以后，马克思主义和儒学之间也有过较为激烈的争论。对于儒学来说，马克思主义就是一种外来的西方思想，为了维护自身的地位，马克思主义也在其反对之列；对于马克思主义者来说，儒学所倡导的一套伦理规则并不能解决中国的现实问题。随着中国现代化的发展，需要对二者的关系重新理解。有的学者认为，儒学和马克思主义有重要的相干性，儒学文化是马克思主义中国化的土壤。"马克思主义中国化的过程中，不仅儒家的社会理想起着极大作用，而且儒家的人格理想、人格操守也激励着中国的马克思主义者、共产党人的先驱、前辈。"[③] 这种认识符合实际，具有一定的历史合理性。但是，中国

---

① [美] J. B. 格里德：《胡适与中国的文艺复兴——中国革命中的自由主义（1917—1937）》，鲁奇译，王友琴校，江苏人民出版社 1995 年版，第 377—378 页。
② 贺照田：《思想与方法——殷海光学记》，上海三联书店 2004 年版，第 285 页。
③ 郭齐勇：《儒学与马克思主义中国化及中国现代化》，载《马克思主义与现实》2009 年第 6 期。

共产党人的人格理想与人格操守和儒家之间是否具有这种理论上的必然性，则不能确定。许多事实表明，倒是许多原来非马克思主义者一旦加入中国共产党和革命队伍之后，在马克思主义指导下，迅速成长为坚定的革命战士。杨度曾是君主立宪制的鼓吹者，但后来在马克思主义的影响下，加入了共产党，实现了政治上的根本转变。所以从中国现代性的建构来说，儒学要发展，成为现代重要的思想资源，必须在马克思主义指导下科学化和时代化，而不是儒学马克思主义化，更不是马克思主义儒学化。从儒学的理论形态来看，儒学有其自身的世界观基础和范畴体系，所以它不可能"化"成马克思主义；如果硬要去"化"的话，它就不是儒学了。在对传统与现代性的反思的过程中，一部分现代新儒家认识到了儒学和马克思主义之间的关系。台湾的林安梧先生就十分注重马克思主义实践论的思维方式，在他看来，这种实践的思维方式正是儒学所欠缺的，所以林安梧主张将马克思主义的革命实践论与儒学的道德实践论结合起来，实现二者的融通。林安梧说："讨论中国哲学的发展，一定不能外于马克思主义的传统，不能够离开马克思主义的传统。"① 当然，儒学和马克思主义之间的关系是复杂的。我们在这一问题上不能持简单的态度和方法。儒学的马克思主义化，不是要"化"掉儒学，而是要使马克思主义成为儒学发展的理论基础。也就是说，儒学要走向复兴，就必须在中国现代化这一实践中，既充分发掘儒学的合理价值，又吸收现代西方文明成果，在马克思主义指导下，实现儒学的创造性转化。从近年来儒学的"创造性转化"活动来看，马克思主义儒学化的学术倾向不可忽视，更有甚者竟走上了事物的反面。蒋庆就是其中的代表之一。蒋庆曾公开宣称："儒学理应取代马克思主义，恢复其历史上的崇高地位，成为当今中国代表中华民族生命与民族精神的主流思想。"② 这一论调实质上就是反马克思主义及其中国化。显然，这种论调已不是在学术层面上探讨问题了，而是有着明确的政治诉求和主张。这是应当明辨的。从马克思主义中国化这个层面来看，中国传统文化包括儒学理应成为其合理来源，儒学中有超越它的产

---

① 林安梧：《两岸哲学对谈——二十一世纪中国哲学之未来》，（台北）台湾学生书局2003年版，第17页。
② 蒋庆：《中国大陆复兴儒学的现实意义及其面临的问题》，《鹅湖》（台湾）1989年第8、9期。

生时代的普遍性价值,这与马克思主义有相通和契合之处,所以我们必须科学对待儒学。当然,儒学成为马克思主义中国化的合理来源,并非是一个自动的对接过程,而需要进行前提批判。所谓前提批判,也就是实践批判。儒学在多大的程度上与马克思主义相通和契合,并不取决于理论自身,而是取决于实践的需要。在马克思主义和中国传统文化的关系上,毛泽东对此做了十分精辟的阐述,这为我们如何认识儒学的发展、如何推进马克思主义中国化提供了思想上和方法上的指导。毛泽东说:

> 今天的中国是历史的中国的一个发展;我们是马克思主义的历史主义者,我们不应当割断历史。从孔夫子到孙中山,我们应当给以总结,承继这一份珍贵的遗产。这对于指导当前的伟大的运动,是有重要的帮助的。①

这表明,马克思主义中国化不能离开"从孔夫子到孙中山",它代表着"中国历史",也就是代表着"中国实际",传统文化构成了马克思主义中国化的"民族形式";但是,毛泽东也十分清楚地指出,对于"从孔夫子到孙中山"的传统文化,我们不能像教条主义对待马克思主义那样照搬照抄,同样,对待传统文化如果不加以批判,照搬照抄,同样是"教条主义",所以"我们应当给以总结",也就是说要回到实践,实现马克思主义中国化。"把国际主义的内容和民族形式分离起来,是一点也不懂国际主义的人们的做法,我们则要把二者紧密地结合起来。"②

---

① 《毛泽东选集》第2卷,人民出版社1991年版,第534页。
② 同上。

第三章

马克思主义哲学中国化:历史与现实

现代性并非是一个先验的逻辑形式,而是在现代化实践中生成和发展起来的存在结构,具有历史性。从这个意义上讲,现代性需要不断地建构。对于现代化进程中的广大的后发国家来说,这种建构又和本民族具体的历史的活动紧密地结合在一起。离开了这一点,现代性无疑就是一个矛盾的抽象体。从世界现代化的历史进程来看,许多后发国家之所以长期陷入"现代性的焦虑"之中,这并非他们远离全球化而遭受的"心灵"痛苦,而是他们在面对现代化的历史机遇时,丧失了现代性的民族建构而引发的社会危机和文化危机所致。这一历史教训已为拉美国家的现代化道路所证明。

中国近现代历史发展也表明,现代性的两种话语之争,并非是一种纯粹的语词之争,而是关乎中国现代化如何发展、向何处去的现实问题。西化派所主张的走西方资本主义道路,从本质上讲和拉美国家的现代化道路并没有什么根本区别。对于中国现代化来说,要实现 21 世纪民族复兴的历史任务,现代性就必须重建,使之具有中国的民族形式,唯有如此,中国现代化才能走向成功。如前所述,除了现代化这一实践基础之外,现代性建构应有其相应的理论基础。自由主义"在中国"的历史命运表明,中国现代性建构是不能以自由主义为理论基础的。中国现代性建构要有其自身的理论基础。在中国现代性建构的理论资源中,现代新儒家思想无疑发挥重要作用和占据重要地位,但对于作为中国现代性的理论基础来说,这一作用也必须和马克思主义哲学中国化结合起来才有真实意义,这种主次的地位不能颠倒。"如果中国传统哲学在近现代能够成为振兴中华民族的指导思想,1840 年以后'国粹不能保国'的悲惨历史就无法解释,中国先进分子努力向西方寻求救国救民的真理的可歌可泣的努力就成了无谓之举了。"[①]

所以说，中国现代性建构的理论基础是马克思主义哲学及其中国化。正是在中国现代性建构的理论基础这一重大问题上，马克思主义哲学中国化的现实依据和中国现代性建构的理论依据才得以历史地统一起来。

第一节　马克思主义哲学中国化的必要性：理论与实践的统一

从根本上讲，中国现代性的建构离不开马克思主义哲学及其中国化。但这一问题的重要性并未引起人们的重视。问题表现在两个方面：从中国现代性的建构这个层面来看，学术界对自由主义和新儒家思想关注的比较多，从而形成了这样一种学术现象，即只要论及现代性问题，就从自由主义或现代新儒家那里寻求理论资源，而很少从马克思主义哲学及其中国化这一层面探索中国现代性建构的理论基础；从马克思主义哲学中国化这一层面来看，学术界对其历史进程、当代形态和基本内涵研究较多，但也存在着从概念出发、忽视现代性问题研究的学术倾向。这两个方面的问题集中起来就是将中国现代性建构和马克思主义哲学中国化割裂开来或对立起来了。这表明，马克思主义哲学中国化的前提性问题并没有得到解决，还有待于从学理上进一步澄清。

一　马克思主义哲学中国化与"现实"

马克思主义哲学中国化的前提性问题，就是马克思主义哲学中国化何以可能和何以必要的两大问题。我国著名哲学家陶德麟先生曾就这两大问题做过深入的论证与阐述。关于马克思主义哲学中国化的可能性问题，陶先生认为，虽然马克思主义哲学中国化已成为事实，但研究其可能性并非多余之举：一方面，从理论上讲，事实的存在并不等于学理的成立，马克思主义哲学中国化作为事实并不意味着马克思主义哲学中国化这一问题从理论上得到了解决，马克思主义哲学中国化的可能性问题是一个哲学问题，需要从学理上进行辨析；另一方面，从现实上说，承认中国革命建设成功但不承认马克思主义哲学中国化的事实及其可能性的人并不少见，他

[①] 陶德麟：《略论辩证法与和谐问题》，《哲学研究》2009年第6期。

们认为，中国革命建设的成功与马克思主义哲学中国化没有必然的联系，承认前者和否认后者并无逻辑上的矛盾。陶先生针对这些论者的诸多诘难一一地加以批判。陶先生认为：中国人理解的马克思主义哲学就是真正的马克思主义哲学；中国人完全可以掌握马克思主义哲学；中国人完全可以使马克思主义哲学中国化。关于马克思主义哲学中国化的必要性问题，陶先生认为：一是解决中国的问题需要马克思主义哲学，二是发展马克思主义哲学需要中国化。① 陶先生对马克思主义哲学中国化两个前提性问题的精辟阐述和系统论证，为廓清人们在马克思主义哲学中国化"合法性"问题上的迷惑起到了正本清源和思想解放的作用。由此可见，马克思主义哲学中国化的前提性问题，并非理论上的一个枝节问题，它从根本上贯穿着马克思主义哲学与现实之间的历史和逻辑关联，是我们认识中国现代性建构和马克思主义哲学中国化关系的思想基础。

中国现代性建构和马克思主义哲学中国化的关系问题，归结起来就是马克思主义哲学中国化何以必要的问题。毋庸置疑，实践是回答这一问题的根本途径，但实践不能也不可能包揽全部的理论论证。在马克思主义哲学中国化的必要性问题上，"现实"就是一个需要论证的前提性概念。什么是现实？中国的"现实"是什么？如果这一概念还存有模糊或缺乏理论上的优先性，那么关于马克思主义哲学中国化的必要性问题的认识就无法统一了。从哲学上讲，只有正确把握了思想中的现实才是更真实的现实。可见现实这一概念如不加以批判与澄清，现实或思想中的现实则有可能成为极其抽象的东西。在那些质疑马克思主义哲学中国化"合法化"的论者那里，"现实"无疑是其发难的极好的借口和根据。正如陶先生所指出的："一种观点认为，解决中国的问题未必需要马克思主义哲学。这种观点在几十年前曾以马克思主义不适合中国国情的理由出现过，现在又以时代特征和中国国情起了变化为理由再度出现。"② 这表明，如果对"现实"这一前提性概念缺乏深入批判，我们不仅很难展开后面的论证，而且只要有可能，质疑或否定马克思主义哲学中国化的必要性的论调又会

---

① 参见陶德麟、何萍主编《马克思主义哲学中国化：历史与反思》，北京师范大学出版社2007年版，第65—76页；陶德麟《对马克思主义中国化两个问题的理解》，《中国社会科学》2009年第1期。

② 陶德麟、何萍主编：《马克思主义哲学中国化：历史与反思》，北京师范大学出版社2007年版，第74页。

沉渣泛起,最终乃动摇或削弱马克思主义哲学中国化的存在与意义。

"现实"一词是学术界最为人所熟知的术语之一。无论是在政治学、社会学、新闻传播学等社会科学中,还是在哲学、历史学、文艺学等人文学科中,抑或在人们日常工作和学习的活动中,"现实"一词均有广泛的用处。"现实"用语的泛化,并不表明它的哲学意义和生活意义的统一,或者说人们对它的认识已达到一个科学化的水平。相反,"现实"一词的泛化或者庸俗化,其后果是哲学的退场或者形而上学思维方法重归生活世界。所以,如果说在日常生活和一般社会科学中,"现实"是一个没有经过批判而直接当做前提概念使用的词的话,那么,在哲学家的眼界中,"现实"则必须接受哲学的严格审视和批判。现实这一概念由此也成为不同哲学家和哲学派别分野的重要界标。不同的哲学家,由于批判的态度、批判的方法的不同,对于现实的理解大相径庭。从哲学史的视角来看,真正将哲学看作是个人私语和内心独白的哲学家并不多,大多数的哲学家总是力求实现理论与现实的视界融合,发挥理论对现实的作用。这些作用当然因理论本身的属性与功能而不一样,但总的来说,"现实"的价值取向是一致的。不管是最保守的哲学家,还是最激进的思想家,分歧之处不在于各自思想体系的逻辑建构及其演变上,而是在它和现实何以对接的问题上。从什么路径切入现实,切入什么样的现实,从什么立场把握现实,对这些问题的回答才是不同的哲学家、思想家分野之所在。

在马克思哲学中,"现实"无疑是一个极其重要的概念,从某种意义上讲,"现实"这一词直接表征着马克思哲学的基本立场和价值旨趣。面向现实、对资本主义的批判、改变现存的世界、实现共产主义社会,在马克思哲学中,这都是一个意义。马克思对现实概念的重新阐释主要是针对黑格尔的历史观的。黑格尔眼界中不是没有"历史",也不是没有"人",但他的"历史"和"人"都是抽象的,即将历史和人看作绝对精神、看作是逻辑的产物。马克思在肯定费尔巴哈"感性存在"时,着重指出了黑格尔的错误:"他只是为历史的运动找到抽象的、逻辑的、思辨的表达,这种历史还不是作为一个当做前提的主体的人的现实历史,而只是人的产生的活动、人的形成的历史。"[①] 因为将人等同于自我意识,所以黑格尔的"人的产生的活动"就是纯粹的绝对精神的逻辑运动,没有现实

---

① 马克思:《1844 年经济学哲学手稿》,人民出版社 2000 年版,第 97 页。

性。黑格尔的"现实"是理性精神的外化、时间化，所以在黑格尔那里，现实是一个表达理性、历史必然性的概念，理性精神是现实的内核，现实是理性精神的表现，理性的精神等同于现实，所以在黑格尔的历史观中，正如费尔巴哈所批判的，现实只是一个被设定的东西，表现为宗教和财富等，所以黑格尔的"现实仍然是彼岸世界"①。不可否认，黑格尔也发现了劳动的意义，并且还阐释了劳动对象化的重要思想，认为劳动是一种自由自觉的活动，但是，在异化的历史条件下，劳动自我实现的这种潜能或者说本质却被阻挠了。从这点出发，黑格尔否认异化的现实性，尽管黑格尔看到了劳动赋予人作为一种具有自我意识的存在的意义，但是，黑格尔仍将异化看作是虚假的现实，极力主张消除异化以达到真正的现实，即绝对精神最后的逻辑阶段。正是在这里，马克思批判了黑格尔对现实的一种非现实的理解，明确指出："宗教和财富等等不过是人的对象化的异化了的现实，是客体化了的人的本质力量的异化了的现实。"② 这是马克思通过对黑格尔历史观的批判而对现实的重新理解。从马克思这一批判来看，黑格尔对劳动的理解是片面的，从而对现实的理解也是从思辨的层面出发的。

> 他只看到劳动的积极的方面，没有看到它的消极的方面。劳动是人在外化范围之内的或者作为外化的人的自为的生成。黑格尔惟一知道并承认的劳动是抽象的精神的劳动。③

所以，黑格尔所设定的现实，仅仅只是一种"思维着的精神，逻辑的、思辨的精神"④，而且还是以颠倒的形式出场的。黑格尔虽然也论及"异化"，但也只是看到了它的形式，只是将异化看作是"思维着的精神，逻辑的、思辨的精神"的必然环节，而忽视了异化的根源和历史作用。马克思通过对"异化劳动"和"私有财产"等历史现象的考察，认为"异化"才是现实的内容，现实是"异化了的现实"，"异化"是现实的存在

---

① 《马克思恩格斯选集》第1卷，人民出版社1995年版，第9页。
② 马克思：《1844年经济学哲学手稿》，人民出版社2000年版，第82页。
③ 同上书，第101页。
④ 同上书，第100页。

方式，是一种具有一定历史意义的存在形式。

马克思不仅批判了黑格尔对现实的抽象的、逻辑的、思辨的设定，而且结合费尔巴哈对黑格尔的批判，对费尔巴哈的历史观也进行了批判，从而完成了他对现实概念的历史清理。正是通过"异化劳动"和"私有财产"等历史现象还原，马克思将现实的界定引到更高的、新的层面。不可否认，马克思在《1844年经济学哲学手稿》中对费尔巴哈哲学是肯定的，甚至是过分称赞的。马克思后来在1867年也承认这种评价是不科学的。其实，马克思在该手稿很多地方超越了费尔巴哈。马克思关于现实概念的理解就是其中之一。马克思对现实的重新阐发既是针对黑格尔的，也是针对费尔巴哈的。我们知道，费尔巴哈虽然确证了"感性对象"的存在，使这种"感性对象"的物质性克服了黑格尔"理性""绝对精神"的抽象性，但是，费尔巴哈却制造了又一个抽象的"人"和抽象的"自然"。费尔巴哈的历史观仍是一种抽象的历史观。

> 一个存在物如果不是另一个存在物的对象，那么就要以没有一个对象性的存在物存在为前提。只要我有一个对象，这个对象就以我作为对象。但是，非对象性的存在物，是一种非现实的、非感性的、只是思想上的即只是想象出来的存在物，是抽象的东西。①

感性的东西是不是现实的东西，这并不是自在的、预定的，它必须通过人的活动、对象性的活动加以认识和实现。马克思指出："说一个东西是感性的即现实的，这是说，它是感觉的对象，是感性的对象，从而在自身之外有感性的对象，有自己的感性的对象。"② 这就是说，现实的东西必须是对象性活动的产物。令人遗憾的是，费尔巴哈认识不到这一点。从某种意义上讲，费尔巴哈的现实是离开了人的自然、离开了社会的人。"但是，被抽象地理解的，自为的，被确定为与人分隔开来的自然界，对人来说也是无。"③ 由此可见，马克思这里的批判不仅是针对黑格尔这位"抽象的思维者"，而且也是针对费尔巴哈这位"抽象的直观者"。为了克服

---

① 马克思：《1844年经济学哲学手稿》，人民出版社2000年版，第106—107页。
② 同上书，第107页。
③ 同上书，第116页。

他们的局限性，马克思提出了"真正人的现实"这一新思想，从而将现实的本质和人的本质统一起来。"已经生成的社会，创造着具有人的本质的这种全部丰富性的、全面而深刻的感觉的人作为这个社会的恒久的现实。"① 马克思在此十分明确地将创造人的本质的丰富性、全面性、具体性看作是现实的内在要求、看作是社会生成的本质内容，从而和以前哲学家们的抽象的人和抽象的现实真正区别开来。所以说，马克思通过"异化了的现实"和"真正人的现实"这两个概念，表达了他对现实逻辑的历史把握，即从现实化到现实性。这两者既分立又统一，构建了现实概念的自我张力。现实化是运动，是人的本质的生成过程，体现了现实性的历史性；现实性是本质，是社会性的历史形成，体现了现实化的逻辑性。现实化和现实性能否统一，取决于决定这一历史活动的社会形态。马克思分别从资本主义和共产主义两个社会形态对此进行了说明和论证。从资本主义社会形态来看，现实化和现实性是对立的；从共产主义来看，现实化和现实性则是统一的。所以资本主义是"异化了的现实"，而共产主义则是"真正人的现实"。马克思指出：

> 共产主义是私有财产即人的自我异化的积极的扬弃，因而是通过人并且为了人而对的本质的真正占有；因此，它是人向自身、向社会的即合乎人性的人的复归，这种复归是完全的，自觉的和以往发展的全部财富的范围内生成的。……它是历史之谜的解答，而且知道自己就是这种解答。②

这表明，对于现实的非现实化这种"历史之谜"来说，唯有实现共产主义，扬弃私有财产，才是一种真正的现实——自身和社会统一的、合乎人性的人的存在，从而真正的"知道自己就是这种解答"。扬弃异化劳动和私有财产，构成了马克思对资本主义"异化了的现实"的批判，尽管在这一批判里还保留了人本主义的痕迹，但它却预示着马克思对现实的辩证思考。

纵观马克思一生的革命活动和科学思想，我们有必要进行省思：马克

---

① 马克思：《1844年经济学哲学手稿》，人民出版社2000年版，第88页。
② 同上书，第81页。

思为什么在他的著作中反复提到"现实的生活""现实的关系""现实的矛盾""现实的内容""现实的运动""现实的共同体""现实的进步""现实的态度"和"现实的行动"诸如此类的现实问题呢？我们知道，在历史唯物主义诞生之前，"宗教的批判""批判的批判"等各类"批判哲学"虽然也将批判的对象指向现实，但不是将现实片面地理解为观念的东西，就是将现实仅仅看作是世俗的生活。马克思认为，这种批判至多算是一种"思辨的批判"或"世俗的批判"，不是"针对不同材料本身的批判"。所以马克思提出要"建立自己的现实"："对宗教的批判使人不抱幻想，使人能够作为不抱幻想而具有理智的人来思考，来行动，来建立自己的现实；使他能够围绕着自身和自己的现实的太阳转动。"① 如何"建立自己的现实"？马克思对此也说得很明白："要扬弃私有财产的思想，有思想上的共产主义就完全够了。而要扬弃现实的私有财产，则必须有现实的共产主义行动。"② 马克思在《关于费尔巴哈的提纲》一文中直接以实践的观点批判了费尔巴哈的旧唯物主义，这既是对以前哲学信仰的彻底清算，更是对一种新的世界观的积极创建。一方面，马克思批评费尔巴哈对实践的"世俗理解"，强调要从"革命的""实践批判的"活动的意义上去理解实践；另一方面，马克思还批判了黑格尔对实践的抽象理解，强调要从"人的感性的活动"的意义上去理解实践。一句话，马克思认为："全部社会生活在本质上是实践的。凡是把理论引向神秘主义的神秘的东西，都能在人的实践中以及对这个实践的理解中得到合理的解决。"③ 从此处可以看到，马克思不仅阐释了社会生活和实践的内在关系，而且还指出了理解这一现实关系的科学思维方式，从而不仅在认识论中确立了实践活动的基本地位，而且在历史观中也确立了实践原则的基本价值。这一思想到了《德意志意识形态》一书中就得以全面展开。马克思反对将现实的生活生产看作是某种"非历史的东西"，认为要克服这一"非历史"的历史观，就必须从现实出发，从物质实践出发，而不是从抽象出发，从理论出发，科学构建直接反映"人们实践活动和实际发展过程"的"实证科学"，即"阐述现实的生产过程"的历史观。毋庸置疑，这种历史观

---

① 《马克思恩格斯选集》第 1 卷，人民出版社 1995 年版，第 2 页。
② 马克思：《1844 年经济学哲学手稿》，人民出版社 2000 年版，第 128 页。
③ 《马克思恩格斯选集》第 1 卷，人民出版社 1995 年版，第 56 页。

"不是在每个时代中寻找某种范畴，而是始终站在现实历史的基础上，不是从观念出发来解释实践，而是从物质实践出发来解释观念的形成"①。正是从"直接生活的物质生产"出发构建历史观、建构现实概念，马克思才不仅真正揭露了唯心主义者从观念解释实践的目的所在，即将私有财产的存在看作是永恒不变的规律的设想，而且还历史性地发现了实现变革现存社会关系的现实物质力量——无产阶级。对物质生产实践的科学认识和对变革现存社会关系的物质力量的发现，是马克思现实概念确立的标志。从这个意义上说，马克思的"现实"概念的科学形成是马克思唯物史观的重要组成部分。

马克思的"现实"概念是我们认识中国现实的理论基础。我们不难发现，那种诘难马克思主义哲学中国化的必要性的论者正是从所谓"现实"出发的，在他们的眼界中，"中国国情"或"时代特征"就直接等同于"现实"。张君劢曾以所谓"规则秩序"为现实存在根据，反对马克思主义无产阶级革命理论从而拒斥马克思主义中国化："国人试一思之，世界上国家中之英国，传统上专以改良为事，换言之，于守规则秩序之中以求进步，何尝见英国人受君主、贵族与资本家之压迫而不享自由平等之福乎。此视其所以遇事之改进如何，而不在专以革命为能事。"② 现阶段，也有人从社会转型这一"中国问题"出发，谈中国现代性构建，但反对"中国现代化的叙事"，这其实就是反对马克思主义中国化。

> 中国社会转型的进程不应被引导到"现代化建设"的路径上。因为在中国的语境中，现代化即是"民富国强"，它的内涵主要是经济和物质的指标，而价值体系和制度安排则被抽离。在当今的中国，现代性被现代化所替换，并表现为一套"中国现代化的叙事"。这套叙事的话语包括稳定、和谐、民生、国家利益（民族振兴）、治理的效率（集中力量办大事，举国体制）。③

---

① 《马克思恩格斯选集》第 1 卷，人民出版社 1995 年版，第 92 页。
② 张君劢：《辩证唯物主义驳论》，（香港）友谊出版社 1958 年版，第 189 页。
③ 秦晓：《当代中国问题：现代化还是现代性》，社会科学文献出版社 2009 年版，第 22 页。

殊不知,离开中国社会发展的现实生活过程、离开中国现代化发展,所谓的"中国国情"或"时代特征"都是虚假的意识形式。实际情形是,这些"中国国情"或"时代特征"所表征的就是离开了中国历史的抽象之物,从这样的"现实"出发建构中国现代性,是没有结果的。所以说这种没有经过严格的科学分析和哲学批判的"现实",具有很大的迷惑性,并不具备真正的现实意义。真正的现实概念必须建立在人类历史活动的基础之上,这是历史唯物主义的根本要求。现实性作为马克思主义哲学的一个基本品格,也正是从这个意义上讲的。从中国现代化的发展及其现代性建构的需要认识马克思主义哲学中国化的必要性,这不仅符合历史唯物主义的根本要求,而且也是那些借口"现实"诘难马克思主义哲学中国化的论者所不能反对的,因为中国现代化发展及其现代性建构正是中国现实之所在。

二 马克思主义哲学中国化与中国现代化的特殊性

马克思主义哲学中国化是中国现代化发展的内在要求。人类社会发展是普遍性与特殊性的统一。在全球化时代,走现代化道路是世界上每一个国家和民族共同的选择,这是现代社会发展的普遍性问题,中国不可游离于世界现代化进程之外,但中国近现代社会的性质和特点决定了中国现代化发展的特殊性、长期性和艰巨性。

首先,中国近代社会不仅存在着封建专制主义统治和剥削,而且还面临西方资本主义列强和官僚资本主义的压迫和剥削,所以对于中国来说,不仅要完成和西方资本主义国家同样的政治解放的历史任务,还要完成西方资本主义国家所没有的民族解放的历史重任,而且这一任务更为紧迫和艰难。在这里,我们不能将思想解放、政治解放和民族解放分离与对立起来。现代性建构不仅依赖思想解放,而且还要依靠政治解放。当然,这里的政治解放有着特定的含义,它主要是指资产阶级革命,这是一个资产阶级领导、其他阶级参与的,但结果只解放了自身而没有解放整个人类的革命。对于中国来说,政治解放则是指工人阶级领导的、广大人民的阶级解放,具有新的历史内涵,它集中表现为民族解放。民族解放有着更为重要的、特殊的历史意义。没有民族独立和国家主权完整,中国现代性也只能是一纸空文。

其次,中国近代的外侮内弱的悲惨境遇表明,经济落后是其根本原因。马克思早在19世纪50年代曾就"英中贸易"中的不平等性在指出了全球化的单边结构和霸权逻辑及其严重后果:"贸易骤增之后又出现剧烈的缩减,一个新的市场从一开始就为过剩的英国商品所窒息,人们把商品投入这个市场而没有很好地估计消费者的实际需要和支付能力,这个现象绝不是对华贸易所特有的。"① 这表明,在全球化资本主义化的时代,中国要摆脱受欺侮和贫穷落后的状态,就必须自觉地走现代化道路,融入世界现代化进程。现代化是人类社会所要实现的从农业社会向工业社会的巨大变革,中国只有通过现代化才能进入现代社会、构建现代文明,而这对于以自然经济为主要经济形式的中国来说,其任务也是极其艰巨的。

再次,从中国现代化的历程来看,现代性建构和现代化运动呈现不一致性。这主要表现在,现代性启蒙早于现代化运动。从19世纪的西学东渐开始,西方各种思潮就已经开始传入和影响中国,而这些西方思潮通过"五四"运动、新文化运动对于科学和民主这些现代价值原则和观念更是起到了重要的启蒙作用。但与此同时,这些西方现代价值原则和观念又在一定程度上形塑了中国现代化道路的西化模式。所以中国现代化的早期阶段,基本就是以西方现代性来形塑和建构的。从全球化的演变来看,通过"现代性"将"现代化"模式化、西化正是西方资本主义主导全球化进程的主要目的。中国现代化虽然起步于19世纪70年代,但真正的发展却是新中国成立以后,这固然与现代性所要求的权力缺失有关,但西方现代性的模式化、西化也是其中的重要原因。

最后,如何处理传统与现代性的关系也是中国现代化不可回避的重要问题。从西方资本主义发展来看,传统历来被看作是阻碍现代性的制约性因素。传统与现代性的分离与对立,是西方现代化固有的现象。当代西方现代性不断遭到人们的批评,这与西方资本主义国家在现代化道路上没有处理好传统与现代性的关系相关联。中国要走现代化道路,也就不能回避传统与现代性的矛盾性关系。对于中国现代性来说,传统是否意味着是一种惰性的存在和消极力量?自由主义者的回答显然是肯定的,而现代新儒家则试图做出新的解释。作为中国传统的当然继承者,现代新儒家是维护和复兴传统的主要力量。不可否认,在传统与现代性的矛盾的问题上,现代新儒家对传统的发掘做出了许多有益的探索,为中国现代化发展做出了

---

① 《马克思恩格斯选集》第1卷,人民出版社1995年版,第723页。

积极的贡献，但其历史作用也是有限的。在对待传统与现代性的问题上，中国共产党人历来提倡马克思主义的科学态度和方法。"对于中国的与外国的历史遗产，我们既不是笼统地一概反对，也不是笼统地一概接受，而是以马克思主义的辩证唯物主义与历史唯物主义为基础，批判地接受其优良的与适用的东西，反对其错误的与不适用的东西。"[①]

总之，中国现代化是一个复杂的历史过程，肩负着民族复兴的历史重任。中国现代化不仅要实现"国富民强"，实现经济现代化、政治现代化和社会现代化，而且也要实现文化现代化，即人的现代化，这不仅是中国现代化的目标，也是中国现代性建构的价值取向。要完成这样重大的历史任务，中国就必须走社会主义现代化道路，以马克思主义为指导，推进马克思主义哲学中国化。

三 中国现代性建构的理论基础

马克思主义哲学及其中国化是中国现代性建构的理论基础，这是中国社会发展的必然要求。任何真正的理论必须根植于感性的人的历史活动之中。马克思主义哲学及其中国化之所以构成中国现代性建构的理论基础，是因为它关系到中国现代化的发展方向，关乎中华民族的生存与发展。

从现代性的理念来看，中国现代性和西方现代性并没有什么两样，都直接指向社会器物层面的现代化；从现代性的价值追求来看，现代性建构中也存在着价值共识，其中，工业化、城市化，制度文明，科学与理性精神，自由、民主和平等价值，追求个性解放和人的自由全面发展的理念等，对于世界上任何国家和民族的现代化来说，都是现代性的基本特征和表现。所以说现代性是人类共同文明的体现，虽然不同的国家和民族的现代性具有民族性特点，呈现差异性，但现代性的世界性、普遍性也是存在的。但是问题在于，对于任何矛盾来说，普遍性总是存在于特殊性之中的，没有离开特殊性的普遍性。从认识论的视角来看，从事物的特殊性上升到普遍性意味着认识的发展，但从事物的普遍性具体到特殊性也是认识的深化。所以我们还必须认识到，中国的近现代历史决定了中国现代性建构的价值取向必有别于西方资本主义国家。如果说西方现代性是一个未完成的方案的话，那么中国现代性建构更是处在初始阶段。无论是从中国

---

① 《刘少奇选集》上卷，人民出版社1981年版，第332页。

现代化的历史任务来看，还是从中国现代化基本属性来讲，中国现代性建构必须以科学的理论为自身的理论基础。换言之，中国现代性建构对理论的需求不仅强烈，而且要求很高。也就是说，并非任何一种理论和学说就可以担当起这一理论创制的重任。西方启蒙运动和现代化进程所确立的现代性价值原则和观念是西方现代化的理论基础，对于中国现代化来说，这一理论基础则是不能直接加以运用的，必须加以批判地吸收。从中国历史来看，尽管中国传统文化蕴含着许多有利于现代化发展的思想资源，但终究没有一套现存的现代化价值体系以供参考。这是问题的一个方面。更重要的是，这些思想资源并不是从中国现代化实践中总结出来的，相反，这些思想资源还必须结合现代化运动加以创造性转化，否则，其现实作用仍是有限的。对于中国现代性来说，其理论基础必须遵循理论和实际相结合的历史原则。马克思主义中国化就是理论和实际相结合这一历史原则的具体运用。作为一个具有开放性的理论创新过程，马克思主义哲学中国化不仅坚持了马克思主义哲学的基本原理，而且结合中国历史、中国实践和中国文化发展了马克思主义，从而形成了中国化的马克思主义，即毛泽东思想和中国特色社会主义理论体系。

所以，中国现代性建构必须立于中国化的马克思主义哲学这一理论基础之上。中国现代性建构和马克思主义哲学中国化之间具有根本一致性。

第二节　中国革命与马克思主义哲学中国化

在后现代主义那里，现代性观念总是不断被解构和颠覆，"革命"一词就面临着这样的历史"宿命"。实质上，后现代主义只是分离了"革命"的视域与意义存在，而无法消解"革命"的现实基础和历史根据。对于中国现代性来说，更是如此。有些学者将"革命"和"进化""阶级""改革""和谐"一起并列为中国现代性五大观念，并认为：

> 这五大观念的出现，对于中国的现代性历程都有标志性的意义。因为其中每一大观念的出现，都意味着和标志着中国现代性的历程进入了一个新的阶段，一切概念、观念、思想，都围绕着这一主要观念运转——无论是支持这一观念或反对这一观念，也无论是对这一观念作这样或那样的解释、作这样的新注或那样的引申，从而使每一大观

念成为了中国现代性某一阶段的基本的和基础的观念。①

这一看法是有道理的。姑且不论中国现代性是否是由这"五大观念"作为其发展"某一阶段的基本的和基础的观念""有标志性的意义",但至少它为我们如何把握中国现代化历史进程提供了一个反思的契机。虽然中国现代性是一个现实的历史任务,对这一任务只能通过现实的具体的活动解决,但这也不妨碍我们对中国现代性进行自我反思。特别是其中的"革命"和"阶级"这两大观念,在当下学术界虽然屡遭批评与解构,但其生命力并未消失,其所表征的那个时代,对于中国历史来说更是不可或缺的历史记忆。无论是从历史还是从逻辑上讲,中国革命是中国现代性建构的重要部分。如果说中国现代性可划分为革命和现代化建设两个历史阶段的话,那么"革命"和"阶级"这两大观念则指称中国现代性的革命阶段。

一 "革命"现代性话语考析

据有关学者对"革命"一词的语义学辨析,中国近现代关于"革命"的概念有两种思想来源。一是从西学输入的西方现代性观念。在西学语境中,英文"revolution"一词来自拉丁文"revolvere",经过不断演变,"revolution"共派生出四种相互关联的基本意义:第一,它是宇宙发展的规律;第二,特别强调在规律基础上的命定性突变;第三,它有两种方式——平和的和暴力的;第四,革命是一种唯新、求是的更新。英国1688年的"光荣革命"和法国的1789年大革命分别为"革命"含义做了生动的诠释,从两个不同的向度展示了革命的现代性意义。后来"revolution"一词随着西方现代性的外推而传入日本,日本学界以中文"革命"一词对"revolution"进行翻译,并重新释义,赋予革命(revolution)新的内涵,即取英法两国革命模式中内在一致的精神(革新),从而和日文语境中的"改良""维新"和"改革"等同义。这一观念经过梁启超等人译介并大力宣传后才逐渐为当时的国人所熟悉。② 二是从中国传统文化

---

① 张法:《中国现代性以来思想史上的五大观念》,《学术月刊》2008年第6期。
② 参见陈建华《"革命"的现代性:中国革命话语考论》,上海古籍出版社2000年版,第13—19页。

中流传下来的中国传统思想。从《说文解字》对"革"字的释义"兽皮治去其毛,革更之"到《周易》中"天地革而四时成,汤武革命,顺乎天而应乎人,革之时义大矣",中国传统文化逐步形成了一种从源自生活惯例的"革新"之义和反映历史大化的"暴力革命"之义。在近代中西文化交流、碰撞的过程中,源自西学语境中的"革命"一词经过日本化和再中国化以后,对革命的认同出现了新的变化,革命的暴力含义发展为"革命"一词的核心含义,由此和日本现代性语境中的以"改良"为核心含义的"革命"一语区别开来。尽管"革命"一词含义的这种演变和历史命运也超出梁启超等人的眼界和诉求,但这一革命现代性话语先后分别演变为以孙中山和毛泽东为各自代表的国民党人和共产党人所从事的以暴力为主轴的革命模式,则是时代的发展趋势而不能逆转的。

不可否认,近代革命话语的形成及其演变,对于中国现代性的建构具有重要的意义。从启蒙的意义上讲,"革命"作为现代性是一种观念或者说理念的诉求,是对西方现代文明的一种回应,表达了中国一部分先进知识分子对现实的不满和对西方资本主义的向往与追求。所以在现代性理论中,审美现代性所指涉的就是人们的一种现代观念。但观念的东西仅是一个派生物,它不可能替代历史而存在。所以说我们现代性的革命话语的启蒙意义并不能寄寓革命的全部历史意义。从中国近代历史来看,革命主要作为一种历史主题而存在。孙中山提出"革命"的口号和主张,并非源自"革命"的想象,而是现实的抉择。孙中山早年也是改良主义的信徒,但现实迫使他放弃改良的主张,转而坚定不移地从事革命活动。"革命之名词,创于孔子,中国历史,汤武以后,革命之事实,已数见不鲜矣。"[①]孙中山在海外从事革命活动多年,深受西方资产阶级革命思想的影响,但他并未拘囿于西方革命的现代性观念,而是从实践上完成了对"革命"观念的转换,从改良主张走上暴力行动,从而也在思想上实现了与中国传统文化的对接和与日本语境中"革命"观念的分野。实质上,作为一种现代性观念的现实运动,革命思潮在辛亥革命以前就已经成为一种重要的社会力量。

革命者,天演之公例也。革命者,世界之公理也。革命者,争存

[①] 《孙文选集》(下册),广东人民出版社 2006 年版,第 214 页。

争亡过渡时代之要以也。革命者，顺乎天而应乎人者也。革命者，去腐败而存良善者也。革命者，由野蛮而进文明者也。革命者，除奴隶而为主人者也。……呜呼！革命革命！得之则生，不得则死。①

这是20世纪初著名的革命党人邹容对革命的一种理解。除此之外，当时著名人物梁启超、吴稚晖等也从不同的方面表达过对革命的诉求和愿景。但是，一方面，从理论形态上看，这种革命现代性从其形成的那一时刻起就面临分裂，并未统一，改良与暴力之争一直贯穿中国民主革命的过程；另一方面，从实践上讲，尽管孙中山反对康有为、梁启超的改良主义路线，发展了暴力革命的理念，但仍然和现实难以结合起来。辛亥革命之所以失败，脱离群众是其根本原因。所以，革命现代性并没有完成。孙中山晚年也认识到了这一点：革命尚未成功，同志仍需努力。从康有为、梁启超的资产阶级改良运动到孙中山的资产阶级革命，尽管都充分展示了近代中国民主革命的两种逻辑结构及其力量，但最终均以失败而告终。这表明，中国革命现代性的建构，不能仅仅认为从西方那里输入革命的现代性观念就可以立即宣告革命胜利了，也不仅仅将革命的现代性观念直接付诸行动就认为中国现代性就已经实现了。对于一个半殖民地半封建的中国，革命不是一个譬如，不是文化符号里的一个象征。革命是一种社会变革运动，是人的主体性确立的历史前提。所以革命作为时代主题之所在，就不能仅仅只为少数知识分子所操控的一种现代性观念，它必须由一种启蒙意义的现代性观念具体化为广大民众所认同和接受的历史意识；更重要的是，革命现代性不能仅仅停留在观念王国里自我形塑，而必须在实践中加以建构。

从现代性的革命话语表现形式来看，中国共产党人的"革命"逻辑和孙中山的"革命"寓意并没有什么两样，都主张以暴力革命来推翻封建专制政权，建立一个共和制国家。所谓共和的核心理念就是现代民主，就是民主、自由权利的实现。不可否认，中国共产党人的"革命"逻辑是由孙中山暴力革命模式发展而来的，后来中国共产党人称孙中山先生为"中国革命的先行者"，其理由也就在这里。当然，我们也不能将这一历史逻辑扩展到改良的现代性话语那里，这是两种不同的革命现代性话语，

---

① 转引自张法《中国现代性以来思想史上的五大观念》，《学术月刊》2008年第6期。

两者存在着根本性的冲突。毛泽东说得十分清楚:"革命不是请客吃饭,不是做文章,不是绘画绣花,不能那样雅致,那样从容不迫,文质彬彬,那样温良恭俭让。革命是暴动,是一个阶级推翻一个阶级的暴烈的行动。"① 但是,中国共产党人的"革命"逻辑又不可简单地还原于孙中山的暴力革命模式。在革命的对象、革命的动力和革命的性质等方面,中国共产党人的革命属于新民主主义革命,而孙中山的暴力革命模式则属于旧民主主义革命。从学理上讲,这两种革命现代性的分野,与阶级(class)观念的形成有着重要的关系。换言之,由于缺乏对中国社会存在的阶级分析与观念架构,孙中山领导的资产阶级民主革命就很难将民族革命和阶级革命、民族解放和阶级解放有机地统一起来,从而引导中国革命完成现代性建构。

现代阶级观念也是从西方引进的。在中国传统思想中,虽有等级观念,但却没有现代阶级观念。在这一问题上,中国近代一些著名人士对此做过研究。梁启超曾经说过:"欧洲有区分国民阶级之风,中国无之";"区分人群为数等,谓之阶级"。② 而对于现代阶级的划分,宋教仁的看法是:"现世界人类之统计不下是无万万,然区别之得形成为二大阶级:掠夺阶级与被掠夺阶级是矣。换言之,即富绅(Bourgeois)与平民(Proletarians)之二种也。"③ 从中国近现代历史来看,现代阶级观念的形成与发展无疑是现代性建构的又一必要环节。从这一方面来看,孙中山的现代阶级观念是十分模糊的,他的阶级观念是建立在民族观念基础之上并被民族观念所遮蔽,而不是相反。事实上离开了阶级观念架构的民族观念也难以具备其真实的历史意义,所以这一颠倒的认识结构决定了孙中山的暴力革命价值取向与革命基本力量的分离。尽管梁启超和宋教仁对阶级现象试图做出现代性的架构,但我们不难看到,这种诉求也没有成功。在梁启超那里,阶级不过是人群分类的一个概念,这其实和古代等级观念并没有什么根本性区别,实质上仍是自然主义的认识,所以梁启超的阶级观念是很抽象的;而宋教仁的阶级概念与梁启超的认识相比无疑精细多了,特别是将

---

① 《毛泽东选集》第1卷,人民出版社1991年版,第17页。
② 转引自张法《中国现代性以来思想史上的五大观念》,《学术月刊》2008年第6期。
③ [德]李博:《汉语中的马克思术语的起源与作用》,赵倩、王草、葛平竹译,中国社会科学出版社2003年版,第172页。

历史维度引入阶级认识之中，这在现代性建构历程中具有很重要的意义，可以说已十分接近阶级的本质定义了，然则终究没有做出科学的发现，一是因为他没有从历史的领域中划出经济领域并从中去认识阶级的形成，二是他离开了具体的历史的民族存在及其特点，这两个方面的原因决定了宋教仁的阶级概念有着根本性的缺陷。真正解决这一复杂的社会难题的是中国的马克思主义者。在如何认识中国社会各阶级的问题上，毛泽东认为：

> 一切勾结帝国主义的军阀、官僚、买办阶级、大地主阶级以及附属于他们的一部分反动知识界，是我们的敌人。工业无产阶级是我们革命的领导力量。一切半无产阶级、小资产阶级，是我们最接近的朋友。那动摇不定的中产阶级，其右翼可能是我们的敌人，其左翼可能是我们的朋友——但我们要时常提防他们，不要让他们扰乱了我们的阵线。[①]

这表明，中国共产党人依据科学的阶级定义，从中国社会的实际出发，对中国近现代社会的矛盾与性质进行了科学的判断与分析，发展了马克思主义阶级学说，为建构一种无产阶级的革命现代性和阶级现代性提供了理论基础。

二 马克思主义在中国的传播与"中国革命"

马克思主义在中国的传播和发展，是中国共产党人建构革命现代性和阶级现代性的理论基础，是中国共产党人实现历史变革的思想前提。

孙中山领导的辛亥革命推翻了清王朝，结束了两千多年的封建专制统治，建立了中国历史上第一个共和制政权，这是中国现代化进程中的一件大事。辛亥革命虽然很快失败了，但它所确立的共和原则和观念已深入人心，成为中国现代性的一部分。"五四"运动是辛亥革命的继续。虽然在现代新儒家那里，"五四"运动因为"排儒诋孔"而受到一定程度的批评，但它在新文化运动基础上对于科学和民主的现代性精神的启蒙作用则是人们所公认的，从这种意义上讲，学术界将"五四"运动理解为中国

---

① 《毛泽东选集》第1卷，人民出版社1991年版，第9页。

近现代第一次启蒙运动、思想解放运动并不为过。学术界有时将辛亥革命和"五四"运动并列起来,并非是一种自然时间意义的连续性,而是因为现代性这一历史根据之所在。当然,从革命现代性的视角看,辛亥革命和"五四"运动是两种性质不同的历史运动。

> 在中国的民主革命运动中,知识分子是首先觉悟的成分。辛亥革命和"五四"运动都明显地表现了这一点,而"五四"运动时期的知识分子则比辛亥革命时期的知识分子更广大和更觉悟。然而知识分子如果不和工农民众相结合,则将一事无成。革命的或不革命的或反革命的知识分子的最后的分界,看其是否愿意并且实行和工农民众相结合。他们的最后分界仅仅在这一点,而不在乎口讲什么三民主义或马克思主义。真正的革命者必定是愿意并且实行和工农民众相结合的。①

从理论的层面上讲,"五四"运动有两重意义:一是科学和民主精神的现代性启蒙,二是革命现代性的范式转换。革命现代性范式的转换,就是从孙中山的资产阶级暴力革命模式向无产阶级暴力革命模式的转变。"五四"运动无疑是实现这一转变的现实基础。"五四"运动一方面为马克思主义在中国的传播创造了历史条件,另一方面也促进了马克思主义和中国工人运动的结合开辟了现实道路。

历史事实表明,马克思主义在中国的传播时间远早于"五四"运动时期。朱执信、孙中山等资产阶级革命家先后在不同的著述、演讲中宣传了马克思主义。这些宣传是马克思主义在中国最早的传播情况。但我们必须看到,"五四"运动以前马克思主义在中国的传播是很有限的,不仅没有形成一股强劲的社会思潮,更不用说作为一种主导现代性建构的理论基础了。这一事实也表明,正如马克思主义哲学不是抽象的观念产物一样,中国人民不是天生的马克思主义者,也不是天生的马克思主义哲学中国化的理论家。马克思主义最初传入中国并没有什么特殊的社会方式和渠道,和其他西方思潮一样它初始仅仅是作为其中"一种思潮"而传入中国的。中国人民最初对马克思主义哲学和其他西方思潮一样,也是仅仅以一种认

---

① 《毛泽东选集》第 2 卷,人民出版社 1991 年版,第 559—560 页。

知的态度来对待的。从理论形态的层面上看，对于当时的中国人民来说，马克思主义哲学和其他西方各种思潮并没有什么"根本区别"，和其他西方理论、学说在中国当时的思想界的地位相比，马克思主义甚至还不是"显学"。新文化运动的许多重要人物更多的是从启蒙的角度展开批判，其思想旨趣乃是一种启蒙意义的现代性。陈独秀、胡适、鲁迅等激进人物虽然前进了一步，从道德领域展开对封建性的批判，但仍未能触及社会存在的本质。"科学"和"民主"这些现代性概念实质上还是西方现代性那套价值体系。由此可见，以西方思想来解释中国现代社会的巨大变革，乃是一种不适之议。用"西方的影响"来解释中国革命现代性这一论调并非空穴来风，早在20世纪40年代新中国成立前夕，美国国务卿艾奇逊就提出过类似的看法，毛泽东为此专门撰文予以说明：

> "西方的影响"，这是艾奇逊解释中国革命所以发生的第二个原因。艾奇逊说："中国自己的高度文化和文明，有了三千多年的发展，大体上不曾沾染外来的影响。中国人即是被武力征服，最后总是能够驯服和融化侵入者。他们自然会因此把自己当作世界的中心，把自己看成是文明人类的最高表现。到了十九世纪中叶，西方突破了中国孤立的墙壁，那在以前是不可逾越的。这些外来者带来了进取性，带来了发展得盖世无双的西方技术，带来了为以往的侵入者所从来不曾带入中国的高度文化。一部分由于这些品质，一部分由于清朝统治的衰落，西方人不但没有被中国融化，而且介绍了许多新思想进来，这些新思想发生了重要作用，激起了骚动和不安。"在不明事理的中国人看来，艾奇逊说得很有点像。西方的新观念输入了中国，引起了革命。①

所以说，马克思主义虽然当时已作为"一种思潮"传入中国，但其真理性并没有被国人和当时先进的知识分子所发现。在"五四"运动期间及以后，马克思主义之所以在中国得到迅速发展，除了十月革命的世界性影响外，从根本上讲，是中国社会的需要。

---

① 《毛泽东选集》第4卷，人民出版社1991年版，第1515页。

马克思列宁主义来到中国之所以发生这样大的作用，是因为中国的社会条件有了这种需要，是因为同中国人民革命的实践发生了联系，是因为被中国人民所掌握了。任何思想，如果不和客观的实际的事物相联系，如果没有客观存在的需要，如果不为人民群众所掌握，即使是最好的东西，即使是马克思列宁主义，也是不起作用的。我们是反对历史唯心论的历史唯物论者。[1]

近代以来，面对西方列强的掠夺和欺凌，中国一代代先进的思想分子总在不断思考中国的现实与未来，为了设计救国救民的方案，他们先后从实业、教育、理论、改良、暴力等各种途径中探寻过，但一一失败。历史的困境表明，中国革命所缺的不是行动，而是科学的革命理论。列宁说过："没有革命的理论，就不会有革命的运动。"[2] 这一思想对当时中国社会发展的现状也是有针对性的。自从中国有了马克思主义，中国革命就不一样了。马克思主义在中国的传播和发展，其历史作用十分显著。"十月革命一声炮响，给我们送来了马克思列宁主义。十月革命帮助了全世界的也帮助了中国的先进分子，用无产阶级的宇宙观作为观察国家命运的工具，重新考虑自己的问题。"[3] 毛泽东这段话高度地概括了马克思主义与中国革命之间的内在联系。换言之，中国人民以认知的方式对待马克思主义是通过实践活动实现的，而实践的需要决定了中国人民又以一种价值的方式接受马克思主义。中国人民最终选择了马克思主义，马克思主义最终也选择了中国。可以这样说，马克思主义就是在近代中国中西文化和思潮的接触、碰撞、斗争、融合中，通过中国革命实践的发展机制和马克思主义与中国传统文化所各自特有的文化选择机制的共同作用，中国人民才终于以中国经验、中国道路的形式、方式，最终理解、接受、信仰和发展了马克思主义。

三 马克思主义哲学中国化命题的提出及其基本含义

"革命"和"阶级"这两大现代性观念的确立，无疑和马克思主义在

---

[1] 《毛泽东选集》第4卷，人民出版社1991年版，第1515页。
[2] 《列宁选集》第1卷，人民出版社1995年版，第311页。
[3] 《毛泽东选集》第4卷，人民出版社1991年版，第1471页。

中国的传播和发展是分不开的。运用马克思主义观点、方法思考中国问题，已成为当时的先进知识分子和中国共产党人的一种自觉的革命意识和行为。作为"革命"和"阶级"两大现代性的集中体现，阶级斗争学说成为中国共产党人进行革命的一个重要理论武器。陈独秀1920年在《谈政治》一文中指出：

> 他们（指不反对政治的旧派和新派——引者注）反对马格斯底阶级战争说很激烈，他们反对劳动专政，拿德谟克拉西来反对劳动阶级底特权。他们忘记了马格斯曾说过：劳动者与资产阶级战斗的时候，迫于情势，自己不能不组成一个阶级。而且不能不用革命的手段去占领权力阶级的地位，用那权力去破坏旧的生产方法；但是同时阶级对抗的理由和一切阶级本身，也是应该扫除的，因此劳动阶级本身底权势也是要去掉的。（见《共产党宣言》第二章之末）他们又忘了马格斯曾说过：法国社会主义及共产主义的著作，到了德国就全然失了精义了；并且阶级斗争底意义从此在德国人手中抹去，他们还自己以为免了法国人的偏见。①

但我们也必须看到，在中国共产党人早期革命的过程中，也出现过很多挫折甚至失败。从1931年到1935年在王明"左"倾路线领导下，中国革命遭受了极大损失，几乎面临葬送的危险。这是马克思主义之过还是敌人太强大、革命时机不成熟？不可否认，许多犯有"左"倾错误的革命者对革命的态度和立场是十分坚定的，对革命事业是十分忠诚的，对马克思主义"文本"是十分熟悉的，一句话，党性是十分坚强的，可为什么没有将中国革命引到正确的道路上去？如果说孙中山的资产阶级革命道路是一条离开了广大工人阶级、农民阶级的革命道路，没有得到群众的拥护是其失败的根本原因，而中国共产党人的革命道路显然是以工人阶级领导的、以工农联盟为基础的革命运动。由此可见，中国革命遇到挫折甚至失败的原因不在于革命没有发动群众，不在于敌人势力过于强大，不在于革命者的马克思主义理论水平较"低"，是"山沟里的马克思主义"，其根本原因在于，对待马克思主义的态度和方法出了问题，也就是说，不是用科学

---

① 陈独秀：《谈政治》，《新青年》第8卷第1号，1920年9月1日。

的态度对待马克思主义，而是以教条主义态度和方法对待马克思主义。教条主义者不是中国革命的敌人，但教条主义则是马克思主义哲学中国化的敌人。

反对教条主义和经验主义的最有力的思想武器，就是马克思主义哲学中国化。马克思主义哲学中国化这一命题的含义十分丰富，其基本含义就是马克思主义哲学基本原理和中国实际相结合。作为过程，结合是马克思主义哲学中国化的关键。没有结合或结合不好，马克思主义哲学就不能发展为中国化的马克思主义哲学，从而也就不能对中国革命、建设和改革起到应有的指导作用。毛泽东指出："离开中国特点来谈马克思主义，只是抽象的空洞的马克思主义。"① 毫无疑问，马克思主义哲学中国化是一个理论创制的过程，马克思主义哲学中国化的理论宗旨就是要坚持和发展马克思主义哲学，形成中国化的马克思主义哲学。但是，理论是为现实服务的，理论地位的最终确立不是靠自身而是由实践决定的。从马克思主义哲学的创立来看，马克思、恩格斯所实现的哲学革命固然离不开"书斋里的思想实验"，但从根本上讲，马克思主义哲学革命并不是在书斋里最终完成的，而是马克思、恩格斯深入工人运动、理论与实践相结合的产物。所以说中国马克思主义哲学也不能寄望于在书斋里实现哲学革命，而必须回到中国革命实践中进行马克思主义哲学自我革命，这是马克思主义哲学本质属性的内在要求。从这个意义上看，马克思主义哲学中国化也是一个现实的历史运动。

从学术层面来看，"马克思主义哲学中国化"这一命题最早出自艾思奇，1938年4月艾思奇在《哲学的现状和任务》一文中专门提出了马克思主义哲学中国化的问题："现在需要来一个哲学研究的中国化、现实化的运动"②。从政治层面看，"马克思主义中国化"提法则最早源自毛泽东在党的六届六中全会上所作的《论新阶段》的政治报告："马克思主义必须通过民族形式才能实现"，"马克思主义的中国化，使之在其每一表现中带着中国的特性，即是说，按照中国的特点去应用它，成为全党亟待了解并亟须解决的问题"③。到了1943年毛泽东在其主持起草的《中国共产

---

① 《毛泽东选集》，东北书店1948年版，第928页。
② 《艾思奇文集》第1卷，人民出版社1981年版，第387页。
③ 《毛泽东选集》，东北书店1948年版，第928页。

党中央委员会关于共产国际执委主席团提议解散共产国际的决定》中又进一步明确指出:"中国共产党近年来所进行的反主观主义、反宗派主义、反党八股的整风运动就是要使得马克思列宁主义这一革命科学更进一步地和中国革命实践、中国历史、中国文化深相结合起来。"[①] 毛泽东对"马克思主义中国化"的理解一直是从哲学的层面出发的,所以毛泽东的"马克思主义中国化"就是马克思主义哲学中国化,这和艾思奇的哲学命题是一致的。李达虽然没有明确提出马克思主义哲学中国化这一命题,但他在《社会学大纲》这部著作中明确表达了这一理论旨趣。李达认为:

> 现阶段的中国人,必先认清自己的历史使命,就是要使中国从这种过程中解放出来。为要完成这种使命,必须实现民主的统一,发展国民经济,改良农工生活。全国人民,要一致团结起来,集中一切力量,准备民族奋斗,以求得中国之自由平等。这必须是现代全中国人的第一目的。[②]

所以,"战士们为要有效地进行斗争的工作,完成民族解放的大业,就必须用科学的宇宙观和历史观,把精神武装起来,用科学的方法去认识新生的社会现象,去解决实践中所遭遇的新问题,借以指导我们的实践"[③]。由此看来,中国马克思主义者的理论任务不是离开马克思主义哲学去单独创立一套思想体系,也不是离开中国实际抽象地谈论马克思主义哲学,而是要根据中国的实际实现马克思主义哲学中国化,形成中国化的马克思主义哲学。正如刘少奇在中共七大上的报告中所指出的:"要使马克思主义系统地中国化,要使马克思主义从欧洲形式变为中国形式","毛泽东同志思想,就是马克思列宁主义的理论与中国革命的实践之统一的思想,就是中国的共产主义,中国的马克思主义[④]"。

概言之,马克思主义哲学中国化不是一个抽象的命题,它是对实践的高度总结和概括的基础上提出来的科学命题。从目前人们对这一命题的认

---

① 《中国共产党中央委员会关于共产国际执委主席团提议解散共产国际的决定》,《群众》第 8 卷第 9 期,群众周刊社 1943 年版,第 220 页。
② 李达:《社会学大纲》,武汉大学出版社 2007 年版,"第一版序",第 1 页。
③ 李达:《社会学大纲》,武汉大学出版社 2007 年版,"第四版序",第 1 页。
④ 《刘少奇选集》上卷,人民出版社 1981 版,第 335—336 页。

识来看，有些观点还没有切中这一命题的真实意义。所以有必要在此对马克思主义哲学中国化的基本含义进行阐述。从马克思主义哲学中国化命题的提出和后来的发展情况来看，它包括三层基本含义。

首先，马克思主义哲学中国化是指马克思主义哲学基本原理同中国革命实践的结合。这一"结合"意义重大，事关以何种态度对待马克思主义、对待中国实践。作为马克思主义哲学中国化这个命题本身来说，如何对待马克思主义是其逻辑起点，如何对待中国实践是其逻辑归宿。马克思主义不是一般的理论，而是科学的世界观和方法论，是无产阶级的"精神武器"。所以，以科学的态度对待马克思主义就尤为必要。以科学的态度对待马克思主义，就是不把它当做"教条"而是当做方法。马克思主义也从来不是教条。马克思主义源于实践，所以也只有回到实践之中才能发挥它应有的作用。"理论一经掌握群众，也会变成物质力量。"①

其次，马克思主义哲学中国化又指马克思主义哲学基本原理同中国历史的结合，这也是马克思主义哲学中国化的内在要求。马克思主义哲学基本原理同中国历史的结合就是要同时代相结合、同中国近现代的历史任务相结合。只有这样，实践才具有历史感和民族特点。不同的时代，总在不断提出属于自己时代的问题，而问题必然构成时代的声音和主题，换言之，不同的时代，历史任务总是不一样的。对于中国来说，近现代分别提出了革命、建设和改革开放这些重大的时代问题。如果对中国近现代历史缺乏靠科学的认识，我们不仅难以从这一历史中提出属于中国自己的时代问题、民族问题，而且就是问题提出来了，我们也不可能对其做出正确的理解，更不用说解决了。毛泽东在《唯心史观的破产》一文中曾就这一问题作过深入的分析，这对于我们理解马克思主义同中国历史结合很有意义。毛泽东指出："艾奇逊胡诌的中国近代史是什么呢？他首先试图从中国的经济状况和思想状况去说明中国革命的发生。"② 具体地说，艾奇逊是从人口太多和西方思想的刺激来解释中国革命的历史必然性的，这完全是违背中国历史的谬论。艾奇逊的"胡诌"，正如毛泽东所言："在这里，他讲了很多很多的神话。"③ 历史事实是，"不是什么西方思想的输入引起

---

① 《马克思恩格斯选集》第1卷，人民出版社1995年版，第9页。
② 《毛泽东选集》第4卷，人民出版社1991年版，第1509—1510页。
③ 同上书，第1510页。

了'骚动和不安',而是帝国主义的侵略引起了反抗"[①]。

再次,马克思主义哲学中国化还指马克思主义哲学基本原理同中国文化的结合,这是马克思主义哲学中国化的又一重要内容。当然,这里的文化或有的学者称之为的历史文化,都是指中国传统文化。传统文化作为马克思主义哲学中国化"结合论"的一个重要维度之所以在当代从马克思主义哲学中国化的层面凸显出来,这既和近年来中国传统文化的复兴与走强有密切关系,更是马克思主义哲学中国化自身发展的必然结果。在目前学术界的讨论中,马克思主义哲学基本原理与中国传统文化的结合,主要是从马克思主义哲学中国化的理论来源这个视角展开研究和加以认识的。归结起来,就是说马克思主义哲学中国化的理论来源不仅是马克思主义哲学,而且包括中国传统文化,所以,马克思主义哲学要中国化,只有实现马克思主义哲学和中国传统文化的结合,也就是东西文化的结合,才能使之具有民族形式。这些观点不无道理。我们不可否认,中国传统文化中有很丰富的唯物主义和辩证法思想,这是马克思主义哲学中国化的文化基础。离开中国传统文化,马克思主义哲学的民族化就成为一句空话,马克思主义哲学中国化也就流之于口头议论和纸上设计。但是,如果仅仅满足于这种认识,这是远远不够的,这种认识甚至还有误读之处。马克思主义哲学基本原理和中国文化的结合,这是内容与形式的结合,具体说来,这是"马克思主义哲学"这一"内容"与中国文化这一"形式"的结合。这里,我们必须弄清两个问题。一是马克思主义哲学中国化要"化"什么?二是马克思主义哲学中国化要"化"成什么?第一个问题,马克思主义哲学中国化要"化"什么?这个问题并不陌生。马克思主义哲学中国化要"化"的当然就是"马克思主义哲学"了,说得更具体点,就是要化"马克思主义哲学基本原理"了。可是不少人在这个问题上却迷惑不解。在一些人的认识中,要"化"的不是马克思主义哲学,而是中国传统文化,这是一种误读,是对马克思主义哲学中国化来源的误读。中国传统文化是宏富的概念,我们要严格加以区分。如果说,马克思主义哲学中国化与中国传统文化相结合,就是马克思主义哲学与中国传统哲学思想相结合,笔者对此持质疑态度。众所周知,中国传统哲学尽管在自身所处的那个时代达到很高的水平,但从总体上讲,中国传统哲学仍没有达到现

[①] 《毛泽东选集》第4卷,人民出版社1991年版,第1513页。

代哲学的高度，否则，以后的中国传统哲学的创造性转化就说不通了。马克思主义哲学则不一样。单就马克思主义哲学来说，它就是人类思想史的结晶，它以实践为原则实现了哲学史上的伟大变革。马克思主义哲学是现代意义上的世界哲学。如果将马克思主义哲学与中国传统哲学思想相结合，那么，这就意味着二者是相互补充的关系。这种认识显然是不对的，它抹杀了马克思主义哲学的基本品格，即科学性、革命性和实践性。在这里，笔者并不是说，马克思主义哲学和中国传统哲学是不能"会通"的，而只是认为，马克思主义哲学中国化与中国传统文化相结合，不是马克思主义哲学和中国哲学相结合，如果要谈"结合"的话，也是用马克思主义哲学改造中国传统哲学，谈不上用中国传统哲学补充和完善马克思主义哲学。那么，马克思主义哲学和中国传统文化就不能"会通"吗？会通当然是可能的，但会通的不是内容，而是形式。这就是第二个问题，马克思主义要"化"成什么？如果将中国传统文化的内容概括为一种民族精神，那么，马克思主义哲学与中华民族精神的结合就不仅是可能的，而且也是必要的。笔者赞同许全兴教授这一观点："马克思主义与中国历史文化相结合，从根本上讲，就是与中华民族的民族精神相结合。"① 如果说从内容上讲，我们需对中国传统文化进行必要的审视，以此确定马克思主义哲学同中国传统文化的结合，就是同中华精神的结合，而不是同中国传统哲学思想的结合，那么，从形式上看，马克思主义哲学同中国传统文化的结合，就是马克思主义哲学同中国语言的结合。毛泽东同志说过，马克思主义中国化就是要创造出中国作风、中国气派、中国语言的马克思主义。中国作风和中国气派，当然是中华民族精神的外部表现。中国语言的马克思主义哲学，就是"让马克思主义哲学说中国话"，这则是从语言上讲的。笔者认为，"让马克思主义哲学说中国话"这才是马克思主义哲学基本理论和中国传统文化相结合的主要内容和目的所在。这也就是马克思主义世界性和民族性的关系问题。马克思主义哲学世界性和民族性的关系，既包括马克思主义哲学普遍性的理论和民族具体实践、具体历史的关系，也包括马克思主义哲学普遍性理论和民族语言的关系问题。特别对于中国这样的国家来说，"让马克思主义哲学说中国话"尤为重要。"让马克思主义哲学说中国话"，就是让马克思主义哲学成为中国人民所掌握的

---

① 许全兴：《论马克思主义与中国传统文化相结合》，《党的文献》2009 年第 3 期。

"思想武器"，只有如此，马克思主义哲学才能和中国实践、中国历史结合起来。教条主义之所以将本是科学的无产阶级理论变为一个个的"教条"，除了脱离实践、脱离历史之外，没有做到"让马克思主义哲学说中国话"也是一个重要原因。

第三节　中国社会主义现代化与马克思主义哲学中国化

为了叙述的需要，我们将中国革命和现代化从认识上加以必要的和可能的逻辑区分。这种区分虽然带来了论证上的方便，但也容易引起误读，认为革命和现代化在时间上是前后相继的连续性的历史运动。其实不然。中国革命和现代化存在着时间上并存的历史关系，但二者又不是处在彼此分离的时空状态中，而是呈现交错发展、互为表里的发展态势。革命是现代化的历史前提，现代化是革命的现实要求。对于一个半殖民地半封建的中国来说，现代化本身不仅难以从传统中分裂出来，而且也无力摆脱西方中心主义的现实逻辑。

> 现代性对中国的冲击采取了两种方式，这样也就对中国的社会、政治和文化秩序提出了两类虽然不同但又互相密切联系的问题。第一类是外部的力量与问题，即西方与日本的冲击提出了中国在新的国际环境中维护民族主权的能力问题，第二类则是内部的，即如何克服帝国主义秩序崩溃的潜势，以及在这种秩序被毁灭之后如何解决内部无政府状态这种新形势下的分裂势力（比如军阀们建立割据政体的努力），以及在旧的秩序消失之后如何建立一种新的有生命力的秩序。[①]

这表明，在现代性对中国冲击之下，维护民族主权问题的能力问题就是一个亟须解决的重大问题。所以要发展现代化，就必须建构一种革命的现代性，克服历史与现实、内部和外部两重困境。这是革命现代性的合法性之

---

① ［美］S. 艾森斯塔德：《传统、变革与现代性——对中国经验的反思》，孙立平译，载谢立中、孙立平主编《二十世纪西方现代化理论文选》，上海三联书店2002年版，第1090页。

所在。这种革命现代性当然不是资产阶级的改良设计,而是无产阶级革命。中国共产党领导的新民主主义革命及其胜利,将中国革命现代性推到一个新的历史阶段,为中国现代化发展开辟了现实的社会发展空间。但是,革命现代性并非中国现代性的全部,而是有限度的。超出了历史的想象,革命现代性就会失去其历史价值与合理性。新中国成立以后,一些阶级斗争扩大化的做法,实质上就是革命现代性失范的表现,从而也为中国现代化的发展造成了很大的影响。中国革命现代性有两重逻辑与结构:除了暴力革命之外,还有改革。在人民政权业已建立和巩固的历史条件下,现实的主题已从暴力革命转向改革和现代化建设,这是历史做出的选择,它标志着中国社会的重大转型。所以我们必须转换革命的逻辑结构,深化改革,加快现代化建设,在改革中推进中国现代性发展。

一 现代化的三种模式

和西方国家的现代化发展相比,中国现代化经历了一个艰难而曲折的发展过程。如果从19世纪60年代算起,中国现代化虽然仅只走过了100多年的历史,但它前后经过了几个历史阶段,这在欧美现代化历史上是没有的现象。按照美国学者S.艾森斯塔德的划分,中国这100多年的现代化历史可以划分为三个阶段:"第一个阶段,是中华帝国时期与西方最初的接触;第二个阶段,是帝国秩序的崩溃,以及在1911年革命之后和军阀时期以及国民党时期为建立一个新的国家政体而进行的努力,最后一个阶段就是共产主义政体时期。当然,从历史上看,这三个阶段都是互相联系的,特别是从表面上看第一个阶段和第二个阶段存在着明显的连续性,但是前两个阶段与第三个阶段则存在明显的断裂。"[1] S.艾森斯塔德虽然指出了第三个阶段和前两个阶段所存在的断裂现象,但没有分析造成这一"断裂"的原因,而这对于中国现代化来说是十分重要的。这是问题的一个方面。此外,从理论讲,无论在哪一个阶段,我们都会面临这样一个问题:中国应该走一个什么样的现代化道路?在中国近现代历史上,不乏对这一问题的探讨,尤其是20世纪30年代学术界对现代化道路展开了较为激烈的争论。但这些争论主要是围绕着工业化和农业化等问题而展开的,

---

[1] [美] S. 艾森斯塔德:《传统、变革与现代性——对中国经验的反思》,孙立平译,载谢立中、孙立平主编《二十世纪西方现代化理论文选》,上海三联书店2002年版,第1090页。

实质上是现代化进程中具体道路之争，而没有涉及社会制度和意识形态层面，其理论根据都是建立于西方现代性基础之上的。虽然这期间也贯穿了要不要现代化这样的前提性问题的争论，但从历史的视角来看，这种争论的现实意义并不大。

中国现代化是世界现代化的一部分，不可避免地要受到其他国家和民族现代化的影响。从世界现代化的进程来看，曾先后出现过三种有代表性的现代化模式，即西方现代化模式、苏联现代化模式和东亚现代化模式。这三种现代化模式既有区别，也有联系。其一致性的地方主要表现在对现代化基本理念的认同上，认为现代社会的标志是从农业社会向工业社会的转变，其基本内涵就是现代化、工业化、城市化，民主、自由和平等是其共同的价值追求。从这个意义上讲，中国现代化融入世界现代化历史进程是历史的必然趋势，是自我身份认同的重要体现。但这三者彼此之间显然也有重要区别。西方现代化模式是以自由竞争和市场经济为基础，重视科学技术对经济和社会发展的作用，其核心价值观是个人主义，倡导自由、平等、规范，并以这一原则建立现代政治体制和价值体系；苏联现代化模式是以计划经济为基础，在重视自然科学的同时，也重视社会科学对经济社会发展，其核心价值观是集体主义，倡导公平、正义和友爱，并以这一原则建立现代政治体制和价值体系；东亚现代化本是以西方现代性为基础发展起来的一种现代化模式，但在儒家思想的影响下，对西方现代性进行了重建，将儒家传统的价值理念和西方现代性统一起来，从儒家文化的向度重构了现代性，从而使东亚一些国家和地区的现代化得到迅速发展，这些国家和地区也以现代化的成功形象形塑了一种新的现代化模式，从而在世界现代化进程中呈现新的特点。这三种现代化模式分别以不同的方式对中国产生了影响，就影响的时间和程度来讲，当然是以西方现代化和苏联现代化这两种模式为主。从认识论的角度来讲，认识的来源分为直接经验和间接经验，对于人的认识能力及其实现认识的目的来看，间接经验在人对对象的认识中总是占据优先地位，它可以使人们避免或减少走弯路，在有限的生命力中获取更多的真理性知识。这一认识原理也适用于中国现代化建设。从理论上讲，无论是向西方学习还是苏联学习，这都是现代化建设中的"捷径"。所以说，在"中国模式"形成以前，以西方现代化或苏联现代化或东亚现代化为模式进行中国现代化，就思维方法本身来说并无对错之分。此外，还有一点必须强调的是，无论是西方现代化还是苏联现代化和东亚现代化,都是在各自民族实践活动的基础上发展起来的,都有其合理性的历史根据,对这一问题的研究显然是一个非常庞大的课题,国内外学术界做过许多深入的探求,但也还没有形成定论,可见其问题的复杂性。上述问题非本书此处所论及的对象,也超出了本论题的范围。本书所要探讨的是这些现代化模式对中国现代化的意义存在,从而论证中国现代性建构之必要与可能。

二 现代化道路三种模式对中国的影响

1. 西方现代化模式对中国的影响

在新中国成立以前,中国受外部影响的主要是西方现代化模式。这不仅表现在国民经济严重依赖于西方资本主义国家,没有建立独立的民族工业体系和国民经济体系,对于西方资本主义国家来说,中国不是工业产品的生产市场而是商品的销售市场。从政权建设来看,国民党统治时期也仿效欧美国家现代国家体制建立了"三权分立"的政治制度和组织机构,虽然蒋介石和国民党政府独裁专政的实质并没有改变,但形式上体现了西方现代民主理念则是不难看到的。文化上,在"五四"运动、新文化运动的推动下,西方的影响是十分明显的:中国传统文化的根本地位受到了极大冲击,白话文取代了文言文,封建道德观念受到了批判,考试成了教育选拔人才的主要手段,创立了一批现代意义的大学和科研机构,在基础教育领域部分地区的现代新式教育也取代了传统的私塾教育,文学艺术领域的现代性不断涌现。

2. 苏联现代化模式对中国的影响

十月革命后,苏联人民在苏共(布)和列宁的领导下,一方面粉碎了国内外敌人的疯狂进攻,巩固了苏维埃政权;另一方面,积极开展社会主义现代化建设,经过三个五年计划,苏联迅速发展为仅次于美国的世界上第二大国家,充分显示了苏联人民的智慧和力量,也显示了社会主义现代化的优越性,从实践上展示了现代性重建的必要性和可能性。作为社会主义阵营中的友好政党,在革命年代,中国共产党领导的新民主主义革命得到了苏联人民和共产党的帮助和支持;新中国成立以后,作为世界上第一个在外交上正式承认中华人民共和国合法地位的国家,苏联又成为中国人民和中国共产党的朋友和学习榜样。当时摆在中国共产党和中国人民面前的情况是,旧中国遗留下来的现代化基础十分薄弱,善于进行革命斗争的中国共产党也缺少缺乏领导现代化的经验和知识，正如邓小平后来所指出的："搞现代化建设，我们既缺少经验，又缺少知识。"① 这种主客观历史条件的存在，决定了向苏联学习、以苏联现代化建设为模式的必然性和必要性。具体来说，苏联现代化对中国的影响表现在：经济上实行高度集中的计划经济，虽然也允许商品在一定限度内进行交换，但物品供给主要是实行分配制；政治上以民主集中制为基本原则；文化上则十分重视社会主义文艺作品对社会主义革命和建设的作用；甚至高等教育也按苏联模式，重新布局高等学校结构，以专业集中为原则成立一批专门性高校；等等。苏联现代化模式的长处在于，有利于国家集中物力、人力、财力进行现代化建设，有利于在一个较短时期内恢复和发展国民经济，巩固革命成果，发挥社会主义向心力和凝聚力的作用。但其局限性也是十分明显的：过分强调精神与道德在社会主义现代化建设中的地位，忽视人的正当的利益追求和物质层面的需要。苏联现代化模式这种局限性在中国进行第一个五年计划期间也逐步表现出来。实质上，苏联现代化模式的局限性随着历史的发展愈来愈明显。20世纪80—90年代，苏联从经济衰落到国家解体，除了长期和美国进行军事竞赛消耗了巨大的国力外，更主要的是这种现代化所包含的弊端累计起来以致最终都无法解决而导致人民对苏联共产党、对社会主义国家、对社会主义现代化建设的失望。由此可见，苏联现代化模式对于中国现代化来说，其历史价值也是有限的。

3. 东亚现代化模式对中国现代化的影响

从起源上讲，东亚现代化模式是西方现代化模式的一种派生形式，但通过对现代性的重新建构，使之出现了有别于西方现代化的新的特征，从这个意义上，国际社会往往将东亚现代化看作是一个比较成功的模式，与之相反，同样是以西方现代化为模式，但由于没有做到从本民族、本地区的实际出发重建现代性，所以拉美现代化是一种不成功的代表，经济停滞不前、债务高筑、社会动荡，是当今拉美现代化的一种真实反映。东亚现代化主要是指亚洲的日本、韩国、新加坡等国家和我国台湾等地区，在20世纪60—70年代抓住世界现代化发展的机遇，从本国、本地区的实际出发，发展经济、重视民生，从而实现了现代化的跨越式发展，创造了世界现代化的奇迹，特别是韩国、新加坡、我国香港和台湾地区更是被认为

---

① 《邓小平文选》第3卷，人民出版社1993年版，第32页。

是世界经济发展的奇迹，被誉为"亚洲四小龙"。当然，东亚地区的现代化发展是由于各方面的原因造成的，其中既有以美国为首的西方国家出于政治目的的大力"援助"和"扶持"，也有这些国家和地区内部大力推进的各项改革运动，等等。除此之外，国际社会也有一个共同的看法，那就是这些国家和地区在现代化过程中没有完全照搬照抄西方现代化模式，而是有所为、有所不为，其中一个重要表现就是这些国家在对待传统与现代性的关系问题上并没有采取简单否定的态度。作为东亚儒家文化圈的重要组成部分，这些国家和地区自始至终都力求将儒家文化和西方现代性调和与统一起来，将二者作为现代性建构共同的理论基础。这种统一当然是多方面的。概言之，就是将西方社会的发展观建立在儒家文化"天人合一"的"和谐"理念的基础之上，这样一种发展理念无疑形塑了一种与西方现代性迥然有异的历史进步观，从而也就铸就了今日东亚现代化的辉煌。从20世纪80年代以来，在中国改革开放的过程中，东亚现代性逐渐对中国现代化产生了一定影响。今日大陆学术界对儒学研究的日趋重视、民间对"国学"的兴趣不断高涨，从某种意义上讲，也是对东亚现代性的一种回应。但东亚现代化模式对中国的影响是有限的，这不仅和其本身的现代性有关，更重要的还是与中国现实有关。正如中国现代化需要建构的现代性不是西方现代性、苏联现代性一样，中国现代性也不直接等同于东亚现代性，中国现代化需要的是建构属于自己的新型现代性，内在的现代性而不是外在的现代性。

三 中国共产党人对现代化的理论探索

1933年7月，《申报月刊》在创刊周年之际特地刊发了"中国现代化问题号"专辑，其意在于向国人指出现代化对于中国社会发展之重要意义。"须知今后中国，若于生产方面，再不赶快顺着'现代化'的方向进展，不特无以'足兵'，抑且无以'足食'。我们整个的民族，将难逃渐归淘汰，万劫不复的厄运。"[①] 在这个专辑里，学者们就中国的现代化问题开了深入的讨论，虽然对具体的现代化道路理解有别，但其基本观点是一致的：走现代化道路，"着重于经济之改造与生产力的提高"。这次讨论尽管在中国近现代思想史上具有重要意义，但是，它显然对后来的现代

---

① 《申报月刊》，第2卷第7号。

化道路没有产生实质性的影响。真正将这些"书斋里的学问"变成社会发展的重大课题并付诸实现的，是中国共产党人。中国共产党人在实践中提出和发展了中国现代化思想，这些现代化思想是马克思主义哲学中国化的重要内容。

1. 毛泽东现代化思想与"四个现代化"

在毛泽东思想的研究中，有两种常见的观点：一是毛泽东只有关于中国革命的理论而无现代化思想，二是毛泽东即使有现代化思想，但对现代化的探索也是失败的。这两种观点都是不对的。

首先来看第一个问题：毛泽东有没有现代化思想？这里必须指出，将革命和现代化分离和割裂，这本身就是错误的认识。须知革命既是现代化的前提，也是现代性的重要体现。美国学者梅斯纳曾对中国的"革命"意义做了很好的概括："1949 年 10 月 1 日在中国和世界历史上都是一个具有象征意义的重要日子。如果说革命涉及的是让一个新社会出现、对一种政治制度给以强有力的摧毁的话，那么，中国共产党人在 10 月 1 日所庆祝的革命，其意义不亚于1789 年法国革命和1917 年俄国十月革命。其政治摧毁的范围不小于那两场革命，在为社会发展的空前新进程而开辟道路方面，其重要性不亚于那两场革命；其世界范围的影响也不亚于那两场革命。"① 此为其一。其二，在新民主主义革命时期，毛泽东就对现代化问题予以高度关注。"中国落后的原因，主要是没有新式工业。日本帝国主义为什么敢于这样地欺侮中国？就是因为中国没有强大的工业，它欺侮我们的落后"，"要打到日本帝国主义，必须有工业；要中国的民族独立有巩固的保障，就必须工业化。我们共产党是要努力于中国的工业化的"②。在这里，毛泽东不仅将中国落后的原因归之于现代化，而且将现代化看作是革命的核心内容。革命是什么？在当时就是要打到日本帝国主义，而要实现这一革命目标，就"必须有工业"，所以中国共产党人要努力于"中国的工业化"，这就是中国"革命"。其三，毛泽东在中共七届二中全会上明确提出了"现代性"这一概念。

---

① ［美］莫里斯·梅斯纳：《毛泽东的中国及其发展：中华人民共和国史》，张瑛等译，社会科学文献出版社1992 年版，（序言）第 3 页。
② 《毛泽东文集》第 3 卷，人民出版社 1996 年版，第 146—147 页。

"中国已经有大约百分之十左右的现代性的工业经济,这是进步的","中国还有大约百分之九十左右的分散的个体的农业经济和手工业经济,这是落后的,这是和古代没有多大区别的,我们还有百分之九十左右的经济生活停留在古代","使我们的农业和手工业逐步地向着现代化发展的可能性"[1]。

要注意的是,在这里,"现代性"是汉语,而不是译文。纵观毛泽东关于中国革命的大量论述,我们可以发现,毛泽东将工业经济看作是"现代性",将"农业经济和手工业经济"理解为"古代",将农业和手工业的发展进路阐释为"现代化",这些论述深刻反映了毛泽东现代化思想观念清晰、逻辑严密、问题清楚的特点。毛泽东在这里所阐发的"现代性"和"现代化"不是十分切近我们今天所理解的"现代性"和"现代化"概念吗?从这里可以看到,毛泽东对现代性和现代化的理解是准确的、科学的,毛泽东这一思想已达到新中国前夕中国现代化认识水平所应达到的理论高度。其四,在《论联合政府》一文中,毛泽东曾明确指出:"在新民主主义的政治条件获得之后,中国人民及其政府必须采取切实的步骤,在若干年内逐步地建立重工业和轻工业,使中国由农业国变为工业国","中国工人阶级的任务,不但是为着建立新民主主义的国家而斗争,而且是为着中国的工业化和农业近代化而斗争"[2]。毛泽东在这里表达了两个重要思想。一方面,毛泽东指出了新民主主义革命的任务是使中国"由农业国变为工业国",这既是对20世纪30年代中国学术界所讨论的"以农立国"还是"以工立国"的理论回应和政治表态,也是对中国现代化的阐释,即从农业社会向工业社会的转变;另一方面,更重要的是,毛泽东对现代化基本含义的理解至今还有现实意义和学术价值。毛泽东明确将工业化和农业现代化理解为现代化的内容,对于工业来说,其本身就是现代性的重要标志,所以工业化就是现代化;对于农业来说,自然经济结构及其经济生活,显然是"古代"的即"传统"的,不是"现代"的,所以农业必须"现代化"才能从"古代"走向"现代",具有现代性。毛泽东这一思想无疑是十分深刻的。毛泽东这些现代化思想直接构成了我国

---

[1] 《毛泽东选集》第4卷,人民出版社1991年版,第1430页。
[2] 《毛泽东选集》第3卷,人民出版社1991年版,第1081页。

"四个现代化"建设的理论来源。由此可见,毛泽东不仅有现代化思想,而且形成时间较早、内容丰富、思想深刻。

再来看第二个问题:毛泽东即使有现代化思想,但对现代化的探索也是失败的。和上述论调一样,这一看法也不成立。从中共七大报告到七届二中全会,毛泽东关于新民主主义的现代化思想已通过中国革命的胜利而成为现实。这是公认的历史事实,不容置疑。到第一个五年计划完成之际,新中国已建立了独立的比较完整的国民经济体系和社会主义工业体系。从社会主义建设时期来看,毛泽东是党内最早对苏联模式展开反思的马克思主义者。毛泽东认为,要探索一条适合中国的社会主义建设道路,就必须讲个性,所谓个性,就必须具有民族特色,没有民族特色的现代化道路是走不通的,各国党的任务是把马列主义基本原理同本国实际结合起来。这是毛泽东的马克思主义中国化思想在社会主义建设时期的运用和发展。毛泽东在现代化建设时期重提马克思主义中国化,从现代性的高度把握中国从新民主主义到社会主义的社会转型,从而将马克思主义中国化这一命题由革命语境推进到现代化语境中,使马克思主义中国化意义由特殊上升到普遍,这无疑对中国现代性建构来说意义十分重大。

所以说毛泽东现代化思想是毛泽东思想的重要组成部分,它对于后来的中国现代化建设仍具有重要的现实意义。从思想源流来看,毛泽东关于科学技术在现代化中的地位思想和现代化分两步走的战略就是邓小平"科学技术是第一生产力"和社会主义现代化建设分"三步走"思想的直接理论来源。此外,毛泽东重视经济规律和商品交换的思想,也是社会主义市场经济理论的重要来源。特别是毛泽东在中国现代化问题上坚持社会主义道路和民族特色的重要思想,现已为中国特色社会主义理论体系所继承和发展。中国特色社会主义现代化道路是毛泽东走民族特色的社会主义道路与新时期中国改革开放的实践总结和理论创新。

2. 邓小平现代化理论与中国特色社会主义道路

邓小平现代化思想是对毛泽东现代化思想的继承和发展,是新时期社会主义现代化建设的理论基础。作为改革开放的"总设计师",邓小平的现代化理论十分丰富,为中国特色社会主义现代化道路的形成起到了重要的理论建构和指导作用。

第一,邓小平理论的逻辑起点。"什么是社会主义,怎样建设社会主义",这是邓小平社会主义现代化思想的逻辑起点和基本主题。其中,

"什么是社会主义"是要解答社会主义发展中的存在论问题,它关系到社会主义的本质属性和基本特征;"怎样建设社会主义"是要解决社会主义生存中的方法论问题,它关系到社会主义的发展道路和途径。邓小平社会主义现代化思想无疑是由这两个部分共同构成的有机整体。邓小平认为,"最重要的一条,就是要搞清这个问题"①。邓小平理论的创新之处,就在于将"什么是社会主义"和"怎样建设社会主义"统一起来,并使之成为一个实践命题,通过实践创新,推动理论创新,从而在理论上突破了马克思主义经典作家对社会主义的"设想",形成了当代中国的马克思主义,即中国特色社会主义理论。邓小平社会主义现代化思想是一个全面、完整、科学的思想体系,在这一思想体系中,现代化是其思想主线和内在逻辑,在这条主线和逻辑展开的过程中,"什么是社会主义"和"怎样建设社会主义"这两个命题在实践的基础上统一起来,共同构成我们这个时代的基本课题。

第二,作为动力和途径的改革开放与作为目的和方向的社会主义现代化。何谓改革?马克思主义认为,改革是社会发展的动力,是推进社会发展的重要力量。我们对改革的认识必须坚持这一历史唯物主义观点。改革不是抽象的理论活动,而是现实的变革力量。"社会主义基本制度确立以后,还要从根本上改变束缚生产力发展的经济体制,建立起充满生机和活力的社会主义经济体制,促进生产力的发展,这是改革,所以改革也是解放生产力。"② 改革的基本特征是在社会基本矛盾处在非对立的前提下,对生产方式运行过程中具体环节、层面,进行调整、充实、转换和完善,使现存的生产关系在运动过程中更好地适应、促进现实的生产力发展,而不是相反。"对外开放也是改革的内容之一,总的来说,都叫改革"③,"改革就是搞活,对内搞活也就是对内开放,实际上都叫开放政策"④。在邓小平现代化思想中,改革开放既是一种理论主张,更是"摸着石头过河"的实践探索。

作为一种历史性的存在,改革开放是社会主义现代化的内在要求。在

---

① 《邓小平文选》第3卷,人民出版社1993年版,第116页。
② 同上书,第370页。
③ 同上书,第256页。
④ 同上书,第98页。

全球化的时代，任何一个国家、民族，不管其置身于何种社会形态中，都不能搞闭关锁国，而要不断地进行改革开放。中国也不能游离于全球化进程之外。从这个意义上讲，改革开放是社会历史进程中的"一般"：这个"一般"，就是指改革开放是当今世界上每一个国家、每一个民族发展的"共同之路"，是推进当今世界上每一个国家、每一个民族发展的"共同力量"。换言之，改革开放无论是对于世界还是对于中国来说，都是作为现代化的动力和途径而存在的。"这些改革的总目标是一致的，都是为了使我国消灭贫穷，走向富强，消灭落后，走向现代化，建设有中国特色的社会主义。"①

中国社会主义现代化建设体现了社会主义的目的和发展方向，构成了社会主义的本质规定。关于社会主义的本质或原则，邓小平思考得很深入，也讲得很多。1986年在答美国记者华莱士问时，邓小平谈到了他对社会主义本质的理解："社会主义原则，第一是发展生产，第二是共同致富。"② 到了1992年，邓小平又进一步指出："社会主义的本质，是解放生产力，发展生产力，消灭剥削，消除两极分化，最终达到共同富裕。"③ 随着改革开放的深入，面对日益变化的国内外形势，邓小平关于社会主义本质的思想也呈现明显的变化。那么，邓小平这一思想变化是颠覆性的还是统一的呢？从邓小平这两段讲话中，我们不难看出，邓小平关于社会主义本质思想并没有前后"颠覆"、互相否定；相反，随着实践的深入，邓小平关于社会主义本质思想更加清晰、更加完善。纵观邓小平关于社会主义本质的系列论述，我们可以发现，邓小平对社会主义本质的理解经历了一种否定式到肯定式的思维方式的演变。在20世纪80年代，邓小平对社会主义本质讲得最多，也是最为知名的一句话是："贫穷不是社会主义"④，"贫穷绝不是社会主义"⑤。这就是一种否定式的理解方式。邓小平对社会主义避免做本质主义的规定，这是他作为一位伟大的马克思主义者对传统社会主义观深刻反思的结果。长期以来，这种传统社会主义观脱离中国实际，对社会主义本质做了抽象的思辨理解，主要表现在只从马克

---

① 《邓小平文选》第3卷，人民出版社1993年版，第122页。
② 同上书，第172页。
③ 同上书，第373页。
④ 同上书，第64页。
⑤ 同上书，第261页。

思主义经典作家的文本中理解社会主义，而不是从根本上回到实践中理解社会主义，所以说，这其实是一种从理论、从原则出发的社会主义本质观，这也是马克思主义创始人所反对的解释原则。20世纪90年代以来，姓"社"和姓"资"的问题引起了社会和学术界的讨论。在这一讨论中，社会主义本质中的本体问题开始进入人们的视线。所以说，实践的深入，产生了对社会主义本质做进一步解释的要求。在这又一关键的历史时刻，邓小平充分集中全党和全国人民的智慧，再次对社会主义本质做出了历史性的阐释。"社会主义的本质，是解放生产力，发展生产力，消灭剥削，消除两极分化，最终达到共同富裕。"① 邓小平对社会主义本质的解释原则为什么会发生这样一个从否定式到肯定式的思维方式的转变呢？研究表明，在对社会主义本质的肯定式阐释中，邓小平对社会主义本质的"规定"有两个：一是发展社会生产力，二是共同富裕。这两条"规定"也就是邓小平关于社会主义本质的两条原则，它体现了邓小平社会主义观中真理原则和价值原则相统一的关系。真理原则和价值原则统一的基础是实践。在这里，实践的当代形式，不是别的，正是以目的和方向存在的中国社会主义现代化。所以，正是中国社会主义现代化实现了邓小平社会主义观的解释原则，从否定式到肯定式的思维方式的转变。

第三，社会主义性质的现代化和现代化意义的社会主义。邓小平社会主义现代化理论是对世界经济全球化运动的真切把握，但本质上是对世界历史运动的深刻认识。作为世界经济全球化运动的真切把握，邓小平提出了对外开放的思想；作为世界历史运动的深刻认识，邓小平阐释了当代改革和中国现代化的现实意义。正是在马克思世界历史的论域中，邓小平着重论述了中国现代化和当代改革的社会历史性质，彰显社会主义特色："在改革中坚持社会主义方向，这是一个很重要的问题。我们要实现工业、农业、国防和科技现代化，但在四个现代化前面有'社会主义'四个字，叫'社会主义四个现代化'。"② 邓小平始终将现代化建设和社会主义发展统一起来，始终坚持现代化的发展方向，反对资本主义式的现代化："中国要搞现代化，绝不能搞自由化，绝不能走西方资本主义道

---

① 《邓小平文选》第3卷，人民出版社1993年版，第373页。
② 同上书，第138页。

路。"① 中国式的现代化，就是社会主义现代化，就是在世界历史的进程中真正促进社会生产力发展、实现人的自由而发展的现代化。邓小平在讲到改革开放和中国社会主义现代化建设时，既强调要以经济建设为中心，牢记生产力标准；又反复强调人民群众的利益，提出"三个有利于"的标准，这其实就是人的自由而发展的标准，而这一标准是最根本的、最高的标准。邓小平这一思想显然与马克思主义创始人关于共产主义的思想是一致的。由此我们不难理解，邓小平为什么严厉批评有些人还没有搞清楚"中国现在干的究竟是什么事情"，为什么一再强调："我们脑子里的四化是社会主义现代化。他们只讲四化，不讲社会主义，这就忘记了事物的本质，也就离开了中国的发展道路。这样，关系就大了。在这个问题上我们不能让步。"② "我们的改革不能离开社会主义道路，不能没有共产党的领导，这两点是相互联系的，是一个问题"③。邓小平这里讲的两段话，再清楚不过地阐明了他关于社会主义性质的现代化思想：前一段话表明，邓小平对社会主义是从"事物的本质"上去认识现代化的，也就是从社会主义现代化是作为目的和方向而存在的维度去认识的，从这里我们可以进一步认识到邓小平社会主义观的解释原则是社会主义现代化而不是改革开放，邓小平也由此强调在"这个问题上我们不能让步"，因为这是马克思主义世界观中的根本问题；后一段话表明，邓小平通过改革这一发展路径又将社会主义这一社会形态和无产阶级（通过共产党领导）这一历史主体统一起来，以此表达这一重要思想——中国共产党的领导不仅是中国改革开放，而且是中国社会主义现代化的坚强保证，因为这是"一个问题"。

作为一个伟大的马克思主义者，邓小平将共产主义和社会主义事业作为自己终身为之奋斗的远大理想和崇高目标。邓小平继承了马克思主义创始人的科学社会主义思想和毛泽东民族特色的社会主义道路思想，但又根据中国的实际情况和中国人民的实践活动，从而形成了当代中国的马克思主义的社会主义观和发展观。如上所论，邓小平对社会主义的解释方式，避免了对社会主义作为本质主义的规定，并实现了从否定式思维方式到肯

---

① 《邓小平文选》第3卷，人民出版社1993年版，第123页。
② 同上书，第204页。
③ 同上书，第242页。

定式思维方式的转变。传统的社会主义观从马克思主义的个别"词句"中解释社会主义，反而舍弃了马克思主义的实践精神，这样自然会得出否定现代化建设的中心地位、"以阶级斗争为纲"的错误结论。传统的社会主义观是理论中的马克思主义，而不是实践中的马克思主义。邓小平将生产力的发展、共同富裕和人民的幸福作为社会主义的基本内涵，实现了生产力标准和人民群众标准的统一，实质上就是将社会主义现代化作为社会主义的解释原则。所以说，邓小平的社会主义观是从现代化的意义上论证的。

具体说来，邓小平的现代化思想体现为三种历史意识：其一，民族意识。邓小平社会主义现代化思想中的民族意识是指从中国的实际情况出发，把世界现代化发展进程中的一般规律和中国社会主义建设中的实际问题结合起来，建设中国特色社会主义，也就是将中国的现阶段的基本国情作为现代化建设的出发点，以社会主义为现代化建设的方向。这种现代化的价值取向鲜明地体现了邓小平的民族意识。

> "我们搞的现代化，是中国式的现代化。我们建设的社会主义，是有中国特色的社会主义"①，"我们的现代化建设，必须从中国的实际出发。……中国的事情要按照中国人自己的力量来办"②。

这就是邓小平社会主义现代化思想中的民族意识，也是中国共产党人实事求是、理论联系实际的思想和工作作风的体现。其二，世界意识。邓小平社会主义现代化思想中的世界意识是指面向世界的开放意识、改革意识。当今世界经济日益一体化，科学、技术、信息交往密切，任何一个民族、国家都不能不受其影响。但是也不是每一个民族、国家都能主动地面对机遇、迎接挑战。在对当代世界历史时代性特点的认识和把握的基础上，邓小平阐述了中国对外开放的必要性："现在的世界是开放的世界"③，而中国由于"闭关自守"，"长期处于停滞和落后状态"④。这样，在世界现代

---

① 《邓小平文选》第3卷，人民出版社1993年版，第29页。
② 同上书，第2—4页。
③ 同上书，第64页。
④ 同上书，第78页。

化的进程中,中国是一个"后发国家"。我们只有"面向世界",实行改革开放,充分吸收世界现代化的先进成果,才能以"跳跃式"的发展方式跨入现代化国家行列。相反,如果继续奉行"闭关自守"的政策,那就又势必使中国和世界现代化的进程隔离开来,其结果就是走一条漫长的重复世界现代化的老路,甚至还要走许多弯路,进而破坏社会生产力的发展。所以,邓小平谆谆告诫我们:"搞现代化建设,我们既缺少经验,又缺少知识"①,"中国的发展离不开世界"②。其三,未来意识。邓小平社会主义现代化思想中的未来意识是指面向历史主体、真正体现世界历史进程的人类意识。诚然,现代化是个综合的社会范畴,但从人类历史进程来看,人一直是历史活动的主体。所以,究其根本,现代化的核心是人的现代化。当然,"人的现代化"并不是一个抽象的命题,这里的"人"也不是一个抽象的概念。历史唯物主义告诉我们,在不同的社会历史条件下,不同的阶级的地位和历史作用是不同的。不可否认,"资产阶级在历史上曾经起过非常革命的作用"③,但是,以现代大工业为形式的世界生产力的飞跃发展,宣告了代表特殊的民族利益的资产阶级将在世界历史的进程中被消灭,因为这个崭新的时代是属于无产阶级的,在世界历史意义上存在的只有无产阶级,"无产者没有什么自己的东西必须加以保护,他们必须摧毁至今保护和保障私有财产的一切"④。在马克思主义创始人那里,无产阶级是被赋予为马克思主义的"物质武器"⑤的,这就是鲜明的无产阶级的阶级意识。邓小平对中国现代化的理解正是在这一论域中展开的:把现代化和社会主义有机地统一起来,走一条中国特色社会主义现代化发展之路。也就是说,邓小平指明了中国现代化的发展方向和目标:"我们现在所干的事业,就是努力把中国变成一个现代化的社会主义国家。"⑥现代化的社会主义国家的核心就是人的现代化,因为中国社会主义现代化建设"越来越取决于劳动者的素质"⑦,也就是取决于"现代化的人"。

---

① 《邓小平文选》第3卷,人民出版社1993年版,第32页。
② 同上书,第78页。
③ 《马克思恩格斯选集》第1卷,人民出版社1995年版,第274页。
④ 同上书,第283页。
⑤ 同上书,第15页。
⑥ 《邓小平文选》第3卷,人民出版社1993年版,第259页。
⑦ 同上书,第120页。

在这里，邓小平人的现代化命题和马克思的共产主义的核心命题——"每个人的发展是一切人的自由发展的条件"是一致的，所以说，邓小平人的现代化思想就是中国共产党和中国人民努力奋斗的一道共产主义命题。这一道共产主义命题，是邓小平社会主义观的真实意义和深层内涵，也就是邓小平社会主义观所要表达的人类主题，它现在不会过时，将来也不会过时。

综上所述，邓小平从中国改革开放的问题出发，将马克思主义社会发展思想与中国社会发展实际结合起来，形成了中国特色社会主义理论。这一理论，相继在"三个代表"重要思想、科学发展观中得以不断丰富和发展。近年来，习近平从实现中华民族伟大复兴的中国梦的战略高度，对我国改革开放和社会主义现代化作出了一系列重要讲话，提出了全面深化改革、建设社会主义现代化的法治国家、科学构建现代化国家治理水平的新的现代化思想和要求，从而将中国特色社会主义现代化理论推进到一个新的理论阶段，形成了21世纪的中国马克思主义最新成果。从邓小平理论到习近平的重要讲话，中国特色社会主义理论以思想的内在的一致性，深刻地反映了改革开放和社会主义现代化建设的实践活动，是当代中国现代性建构的理论基础。从这个意义上说，中国特色社会主义理论是中国马克思主义者和人民共同书写的中国的、开放的、科学的现代性理论。

3. 毛泽东现代化思想与中国特色社会主义理论之间的逻辑关系

实现中华民族的伟大复兴，建构中国现代性，推进社会主义现代化的全面发展，必须始终坚持中国特色社会主义理论的正确指导。这是我们应有的理论态度和理论自信。中国特色社会主义理论是科学的思想体系，是马克思主义的当代形态。它的形成既有坚实的实践基础和鲜明的时代特征，也有内在的思想传承和深厚的理论基础。毛泽东是伟大的马克思主义者。他的理论贡献不仅表现在毛泽东现代化思想的巨大创造上，而且也表现在对中国特色社会主义理论体系的深远影响上。毛泽东现代化思想与中国特色社会主义理论是一脉相承的。

（1）开创了马克思主义哲学中国化的理论范式。"光是思想成为现实是不够的，现实本身应当力求趋向思想。"[①] 1840年鸦片战争以降，在

---

① 《马克思恩格斯选集》第1卷，人民出版社1995年版，第11页。

"救亡图存"的历史任务推动下，一部分先进的中国知识分子不断向西方寻求各种"救国"理论、方案，但是这些资产阶级理论、方案到了中国并不"灵验"，无不以破产而告终。在"十月革命"的影响下，马克思主义在中国迅速传播开来，从而为中国共产党的诞生准备了理论基础，中国革命的面貌也为之一新。中国共产党找到了国家独立、民族解放、人民自由的思想武器。在马克思主义的指引下，中国共产党领导人民取得了一个又一个革命的胜利。不可否认，中国革命也经历了不少的挫折，甚至也付出了惨痛的代价。从理论上看，这主要表现在，由于教条主义、本本主义地对待马克思主义，马克思主义理论巨大的解放作用不仅没有发挥出来，反而遭到极大地削弱。

为了科学解决马克思主义理论与中国近现代历史命运的重大关系，毛泽东于1938年在中共六届六中全会上正式提出了"马克思主义中国化"这一命题。毛泽东指出："使马克思主义在中国具体化，使之在其每一个表现中带着必须有的中国的特性，即是说，按照中国的特点去应用它，成为全党亟待了解并亟须解决的问题。"[①] 毛泽东通过"马克思主义中国化"这一命题，不仅表达了对现实问题的关注，而且也表达了对理论发展的要求。这就是，中国共产党人需要什么样的理论？马克思主义理论在什么意义上能满足中国实际的需要？从毛泽东毕生的理论创作与追求来看，他无疑揭示了中国共产党人所应有的理论创作和表达方式，即马克思主义哲学中国化的理论范式。"我们要把马、恩、列、斯的方法用到中国来，在中国创造出一些新的东西。"[②] "这些新的东西"就是马克思主义中国化的思想与方法，就是"具体的马克思主义"。毛泽东这一理论态度和要求不仅贯穿在毛泽东思想中，而且在中国特色社会主义理论体系中也得以继承和发展。

邓小平指出："我们坚信马克思主义，但马克思主义必须与中国实际相结合。只有结合中国实际的马克思主义，才是我们需要的真正的马克思主义。"[③] 邓小平这一论断无疑是对毛泽东的马克思主义中国化思想的继承与发展，集中展示了中国特色社会主义理论体系的理论旨趣与自

---

① 《毛泽东选集》第2卷，人民出版社1991年版，第534页。
② 《毛泽东文集》第2卷，人民出版社1993年版，第408页。
③ 《邓小平文选》第3卷，人民出版社1993年版，第213页。

信。中国特色社会主义理论体系是对改革开放和社会主义现代化建设经验的科学总结和高度概括，是中国特色社会主义道路的理论表达。毫无疑问，改革开放和社会主义现代化建设是中华民族前所未有的伟大实践活动。伟大的实践需要科学的理论。从毛泽东思想发展到中国特色社会主义理论体系既是实践的选择，也是理论的必然。从理论形态上看，毛泽东思想和中国特色社会主义理论体系是马克思主义中国化的两大理论成果。这两者不是分离的，更不是对立的。毛泽东是马克思主义中国化的主要开创者。中国特色社会主义理论体系是毛泽东思想的继承和发展，是当代中国化的马克思主义。马克思主义哲学中国化的理论范式的意义在于，无论理论形态怎样变化，中国化的马克思主义必须是从哲学的思想高度和时代的历史高度，结合中国发展的实际而发展了的马克思主义。

（2）探索了社会主义现代化的发展道路。在全球化时代，走现代化道路是现代社会的共同主题和必然选择。但是，现代化道路不是先在的、既定的，也不是唯一的、西化的。现代性具有历史性、民族性和实践性。不同的民族可以选择适合本民族的发展道路。但是，在当代西方发达资本主义国家发挥历史优势与资本优势、占据全球化中心地位的背景下，每个发展中国家要走出有本民族特色的现代化之路并非易事，这不仅需要深刻的理性认识，而且也需要巨大的理论勇气。

毛泽东不仅是伟大的无产阶级革命家，也是伟大的马克思主义理论家。在领导中国共产党和中国人民进行社会主义现代化的过程中，毛泽东提出了一系列重大而深刻的思想：从中国的实际出发，走一条适合中国国情的"中国工业化道路"；中国现代化发展必须处理好农业、轻工业与重工业等"十大"关系；中国的现代化是具有"高度文化程度"的工业化，是工业现代化、农业现代化、科学文化现代化和国防现代化；提出了社会主义社会基本矛盾理论和两类社会矛盾学说；做出了社会主义可以划分为"不发达的社会主义"和"比较发达的社会主义"的"两个阶段论"的科学判断；等等。

从社会主义现代化的发展历程来看，毛泽东不仅是党内最早对苏联模式展开反思的思想家，也是中国道路最初的践行者。毛泽东指出："我们不能走世界各国技术发展的老路，跟在别人后面一步一步地爬行。我们必须打破常规，尽量采用先进技术，在一个不太长的历史时期内，把我国建设成为一个社会主义现代化强国。"① 毛泽东认为，要探索一条适合中国的社会主义建设道路，就必须讲个性，没有民族特色的现代化道路是走不通的，各国共产党的任务是把马列主义基本原理同本国实际结合起来。这是毛泽东的马克思主义中国化思想在社会主义建设时期的运用和发展。毛泽东在现代化建设时期重提马克思主义中国化，从而将马克思主义中国化这一命题由革命语境推进到现代化语境中，使马克思主义中国化意义由特殊上升到普遍，对中国现代性建构来说意义十分重大。可以说毛泽东思想中不仅包括宝贵的发展现代化的思想资源，而且这些思想至今仍是中国人民社会主义现代化建设的精神武器，是中国梦的理论基础。从思想源流来看，毛泽东关于科学技术在现代化中的地位思想和现代化分两步走的战略，就是中国特色社会主义理论发展观的理论来源。此外，毛泽东重视经济规律和商品交换的思想，也是社会主义市场经济理论的直接来源。

总之，毛泽东关于中国现代化的性质是社会主义，我们必须走依靠人民、独立自主的发展道路的重要思想，正是今天中国特色社会主义道路的根本要义。毛泽东对社会主义现代化道路的艰辛探索，为中国特色社会主义理论体系提供了丰富的思想资源和理论准备。

（3）倡导了实事求是的思想路线和依靠人民的群众路线。在长期的实践活动和理论活动中，毛泽东自觉地将马克思主义用于指导中国革命和建设，不仅开创了中国化的马克思主义理论体系，而且也形成了适合中国共产党的认识路线和工作方法，丰富和发展了马克思主义，也为中国特色社会主义理论体系开辟了巨大的理论空间。

首先，毛泽东为中国共产党人确立了一条正确的思想路线。毛泽东指出："我们看问题不要从抽象的定义出发，而要从客观存在的事实出发，从分析这些事实中找出方针、政策、办法来。"② 在理论与实践的关系中，毛泽东不仅强调二者统一的原则和方法，而且更强调实践的本体论意义。从实际出发，理论联系实际，实事求是，在实践中检验和发展真理，这四个方面构成了党的思想路线的理论整体，统一于中国革命和现代化建设的实践活动。毛泽东所倡导的实事求是的思想路线，发展了马克思主义的认识路线。随着社会主义现代化建设的深入，中国共产党人又不断丰富和发

---

① 《毛泽东著作选读》，人民出版社1993年版，第849页。
② 《毛泽东选集》第3卷，人民出版社1991年版，第853页。

展了毛泽东所倡导的思想路线。解放思想，实事求是，与时俱进，是中国特色社会主义理论体系的精髓和灵魂。

其次，毛泽东为中国共产党人探索了一条行之有效的群众路线。毛泽东继承了马克思主义的人民群众创造历史的重要原理，在实践中不断加以倡导和发展，形成了党的群众路线，这是中国共产党人不断赢得胜利、争取主动的力量之源。所谓群众路线，就是一切为了群众，一切依靠群众，从群众中来，到群众中去的根本工作路线。"为群众服务，这就是处处要想到群众，为群众打算，把群众的利益放在第一位。"[①] 毛泽东依靠人民、相信群众的工作路线也是中国特色社会主义理论体系的重要内容。邓小平对此做了高度评价："毛泽东同志倡导的作风，群众路线和实事求是这两条是最根本的东西。"[②] 当前，全国各地正在深入开展的群众路线教育实践活动，就是要教育引导全党始终坚持全心全意为人民服务的根本宗旨，密切和广大人民群众的全面联系。这是毛泽东的群众史观和群众路线于当代的运用和发展。从这个意义上说，毛泽东的群众路线的思想和方法具有十分重要的时代价值和现实意义。

[①] 《毛泽东著作专题摘编》（下），中央文献出版社 2003 年版，第 1883 页。
[②] 《邓小平文选》第 2 卷，人民出版社 1994 年版，第 45 页。

第四章

现代性的批判与建构：马克思主义哲学中国化的内在逻辑

批判与建构是中国现代性的两重逻辑。没有对资本主义现代性的认识与批判，就无法开展对社会主义现代性的探索和建构。所以说批判是现代性建构的逻辑前提，建构是现代性批判的必然要求。马克思主义哲学中国化的逻辑发展深刻反映并指导了中国的现代性的批判与建构。自1840年鸦片战争改写了中国历史进程以来，中国人民就开始展开了对国家和民族在全球化时代的历史命运的艰辛探索，期间不乏一次又一次地向西方资本主义学习的尝试和努力，但最终均以失败而告终。走社会主义现代化道路，这是中国历史做出的选择和结论。历史做出的选择和结论应该说是最有说服力的，也应该是不会引起什么异议的。但事实上并非如此。在学术界，质疑社会主义现代化道路的声音不绝于耳。这表明，仅靠历史事实证明，还不能达到最终令人信服的地步。当然，历史发展中没有绝对真理，真理总是绝对性与相对性的统一。所以，我们还有必要从学理上进一步来阐述马克思主义哲学中国化与中国现代性建构的逻辑关系和现实意义。因此，以下几个理论问题自然应是我们思考的对象：其一，从资本主义开始的那一天起，对其批判就没有停止过。在对资本主义的批判中，马克思的批判最深刻，达到了时代所应有的历史高度。那么，马克思是如何批判西方现代性的？马克思对现代性的批判通往何处？其二，中国现代性是如何在马克思主义哲学中国化的理论基础上进行建构的？其三，中国现代性建构的核心原则和理念是什么？这些问题都和马克思主义哲学中国化有着密切的关系。

第一节　马克思对资本主义现代性的批判

马克思在其毕生的理论活动中，虽然很少直接使用"现代性"这一概念，但这并不意味着马克思没有现代性的思想。无论是深入工人运动还是退回"书房"，马克思所有的革命活动都是从事现实的批判，"改变世界"。马克思的剩余价值理论和唯物史观学说就是他在人类社会发展"历史之谜"问题上的"两大发现"，就是他和恩格斯一起对资本主义批判的理论结晶。这一批判，不仅指向资本主义的历史现象学，而且指向资产阶级的形而上学。"我们在谈论政治经济学的同时还要谈论形而上学。"[①] 马克思这句话虽然是针对普鲁东说的，但也可以看作是他对所有资产阶级的"学术代表"而言的。"正如经济学家是资产阶级的学术代表一样，社会主义者和共产主义者是无产阶级的理论家。"[②] 这是因为，资本主义的现代性正是以此为原则而发动起来的，所以说资本和现代形而上学是资本主义现代性的两重逻辑[③]，它表现在实践和理论两个层面。马克思对这两重逻辑的批判，归结起来就是一种现代性的批判。显然，在马克思这里，现代性从来不是一个抽象的、超阶级、超历史的概念，而是一个具体的历史的现象，也就是说，马克思对现代性的批判表现为对资本主义的批判。

一　资本主义社会的进步性

马克思对现代性的批判建立在历史原则之上。马克思不仅将现代性置于资本主义现实中进行批判，而且也将现代性置于人类社会历史中进行认识。这种历史唯物主义方法决定了马克思对现代性批判的现实性和历史高度。

马克思指出，人类社会发展的一般特征是从低级向高级发展，呈现"一种自然史的过程"。换言之，人类社会发展表现为既不是以神的旨意，也不是以人的意志为转移的客观规律。所以从低级阶段向高级阶段发展，这是对人类社会发展的总的描述和概括。但从不同社会形态的转变来看，

---

① 《马克思恩格斯选集》第 1 卷，人民出版社 1995 年版，第 136 页。
② 同上书，第 155 页。
③ 参见吴晓明《论马克思对现代性的双重批判》，《学术月刊》2006 年第 2 期。

这种从低级向高级发展的具体含义则是不同的。这种从低级向高级发展的历史趋势又具体表现为：从野蛮状态向文明社会的过渡、从物质匮乏的历史到物品丰富的时代转变、从经济比较落后的社会形态向经济比较发达的社会形态发展、从社会冲突到社会和谐的进步。在这种对历史进步的认识中，资本主义社会显然是一个不可绕过的社会形态。和前资本主义社会不同的是，资本主义社会的发展不是一般意义的进步，即不是历史发展中那种简单的物的量的递增或扩大。资本主义这一发展，表现是多方面的：不仅表现在科学技术的发展上，而且也体现在现代制度的建构上；不仅表现在现代生产方式上，而且也体现在现代生活方式上；不仅表现在物的极大丰富性上，而且也体现在人的发展上。所以说资本主义社会的发展是现代文明形成的标识，是社会发展中质的深刻变革。

马克思在1857—1858年写作的《经济学手稿》中认为，人的存在和发展在历史上表现为三个历史与逻辑统一的社会形式或阶段。

> 人的依赖关系（起初完全是自然发生的），是最初的社会形式，在这种形式下，人的生产能力只是在狭小的范围内和孤立的地点上发展着。以物的依赖性为基础的人的独立性，是第二大形式，在这种形式下，才形成普遍的社会物质变换、全面的关系、多方面的需要以及全面的能力的体系。建立在个人全面发展和他们共同的、社会的生产能力成为从属于他们的社会财富这一基础上的自由个性，是第三个阶段。[①]

马克思这段经典论述表明：人的存在和发展的第一个阶段还处在人的依赖关系的历史阶段，而人的依赖性社会是人类社会发展最初的社会形式，所以在这种社会形式下，个人没有独立性，直接依赖支配个人自身的一定的社会共同体，这种对一定共同体的依赖关系无疑是前资本主义阶段的基本特征，实质上，这种人的依赖性关系又主要表现在对自然的依赖上，从这个意义上讲，人是一定共同体的附属物，更是自然的奴隶。第二个阶段是以物的依赖性为基础的人的独立性的发展阶段，这是资本主义阶段，这一阶段，人虽然还依赖于物，但物的存在已发生了改变，它不再是纯粹的自

[①] 《马克思恩格斯全集》第30卷，人民出版社1995年版，第107—108页。

然物，而是建立在工业化基础上的"物"，所以这是一种社会的"物"，就是人的劳动产品，从而也就是现代社会普遍存在的工业化的商品，从这个意义上讲，资本主义社会将人从自然奴役中解放出来，从而确立了人成为"人"的地位："在这个自由竞争的社会里，单个的人表现为摆脱了自然联系等，而在过去的历史时代，自然联系等等使他成为一定的狭隘人群的附属物。"[①] 第三个阶段是人的自由发展阶段，这就是共产主义社会，在共产主义社会，人最终摆脱了物的自然的和社会的统治，真正实现了人的全面解放，从这个意义上说，共产主义不仅将人从自然奴役中解放出来，而且也将人从社会统治中解放出来，实现了人的自由而全面的发展。马克思从人的存在和发展三个阶段的理论出发，对资本主义现代性做出了科学分析，高度评价了资本主义的历史进步性。"第二个阶段为第三个阶段创造条件。"[②] 也就是说，只有在第二个社会形式即资本主义社会里，才能形成普遍的社会物质变换、全面的关系、多方面的需要以及全面的能力的体系，才能以此结束"家长制的，古代的（以及封建的）状态"[③]，建立现代社会。

简言之，资本主义社会第一次将人真正地从自然状态中解放出来，这是真正的文明的开始。"资本的文明的胜利恰恰在于，资本发现并促使人的劳动代替死的物质而成为财富的源泉"[④]，所以说"资产阶级在历史上曾经起过非常革命的作用"[⑤]，它"第一个证明了，人的活动能够取得什么样的成就"[⑥]。马克思认为，资产阶级这种"革命的作用"不仅体现在物质生产领域，而且也表现在精神生产领域。从物质领域来看，资本主义发展了现代工业和世界市场，推进了自由贸易，推动了人类社会的全球化进程，在新的历史条件下解放和发展了生产力，创造了巨大的物质财富。"资产阶级社会是最发达的和最多样性的历史的生产组织。因此，那些表现它的各种关系的范畴以及对于它的结构的理解，同时也能使我们透视一切已经覆灭的社会形式的结构和生产关系。资产阶级社会借这些社会形式

---

① 《马克思恩格斯选集》第 2 卷，人民出版社 1995 年版，第 1—2 页。
② 《马克思恩格斯全集》第 30 卷，人民出版社 1995 年版，第 108 页。
③ 同上。
④ 《马克思恩格斯文集》第 1 卷，人民出版社 2009 年版，第 176 页。
⑤ 《马克思恩格斯选集》第 1 卷，人民出版社 1995 年版，第 274 页。
⑥ 同上书，第 275 页。

的残片和因素建立起来,其中一部分是还未克服的遗物,继续在这里存留着,一部分原来只是征兆的东西,发展到具有充分意义,等等。"① 从"原来只是征兆的东西"发展到"具有充分意义",资本无疑是推动其发展的主导力量。所有这些历史进步都是现代社会发展的重要界标,是物质文明的集中体现,从而也成为资本主义现代性的基本内容。"过去哪一个世纪料想到在社会劳动里蕴藏有这样的生产力呢?"② 从精神生产领域来看,马克思认为,现代资本主义的发展不仅消除了现代化国家内部的一切与封建专制相适应的"观念和见解",建立了现代社会的民主政治制度与意识形态理论体系,而且也消除了现代化国家之间、现代化国家与非现代化国家之间的狭隘的民族的地域观念,将各民族的精神产品变成世界性的"公共的财产",形成了一种各个民族和地方共同构成的"世界的文学"。在马克思看来,资产阶级这种"革命的作用"最终体现在它的"自我革命"性上:"它使阶级对立简单化了。整个社会日益分裂为两大敌对的阵营,分裂为两大相互直接对立的阶级:资产阶级和无产阶级。"③ 没有资本主义现代化,就没有无产阶级的存在,从而也就没有作为资本主义制度"掘墓人"这一历史"存在者"的存在了。

由此可见,现代资本主义在资本逻辑的主导之下,呈现了现代社会文明的本质特征:

> 生产的不断变革,一切社会状况不停的动荡,永远的不安定和变动,这就是资产阶级时代不同于过去一切时代的地方。一切固定的僵化的关系以及与之相适应的素被尊崇的观念和见解都被消除了,一切新形成的关系等不到固定下来就陈旧了。一切等级的和固定的东西都烟消云散了,一切神圣的东西都被亵渎了。人们终于不得不用冷静的眼光来看他们的生活地位、他们的相互关系。④

从这个意义上看,资本主义的历史进步体现在其现代性上。

---

① 《马克思恩格斯选集》第 2 卷,人民出版社 1995 年版,第 23 页。
② 《马克思恩格斯选集》第 1 卷,人民出版社 1995 年版,第 277 页。
③ 同上书,第 273 页。
④ 同上书,第 275 页。

二　马克思对资本现代性的批判

现代性是资本主义和前资本主义社会区分的重要标志。在这一问题上西方思想家并没有什么原则分歧，但在现代性建构的逻辑中，不同的思想家对现代性的理解是不同的。有的思想家将理性看作是现代社会的本质，因为人的自由是以理性的进步为前提的，所以理性现代性的本质又被理解为自由；有的思想家则将非理性看作是现代社会的本质特征；有的思想家将科学技术的进步理解为现代性的本质属性；等等。这些思想家对现代性的理解都有其合理性，但也都有一定的片面性，所谓理性、非理性和科学技术等并不是现代社会最基础、最现实的力量。然而一旦现代性出现问题后，西方社会就往往将理性、非理性、科学技术当作批评的对象。从资本主义社会来看，再没有什么比资本更能表征现代社会的本质特征了。

从现代性的逻辑来看，资本作为现代社会的本质与根据之一，对资本主义现代性的建构起着基础性的作用。所以在经济学理论中，资本历来就是一个核心概念，这不仅表现在资本是构成现代生产的基本要素，而且还表现在资本是市场经济的前提。资本是现代社会中"支配一切的经济权力"[1]，没有资本，现代社会经济活动就难以开展。但真正要认识资本的本质，在马克思以前却是一道理论难题。英国古典经济学代表人物斯密认为："资本一经在个别人手中积聚起来，当然就有一些人，为了从劳动生产物的出售或劳动对原材料增加的价值上得到一种利润，便把资本投在劳动人民身上，以原材料与生活资料供给他们，叫他们劳作。"[2] 斯密这段话至少说明了两个问题：一是资本的目的就是获取利润；二是资本与劳动人民是分离的，拥有资本的人不劳作，劳作的人不拥有资本。李嘉图虽然在资本的认识上比斯密后退了一步，认为生产资料就是资本，从而将资本泛化了，但他的劳动价值论则比斯密又进了一步。在某种意义上，琼斯对资本的认识则不及斯密、李嘉图两人深刻，他将资本看作是资本家"积蓄""节约"的结果："资本……就是由收入中积蓄起来并用来获取利润

---

[1]《马克思恩格斯全集》第30卷，人民出版社1995年版，第49页。
[2]［英］斯密：《国民财富的性质和原因的研究》（上卷），郭大力、王亚南译，商务印书馆1972年版，第43页。

的财富所构成的。"① 琼斯这一思想对后世产生了很大的影响。许多资产阶级的"学术代表"以琼斯的理论为依据为资本家辩护，认为资本乃是资本家积累起来的财富，杜尔哥就是这样的一位"学术代表"。"杜尔哥给'资本'下的定义是'积累起来的流动的价值'"②。"财富积累论"无疑遮蔽了"劳动价值论"的合理思想。在理论上，这一主张和自由主义者遥相呼应。在西方哲学史上，作为一个自由主义思想家，洛克十分重视现代性的自由概念的建构，但与大陆理性主义者不同的是，洛克将自由现代性奠基于财产权之中，财产权的基本含义就是生命、自由权与财产。对于洛克来说，财产权是其政治哲学的核心概念。洛克认为，每个人对他的人身享有所有权，这种所有权不仅表现在对其劳动的自由支配上，而且也表现在他对劳动产品的占有上。对劳动产品的占有就是财产权，这是现代社会的一项基本权利，这种权利不仅要自我保护，而且也要通过国家立法来加以保护，政府存在的目的就是要保护财产权。洛克虽然看到了财产权和劳动之间的必然联系，但他对劳动的认识却很抽象。洛克只看到了劳动的结果而没有看到劳动的条件，他只看到了劳动和财产权之间的单向运动而没有看到这两者之间互为条件的历史关系。所以洛克所要保护的财产权不是抽象的权力，而是法学意义上的物权，是资产阶级对财产的所有权，这就是资本主义私有制。洛克的自由财产权理论进一步遮蔽了资本和劳动的历史关系，从而颠倒了财富与资本的现实联系。

资本的构成要素是多方面的，其中也包括来自自然的因素，但其前提是必须社会化。资本不是自然存在物，自然存在物也不能直接充当资本。资本的本质属性是社会性。财富的积累是资本现代化、现实化的结果。现代文明无疑是建立在巨大的财富积累的基础之上的。从人类社会的历史来看，前资本主义社会任何一个历史阶段都存在着因为生产力发展较低而造成的财富匮乏的问题。这一问题只有在资本主义社会才第一次得到解决。资本主义私有制下生产力的解放对于财富的创造性具有不可否认的意义。财富的状况取决于生产力水平。但不同的社会制度下，生产力的水平是不一样的。所以说一个社会物的丰裕程度与否是生产力水平高低的直接表现。资本本身不是生产力，但资本和劳动的结合就构成了现实的生产力，

---

① 转引自《马克思恩格斯全集》第26卷（第3册），人民出版社1974年版，第462页。
② 《马克思恩格斯全集》第26卷（第1册），人民出版社1972年版，第33页。

从这个意义上讲，姑且不论劳动者和资本结合的内在机制存在着怎样的问题，单从资本对于劳动者的存在意义来说，资本对于资本主义生产力的发展就显而易见了。

由于资本为现代文明奠定基础并为其指引方向，从而就为自身存在缔造了一个神话，从而也为资本主义现代性制造了一个神话。

> 在资本处于支配地位的社会形式中，社会、历史所创造的因素占优势。不懂资本便不能懂地租。不懂地租却完全可以懂资本。资本是资产阶级社会的支配一切的经济权力。①

所以如果不对资本进行批判，资本这种"普照的光""特殊的以太"将遮蔽社会其他所有存在物的真实性。资本主义现代性并不是人类社会发展的最高体现，也不是人类文明的终极成果。从辩证法的角度看，任何事物总是自身存在的矛盾统一体。这一原理运用到资本主义现代性上也是适合的。资本主义现代性既是其历史进步的集中体现，也是其矛盾和风险的根源所在。

马克思虽然对资本主义的"上升性"给予了充分的肯定，但并不代表他对资本主义现代性是认同的。相反，马克思正是在对资本的批判中揭示了资本主义的暂时性和过渡性。

首先，在资本的起源问题上，马克思揭示了资本是历史的产物这一本质规定性。马克思十分不满资产阶级的"学术代表"对资本主义现代性神圣化、终极化的论调：

> 经济学家的论证方式是非常奇怪的。他们认为只有两种制度：一种是人为的，一种是天然的。封建制度是人为的，资产阶级制度是天然的。……经济学家所以说现存的关系（资产阶级生产关系）是天然的，是想以此说明，这些关系正是使生产财富和发展生产力得以按照自然规律进行的那些关系。因此，这些关系是不受时间影响的自然规律。这是应当永远支配社会的永恒规律。于是，以前是有历史的，

---

① 《马克思恩格斯选集》第2卷，人民出版社1995年版，第25页。

现在再也没有历史了。①

将资产阶级制度说成是"天然的",这是资产阶级"学术代表"的自然主义手法,企图以"自然"的手法替代"历史"的分析。资产阶级"学术代表"为了掩饰其理论意图,必然将其逻辑建构于资本。从资本主义的逻辑来看,资本主义现代性是建立在资本这一原则的基础之上的,资本是资本主义存在和发展的内在本质与根据之一。在资产阶级那里,这一本质与根据是既定的自然前提,也就是说,资本是一个超人类活动的存在物,所以资本主义制度"再也没有历史了",资本带来了社会的进步,资本这一现代性是不证自明的。资产阶级这种自然主义手法集中体现在对资本的辩护之中。将资本看作是在一切社会起推动作用的力量,这是资产阶级"学术代表"共同的观念。资本从来不是一个超人类活动的存在物,"资产阶级即资本的发展"②。马克思指出:

> 有了商品流通和货币流通,绝不是就具备了资本存在的历史条件。只有当生产资料和生活资料是所有者在市场上找到出卖自己劳动力的自由工人的时候,资本才产生;而单是这一历史条件就包含着一部世界史。因此,资本一出现,就标志着社会生产过程的一个新时代。只有当生产资料和生活资料是所有者在市场上找到出卖自己劳动力的自由工人的时候,资本才产生;而单是这一历史条件就包含着一部世界史。因此,资本一出现,就标志着社会生产过程的一个新时代。③

其次,在资本的本质上,马克思揭示了资本是社会关系的总和这一根本特征。"在大工业和竞争中,各个人的一切生存条件、一切制约性、一切片面性都融合为两种最简单的形式——私有制和劳动。"④ 也就是说,资本主义一切关系可以简化为两种最简单的形式:资本和劳动。在资本主

---

① 《马克思恩格斯选集》第1卷,人民出版社1995年版,第151页。
② 同上书,第278页。
③ 《马克思恩格斯全集》第23卷,人民出版社1972年版,第193页。
④ 《马克思恩格斯选集》第1卷,人民出版社1995年版,第127页。

第四章 现代性的批判与建构：马克思主义哲学中国化的内在逻辑

义社会，虽然资本构成了现代社会的原则和根据，但它的表现形式却掩盖了它的本质特征。"资本也是一种社会生产关系。这是资产阶级的生产关系。"① 一方面，现代社会的物化现象表现为商品现象；另一方面，资本不仅摆脱了它的最初形式，而且了离开了劳动而成为一个独立的东西。资本的现代化就是资本的神秘化。马克思以商品的分析为起点，揭示了劳动产品的各种现实形式及其演变，批判了资本主义社会资本和人分离与对立的实质。

> 自然不是一方面造成货币占有者或商品占有者，而另一方面造成只是自己劳动力的占有者。这种关系既不是自然史上的关系，也不是一切历史时期所共有的社会关系。它本身显示的是以往历史发展的结果，是许多次经济变革的产物，是一系列陈旧的社会生产形态灭亡的产物。……如果我们进一步研究，在什么样的状态下，全部产品或至少大部分产品采取商品的形式，我们就会发现，这种情况只有在一种十分特殊的生产方式即资本主义生产方式的基础上才会发生。②

资本具有经济学和哲学的双重品格。马克思对资本的批判，不单单是一个经济学批判，也是一个哲学批判。

马克思认为，在现代社会，工人作为个人虽然摆脱了自然的奴役，但却没有摆脱社会的统治：工人的自由只是就自身作为劳动力存在而言的，但作为社会中的个人，并没有自由，因为工人只有在资本存在的条件下，对于资本家来说才是作为人而存在的。在现代社会，资本和异化劳动形成了一种互为遮蔽的历史现象。异化劳动作为对象化的活动的一种现实的形式，意味着工人的劳动成果并不属于自身，而是归资本家占有。资本家反过来用工人创造却不能自由支配的异己产品作为资本，奴役和统治工人。这就是资本和工人分离与对立的地方。现代社会的发展，呈现资本劳动化和劳动资本化的双向运动两重结构。这一双向运动，以一种异化的形式，实现着私有财产的对象化、外化。私有财产逐渐疏远了其本来意义，不能成为生活本身，而只是充当生活手段。因此，在资本主义历史条件下，资

---

① 《马克思恩格斯选集》第 1 卷，人民出版社 1995 年版，第 345 页。
② 马克思：《资本论》第 1 卷，人民出版社 2004 年版，第 197 页。

本和劳动不可避免地分离与对立，这种分离与对立导致了私有财产存在形式的片面化，是地产之后的又一更大的片面化。这就是资本主义的历史现象学。工人作为私有财产的创造者，却不能占有自己的劳动产品，反而使自己的"私有财产外化了"[1]。尽管资产阶级经济学理论也认为劳动是私有财产的主体本质，但这一理论中的"劳动"和"主体"都是抽象的概念。资产阶级经济学家们不可能认识到，在现实中劳动已成为异己的活动，成为"抽象存在"[2]。私有财产存在的矛盾性表明，被资本家用作异化条件的资本，是工人的对立面，是造成工人非人化、成为"现实的非存在"的重要因素。但是，资本本身却是私有财产存在的纯粹的客观形式，是工人的生存条件。马克思说："人只不过是工人，对作为工人的人，他的人的特性只有在这些特性对异己的资本来说是存在的时候才存在。"[3] 这就告诉我们，离开资本（对工人来说是异己的）的存在，工人作为人的特性也将不存在。正是在资本作为私有财产存在的客观形式的条件下，工人也成为一种资本。工人作为资本，是资本主义私有财产活的存在形式。这一存在形式表征了工人在资本主义社会的意义存在。工人在资本主义社会已不完全具有人的地位和属性。从人的感性活动来看，工人作为人的存在是由其劳动的本质决定的，可在资本主义历史条件下，工人只有作为资本的存在才有现实形式，工人只有在这种异化了的社会关系中才能生存和发展。工人对社会的依赖，具体表现为对商品的依赖和崇拜、对货币的依赖和崇拜、对资本的依赖和崇拜，而所有这些都是工人创造出来的劳动产品，现在反过来成为外在于工人并对其统治的神秘力量。由此可见，资本主义作为以物的依赖性为基础的人的发展阶段，就是工人生存处境的真实书写。所以说人只有在作为资本的存在意义上去理解，工人作为人才具有人的存在价值。资本主义现实关系无情地割裂了劳动主体和劳动客体之间的内在意义。马克思一针见血地指出，离开资本的存在形式，工人就会失去作为人的生存条件：工人"没有工作，因而也没有工资，并且因为他不是作为人，而是作为工人存在，所以他就会被人埋葬，会饿

---

[1] 马克思：《1844年经济学哲学手稿》，人民出版社2000年版，第172页。
[2] 同上书，第67页。
[3] 同上书，第65页。

死，等等"①。所以，马克思认为：工人只有当他自己作为资本存在的时候，他才会作为工人而存在；只有当他作为工人存在，他才会作为人而存在。正是在作为资本存在的工人的劳动即对象性的活动中，"对象的一切自然的和社会的规定性都消失了，在这里，私有财产丧失了自己的自然的和社会的特质（因而丧失了一切政治的和社会的幻象，而且没有任何表面上的人的关系混合在一起）"②。由此可见，资本的存在就是工人的存在、工人的生活。马克思对资本现代性的批判，旨在发现资本存在下的人的生存与生活境遇与困境。

总之，马克思对工人作为一种资本的存在意义的论析，揭示了无论是作为整体还是作为个人的工人的生存样式和悲惨境遇："工人不幸而成为一种活的、因而是贫困的资本，这种资本只要一瞬间不劳动便失去自己的利息，从而也失去自己的生存条件＝作为资本。"③ 工人充当资本，使私有财产暂时获得了新的存在形式，从个体上使私有财产以一种异化的形式获得了存在形式和本质的统一。但从总体上看，私有财产的存在矛盾却难以从根本上借以消解。所以，资本是现代在资本主义社会的基础性要素。马克思从人的存在意义上揭示资本的本性，无疑为我们真正展示了现代性图景的真实一面。

三 马克思对现代形而上学的批判

在资本主义现代性的逻辑中，资本是其现实表现，现代形而上学则是其理论形态。"在《尼各马可伦理学》（X，第5页到第6页）中，理论是人类活动的最高形式；由此它也是最高的人类实践。"④ 按照这一观点，现代形而上学就是资本主义现代性最高的实践了。作为现代性的两重逻辑，资本和现代形而上学之间存在着一种本质上的内在联系，资本现代性是现代形而上学的现实基础，现代形而上学则是资本现代性的观念再现。所以仅仅对资本现代性展开批判而忽略对现代形而上学的批判，不仅对资本现代性的批判难以达到理论所具有的高度，而且对现代性的批判也难以

---

① 马克思：《1844年经济学哲学手稿》，人民出版社2000年版，第65页。
② 同上书，第67页。
③ 同上书，第65页。
④ [法] F. 费迪耶等辑录：《晚期海德格尔的三天讨论班纪要》，丁耘摘译，《哲学译丛》2001年第3期。

深入下去。实质上,在资本主义现代性中,现代形而上学的影响随处可见:"法国、英国和美国的一些近代作家都一致认为,国家只是为了私有制才存在的,可见,这种思想也渗入日常的意识了。"① 所以对现代形而上学的批判不仅是对资本批判的继续,也是对现实批判的进一步要求。

马克思对现代形而上学的批判,具体表现在对黑格尔哲学为代表的整个形而上学的批判。不可否认,以黑格尔哲学为代表的德国古典哲学是马克思主义哲学的理论来源之一,但这并不表示马克思哲学是黑格尔哲学的继续或者说是黑格尔哲学的一部分。为了抗拒所谓"马克思主义正统",包括卢卡奇在内的西方马克思主义早期思想家自觉不自觉地将马克思哲学转移到黑格尔主义的基地上,从而忽略了马克思哲学和黑格尔哲学的原则区别,把批判的对象当做批判的前提了。人及其劳动,这是以黑格尔哲学为代表的现代形而上学的中心问题。从思想的对象上看,正如海德格尔所言,"马克思具有一个关于人的理论想法,一个相当确切的想法,这个想法作为基础包含在黑格尔哲学之中",但"马克思以他的方式颠倒了黑格尔的观念论,这样他就要求给予存在先于意识的优先地位"②。马克思的存在就是生产过程。诚然,马克思这一思想源于黑格尔把生命理解为过程的认识,但马克思将生产奠基于实践之中,从而实现了现代哲学革命。在马克思以前,以黑格尔哲学为代表的现代形而上学,蕴含着一种"控制和统治"的逻辑,这种逻辑作为意识内在性结构而成为现代形而上学的传统。最初,在开普勒的《宇宙论》那里、后来在伽利略的《物理学》和牛顿的《原理》那里,与亚里士多德加以课题化的古代希腊哲学不同的是,一种新的科学的构想被提出来:"自然应当是可以计算的,因为这一可计算性本身被设定为统治自然的原理。"③ 所以在近代科学史上,伽利略、牛顿、波尔、海森堡、普朗克等科学家不断提出描述自然的要求,达到"对作为对象的存在者进行控制和统治"④ 的目的。近代科学的实验要求后来又转化为哲学家的理论要求,即对作为对象的存在者进行"控制和统治"。如果说近代科学的对象是自然,那么哲学家的对象就是

---

① 《马克思恩格斯选集》第 1 卷,人民出版社 1995 年版,第 132 页。
② [法] F. 费迪耶等辑录:《晚期海德格尔的三天讨论班纪要》,丁耘摘译,《哲学译丛》2001 年第 3 期。
③ 同上。
④ 同上。

"人"。由此可见，现代形而上学在现代性建构中并未摆脱科学主义的思维框架，正如海德格尔所批评的，"与此不同，现今的'哲学'满足于跟在科学后面亦步亦趋，这种哲学误解了这个时代的两重独特现实：经济发展与这种发展所需要的架构"①。

那么，现代形而上学为什么要"跟在科学后面亦步亦趋"呢？是科学作为理性原则支撑了现代形而上学的构架，还是科学作为理论范式规范了现代性的建构？对于现代形而上学来说，问题并不在认识层面，而是源于实践的需要。资本的本质就是要实现价值增值，这是其存在的唯一理由。要实现这一目标，就必须在生产中完成，而生产过程就是人的存在方式。显然，资本现代性要求现代形而上学从理论上解决这一理论难题：现实的人如何自然化？也就是说，如何将资本的本质遮蔽起来？由此可见，"人"及其"劳动"的抽象化就成为现代形而上学的理论任务。

而对于马克思来说，对作为历史前提的人的批判，就成为现代形而上学批判的基本内容。海德格尔认为，"所谓彻底，就是抓住事物的根本。人的根本就是人本身"这个论题是全部马克思主义的依据，是一个形而上学的命题。② 以黑格尔为代表的现代形而上学的前提是一种抽象意义上的"人"。在对待黑格尔哲学的问题上，青年黑格尔派缺乏现实的批评精神，因而不能从根本上变革作为其理论前提的黑格尔哲学。因此，青年黑格尔派仍然是属于黑格尔哲学体系，作为黑格尔哲学之后的一个片段、一个环节、一个支脉。可以说，青年黑格尔派对其哲学前提的批判是失败的。走出黑格尔哲学困境，将唯物主义从中拯救出来的哲学家当首推费尔巴哈。与青年黑格尔派相反，费尔巴哈对黑格尔哲学的批判是直接的。这主要表现在，为了重新"颠倒"黑格尔所颠倒的"绝对精神"和"物质世界"的关系，克服"绝对精神"对整个世界的主宰和支配，费尔巴哈回到了物质世界，将哲学的视野从抽象的精神王国拉回生活世界。费尔巴哈的不足之处在于，他不懂得生活世界的存在及其样式。费尔巴哈的生活世界只是现存的东西，它没有和历史及感性的人的活动结合起来，而仅具有"自然"的意义。由此看来，费尔巴哈在对黑格尔哲学前提进行清算

---

① ［法］F. 费迪耶等辑录：《晚期海德格尔的三天讨论班纪要》，丁耘摘译，《哲学译丛》2001 年第 3 期。

② 同上。

时，所运用的方法就是以自然生物学、生理学意义上的人来批判黑格尔的"绝对精神"这一抽象观念。费尔巴哈这样做的结果当然是动摇了黑格尔哲学体系，这对于当时还处在黑格尔哲学体系中而不能解放出来的马克思来说，无疑起到了思想指引的作用。但是，马克思最终并没有成为费尔巴哈的"信徒"，正如阿尔都塞所言："费尔巴哈虽然'推倒'了黑格尔大厦的主体，但依然保留了这一大厦的基础和结构，即黑格尔的理论前提时，马克思就同费尔巴哈分手了。"[1] 所以说，费尔巴哈的"新哲学"并未彻底清除黑格尔哲学的影响，相反，黑格尔哲学仍是费尔巴哈"新哲学"的理论前提。换言之，费尔巴哈的哲学前提仍是一种抽象的观念，只不过这种抽象的观念是以"人"代替"绝对精神"的。以人为"新哲学"的前提，从理论旨趣来看，这是有进步意义的。遗憾的是，费尔巴哈的"人"完全是一种生物学、生理学意义的人，这种"人"和动物并没有什么本质区别。当然，如果确有必要稍加区别的话，费尔巴哈对这种"人"也赋予了一定的社会的意义，那就是将"自然的人"又上升到"宗教的人"。不可否认，费尔巴哈通过"爱的宗教"揭示了基督教的本质，将神还原于人，从而在他的"新哲学"中清理了神学观念，但实质上这种"爱的宗教"仍是一种"旧哲学"，费尔巴哈的哲学出发点虽然是人，但这种人是自然和历史分离中从属于自然而不属于历史的人。费尔巴哈哲学的根本局限性在于，他将作为前提的人只当做"感性直观的对象"，而没有从历史，从感性的人的活动，从人的本质在于生成的意义上去理解，所以费尔巴哈的"人"仍然是抽象的人，不是现实的人。

从以上的分析可知，无论是青年黑格尔派还是费尔巴哈，"尽管他们每一个人都断言自己已经超出了黑格尔哲学"，但是，他们所有的批判"都没有离开过哲学的基地"[2]。显然，这个哲学基地就是黑格尔历史观——"黑格尔历史观的前提是抽象的或绝对的精神"[3]。马克思认为，所有这些哲学家的批判之所以乏力，是因为他们的批判从来不触及、不反对"现实的现存世界"，虽然他们也像模像样地批判黑格尔哲学这一理论前提，但从来没有认真研究过黑格尔的哲学前提。纵观黑格尔哲学，我们

---

[1] [法] 路易·阿尔都塞：《保卫马克思》，顾良译，商务印书馆2006年版，第32页。
[2] 《马克思恩格斯选集》第1卷，人民出版社1995年版，第64页。
[3] 《马克思恩格斯全集》第2卷，人民出版社1957年版，第108页。

可以发现,在黑格尔的历史观中,无论是其"历史"也好,还是"自然"也好,都是受"绝对精神"支配的,所以,在黑格尔那里,"人类的历史变成了抽象的东西的历史,因而对现实的人说来,也就是变成了人类的彼岸精神的历史"①。也就是说,黑格尔的"历史"和"自然"都充满了神秘的色彩,是思辨的观念体系,归根结底,黑格尔的历史观是一种神秘主义。黑格尔这种神秘主义,无论在青年黑格尔派还是费尔巴哈那里都没有被发现。无疑,黑格尔哲学以抽象的观念为前提,从而缔造了一个思辨哲学的神话。所以,"他们和黑格尔的论战以及他们相互之间的论战,只局限于他们当中的每一个人都抓住黑格尔体系的某一方面,用它来反对整个体系,也反对别人所抓住的那些方面"②。

马克思能够相继从黑格尔哲学、青年黑格尔派和费尔巴哈哲学中走出来,最为根本的是与其哲学立场有关,但也和理论批判有联系。从形式上看,马克思的批判路径与青年黑格尔派和费尔巴哈哲学其实并没有什么两样,都是从哲学前提的批评开始的。当然,对于马克思来说,其哲学批判的前提既有从"绝对精神"、宗教观念那里来的抽象观念,也有从"自然的人"这里来的抽象的观念。如果没有一种彻底的批判精神,没有一种富有变革精神的哲学范式和思维方式,那么,要对这些前提进行彻底批判,进而确立一种新的哲学原则,那是极其困难的。马克思的伟大之处在于,他总是把哲学引向现实,引向正在从事生产劳动的人民。"正是那种用工人的双手建筑铁路的精神,在哲学家的头脑中建立哲学体系。"③ 马克思以真正的哲学是时代的产物、是人民的产物为哲学立场,将哲学视线从思辨领域转向现实生活,以"现实的人"取代"神秘的主体""唯一的自我""自然的人",从而在实践中彻底清算了黑格尔哲学体系的思辨框架、抽象前提,创立了历史唯物主义。马克思对黑格尔哲学体系的批判,不是要消灭哲学本身,而只是要清除以抽象观念为前提的历史观。"我们开始要谈的前提不是任意提出的,不是教条,而是一些只有在想象中才能撇开的现实前提。"④ 这种"现实的前提"就是马克思反复强调

---

① 《马克思恩格斯全集》第2卷,人民出版社1957年版,第108页。
② 《马克思恩格斯选集》第1卷,人民出版社1995年版,第64页。
③ 同上书,第220页。
④ 同上书,第66—67页。

的"现实的个人"。以现实的人为哲学前提,这是马克思在哲学上的伟大发现,它彻底实现了对自然和人的关系即"历史之谜"的科学认识。

总之,马克思对资本主义现代性的批判,虽然说是从西方资本主义这一历史现象而展开的,但它所表达出来的思想则具有普遍的理论意义。"在我们这个时代,每一种事物好像都包含有自己的方面。……我们的一切发明和进步,似乎结果是使物质力量成为有智慧的生命,而人的生命则化为愚钝的物质力量。现代工业和科学为一方与现代贫困和衰颓为另一方的这种对抗,我们时代的生产力与社会关系之间的这种对抗,是显而易见的、不可避免的和毋庸争辩的事实。"[①] 在这种现代性的批判中,马克思揭露了资本主义矛盾和本质,揭示了无产阶级革命的历史意义,阐扬了共产主义的历史规律性,表达了对未来共产主义社会现代性的构建,从而揭示了现代性的发展的可能性空间。所以说马克思的现代性思想是资本主义现代性的批判与未来共产主义建构的统一。马克思对现代性的批判与建构无疑达到了时代所应有的思想高度,这对于我们认识当代全球化中种种诡秘的历史幻象、大力推进社会主义现代化建设有着重要的现实意义。毋庸置疑,马克思的现代性思想是中国现代性建构的重要的理论来源。

第二节　中国现代性建构的三重逻辑

人类发展的历史不过是人追求自己目的的活动而已。这是历史的本质所在。现代化是历史这一本质的充分体现。从根本上讲,中国社会主义现代化是民族历史意识自觉的表现。这种历史意识既是对西方现代性批判的结果,也是对中国历史认识的结果。

从人类社会的发展规律看,中国社会发展呈现出典型性与非典型性相统一的基本特征。所谓社会发展的典型性,就是一个社会形态在其发展中其本质特征得到"充分发展";所谓非典型性,就是一个社会形态在其发展中其本质特征没有得到"充分发展"而是处在"征兆"阶段。就中国来说,前者是针对奴隶社会和封建社会而言的,后者则主要是针对资本主义社会所说的。从一个半殖民半封建社会直接进入社会主义社会,这是中国近现代社会发展的必然结果。这种跳跃式发展体现了中国社会历史的特

[①] 《马克思恩格斯文集》第2卷,人民出版社2009年版,第580页。

殊性。这种历史特殊性并不是对人类社会发展规律的否定，相反，它正是这一客观规律的具体体现。从整个人类历史的发展进程来看，许多民族的历史都呈现出跳跃式发展特征，也就是说，在民族交往的过程中某些国家、民族可能跨越其中一个或几个社会发展阶段而进入一个更高的社会形态。真正严格遵循人类发展的每一个社会形态的民族是少见的，大多数国家、民族的历史都不同程度地表现为跳跃式发展。当然，这种跳跃式发展并不是否定人类在前一个社会形态所创造的文明成果，而是内在地包含了这些文明成果并以此为前提。但与以往所更替的不同社会形态相比，资本主义社会是现代社会确立的标志，它所确立的现代性原则对于人类社会发展具有非同寻常的历史意蕴，构成了人类社会进步的重要界标。所以从现代化的视角看，中国社会发展所具有的典型性与非典型性的特征，也是中国现代性复杂性的表现。一方面，中国现代化建设必须面对和正确处理与传统的关系，这种传统不仅体现在自然经济模式、专制政体上，而且也体现在文化观念形态中；另一方面，中国现代化必须面对没有经过资本主义"充分发展"阶段这一历史特殊性。这种历史复杂性表明，中国既要走现代化道路，发展现代性，又不能重走资本主义道路。从马克思对资本主义现代性的批判来看，并不是现代性的基本价值和理念与历史本身的发展出现了冲突和矛盾，而是现代性的价值选择和人的存在出现了矛盾与冲突，这主要表现在资本主义社会的"两极"——来自物质领域的资本和来自观念领域现代形而上学相互勾连，共同演绎了资本主义现代性自反性逻辑。

中国现代化必须克服资本主义现代性这种自反性逻辑，而要达到这一点，就必须坚持社会主义市场经济的价值取向，推进马克思主义哲学中国化，从而以辩证法的精神充分吸收现代化所具有的一般的共同性因素，并以此为基础创造出新的现代性本质特征来。从这个意义上说，中国现代性建构与马克思主义哲学中国化的"会通"或"契合"，深刻地反映了中国现代社会的历史运动与本质要求。作为历史的自觉活动，中国现代性建构与马克思主义哲学中国化的双向运动，表现为三重逻辑：一是建立社会主义市场经济，实现效率与公平的统一；二是构建社会主义主体性，推进马克思主义哲学中国化的实践活动与理论活动；三是构建现代公共社会空间，培育社会主义的市民社会，坚持个人与集体统一的集体主义原则，构建真正的"和谐社会"。

一 市场经济：效率与公平

市场经济是现代经济运行的重要方式。建立市场经济体制以及建立一个什么样的市场经济，对于中国现代化来说，是一个十分重要的问题。马克思在《对华贸易》一文中有两段重要论述，这些论述对于我们思考和理解这一问题有着十分重要的意义。一处是针对中国自然经济而言的："除我们已证明与西方工业品销售成反比的鸦片贸易之外，妨碍对华出口贸易迅速扩大的主要因素，是那个依靠小农业与家庭工业相结合而存在的中国社会经济结构。"① 另一处是针对西方资产阶级所说的："没有需要以及对传统服式的偏爱，这些是文明商业在一切新市场上都要遇到的障碍。至于斜纹布的厚度和强度，难道英国和美国的制造商不能使他们的产品适合中国人的特殊需要吗？这里我们就接触问题的症结了"②。在前一段论述中，马克思从经济学的视角指明了中国近代落后的根本原因是以"小农业与家庭工业"为基础的社会经济结构制约了中国的对外贸易，从而阻碍了现代化发展；在后一段论述中，马克思批评了西方自由主义者所谓的"公平"原则完全是一个谎言，明确揭露了资产阶级自由经济的利己本性。马克思这两段话，实质上阐述了市场经济中的两个重要问题：效率与公平问题。所谓效率问题，就是从传统的农业生产活动到现代生产方式的转变问题，也就是现代化问题；所谓公平问题，就是消除两极分化、实现人的基本权利的问题，也就是社会制度的问题。这两个问题并不是分立的，而是市场经济发展中相互勾连的两个方面，它们之间存在着历史与逻辑的关系。从资本主义历史与现实来看，显然这两个问题之间的关系并没有得到合理解决，至今仍是困扰资本主义生存与发展的根本性问题。对于中国现代化建设来说，效率与公平同样是绕不过去的两个问题。中国现代化建设必须通过建立社会主义市场经济体制，实现效率原则与公平原则的现实统一。

1. 社会主义市场经济与效率原则

英国古典经济学家李嘉图的财富观是其整个经济学说的重要组成部分。李嘉图说过，国家财富的增加可以通过两种方式，即一种是用更多的

---

① 《马克思恩格斯选集》第 1 卷，人民出版社 1995 年版，第 755 页。
② 同上书，第 757 页。

投入来维持生产性的劳动，另一种是不增加任何劳动量而使等量劳动的生产效率增大。这两种增加财富的方法中，第二种方法自然是更为可取的。从这里可以看到，李嘉图将财富的增长作为现代经济学的一个重要内容进行分析与论证，其实就是在表达对市场经济的一种诉求：市场经济必须将效率作为一个基本原则加以建构。李嘉图这一诉求也得到了马克思的认可与赞同："李嘉图在《价值和财富，它们的特性》一章中也说，真正的财富在于用尽量少的价值创造出尽量多的使用价值，换句话说，就是在尽量少的劳动时间里创造出尽量丰富的物质财富。"[1] 从李嘉图对效率的诉求和马克思对此的肯定来看，效率原则无疑是市场经济合理化的重要体现。无论是李嘉图还是马克思，对效率原则起作用的领域的界定都是指向生产领域的，正是在生产领域里，经济要素在市场机制的作用下按价值规律实现自由流动，从而促进资源的合理的有效配置，实现生产效益的最大化。但是后来的自由主义经济学家却将效率原则引入分配领域，由此一来，效率就从生产过程中资源配置原则演变为社会分配的一个重要尺度，从表面上看效率原则的确立促进了社会公正，但实质上效率原则却演变为资本原则，资本逻辑支配了效率分配制度，这就不可避免地引发了整个社会的分离与对立，导致社会贫富两极分化。所以说，效率问题就从经济领域走上政治、文化领域，从一个经济学问题演变为一个重大的社会问题。罗尔斯由此提出了自由主义经济活动的"正义原则"："正义是优先于效率的。"[2] 这一命题和"自由优先于平等"一起构成了西方自由主义奉为自明真理的两个教条。罗尔斯企图以其"正义论"来解决社会分配领域效率与公正的难题，提出了"正义是社会制度的首要价值"[3] "正义总是表示着某种平等"[4] 等重要构想，但罗尔斯的平等只是一种简单的结果的"平等"或分配的"正义"，而不是起点的"平等"和制度的"公正"，其结果是，在现实生活中其正义原则要么流于空想，要么走向其反面。

是正义优先还是效率优先？罗尔斯虽然对此进行了深入而有意义的探讨，但在资本主义的框架内，这个问题显然是无法求解的。这一问题从根

---

[1]《马克思恩格斯全集》第26卷（第3册），人民出版社1974年版，第281页。
[2]［美］罗尔斯：《正义论》，何怀宏等译，中国社会科学出版社1988年版，第75页。
[3] 同上书，第1页。
[4] 同上书，第54页。

本上讲是一个社会制度层面的问题。当然效率原则的滥用，也是其中的原因之一。效率原则的滥用必然引起分配领域中的"效率唯上"或"效率崇拜"。在资本主义历史条件下，"效率唯上"或"效率崇拜"并非劳动唯上或劳动崇拜，而实质上是资本唯上和资本崇拜。这表明，效率原则逐渐背离了它本来的真实意义。中国现代化建设，并不是要否定或取消效率原则，而是要尽快促使这一原则回归它原初的语境中，真正发挥效率原则对经济发展和现代性建构的作用。从某种意义上讲，中国现代化建设中一度忽视或轻视效率对于经济发展的意义，就是对效率问题一种片面认识的表现。为此，我们必须科学认识市场经济中的效率问题，确立合理的效率增长机制和原则。

什么是效率？从经济学原理来看，效率就是生产活动中生产要素投入和产出的比率关系，因而效率问题就是一个关乎经济增长、经济发展问题。不可否认，在任何社会，经济发展都会面临效率问题，也就是说，只要存在着生产活动，就存在着生产要素投入与产出的比率关系，但是，在前资本主义社会效率问题并没有作为一个社会的、经济学的问题被提出来。真正作为一个社会的、经济学的问题被提出来，是与现代社会、工业化和现代经济学的出现有关联的。只有在市场经济活动中，当现代科学技术对现代工业活动、当资本对现代经济活动、当数理等现代计算原理和方法对人类日常生活产生影响以后，效率意识才作为一种被意识到的历史意识而存在，效率问题才得以显现。换言之，只有在现代社会，在市场经济中，效率问题才会作为经济增长、经济发展的一个重要问题和经济法则而被提出来。这种提问方式本身就是现代性的一种重要表现，所以在现代社会，效率又不是一个单纯的经济学问题，效率是作为市场经济的一个基本原则而加以建构的。对于市场经济来说，效率具有决定性意义，没有效率，市场经济就会失去其存在意义。效率原则的确立，就是市场经济对自然经济所开展的一场深刻的革命。自然经济和市场经济的区别并非仅仅表现在是否存在着商品交换，而且还表现在生产活动领域。从生产活动来看，自然经济的主要活动方式是传统的农业生产和手工劳动，在这样的生产方式活动中，生产的效率始终没有得到真正提高，生产力发展非常缓慢，这实质上并没有从根本上超越自然对人的控制和主宰；市场经济的主要活动方式是现代工业，现代工业活动依靠科学技术实现了对自然的超越和利用，从而生产效率快速增长，社会生产力迅速发展起来，带来了社会物的极大丰富性。只有在社会物质的极大丰富性的基础之上，商品交换才能真正普遍开展起来，成为现代经济活动的基本形式之一。

由此可见，对效率的追求体现了现代社会的一种价值诉求，效率也成为现代性建构的合理需要。中国现代化建设，不仅要建立市场经济体制，而且也要将效率作为现代性建构的重要原则。一个时期以来：一方面由于西方自由主义经济学学家将市场经济看作是资本主义的"专利"，从而也就将效率原则看作是西方自由市场经济的本质特征之一而加以推崇；另一方面，由于我们对社会主义的公平原则作了简单化、庸俗化的理解，以为只要有了公平原则，社会主义的优越性就能充分体现出来，在这一"左"的观念支配之下，效率原则被看作是资产阶级法权观念而加以批判，平均主义由此盛行。所以在现代化进程中我们要破除两种观念：一是将市场经济的效率原则看作是资本主义社会的"专利"，二是将效率与公平对立起来。中国现代化建设，就是要在市场经济的基础上重建社会主义市场经济的效率原则，实现国民经济快速而健康的发展。

改革开放以来，虽然在实践中确立了以经济建设为中心的现代化战略，但在理论上效率的地位问题并没有完全得到解决。效率的理论地位不解决，将直接影响市场经济发展和现代性建构。多年来，由于没有将效率原则作为现代性的一个重要目标建构起来，导致在实际工作中不按经济规律办事、不讲求效率的事时有发生。对于我们这样一个后发型的现代化国家来说，效率问题并非是日常生活中的小问题，而是关涉现代化建设的大问题。效率问题从根本上讲就是一个发展问题。鉴于西方市场经济发展中所出现的效率原则滥用的情况，我们有必要对效率原则的适用范围做一个基本界定：既要反对不讲效率、不按价值规律办事的做法；也要反对将效率原则绝对化、见物不见人，使人蜕变为"经济人""单向度的人"等违背社会主义道德原则的做法。近年来，我国学术界就"效率优先，兼顾公平"这一问题所展开的讨论，就是对这一现实问题做出的理论回应。著名经济学家刘国光先生曾对此发表了许多重要看法，在理论界产生了较大反响。刘先生认为，"效率优先"应放到"该讲的地方去讲"：

> "效率优先"不是不可以讲，而是应放到应该讲的地方去讲，不是放在收入分配领域。效率、效益、质量一系列概念是与速度、投入、数量一系列概念相对应的。我国经济转变增长方式（即发展方

式）的方针要求把质量、效益、效率作为经济增长（发展）的最主要因素，而把数量、投入和速度放在适当重要地位。对生产领域来说，可以讲"效率优先""兼顾速度"，它也是指将质量、效益放在第一位，而不能主要靠拼投入，增加数量来实现经济增长。这符合正确的"发展是硬道理"的大道理。不符合以科学发展观统领经济社会发展全局。不讲效益、不讲质量的发展就不是大道理，而且继续延续这样粗放发展的经济增长模式，其后果很令人担忧。邓小平说"只要是讲效益，讲质量，就没有什么可以担心的"。所以，把"效率优先"放在发展生产的领域去讲，非常合适。这是它的永远存身之地。[①]

所以说重建社会主义市场经济的效率原则，就是要做到：在生产领域继续奉行效率优先原则，发展生产，促进经济又好又快地发展，当然，我们也要纠正片面追求国内生产总值的"唯GDP"现象，将经济发展和社会发展、经济增长和环境保护统一起来，走可持续发展的现代化道路；在分配领域，不能只讲效率一个原则，而应实现效率与公平的现实统一。

效率问题归根结底是一个实践问题。如何提高效率、促进经济又快又好地发展？从市场经济这个层面来看，有两个问题是不可回避的：一个是自由竞争，另一个是资本。

首先来看第一个问题：自由竞争与宏观调控。对于市场经济来说，自由竞争是一种手段或经济活动方式。毫无疑问，作为一种手段或经济活动方式，它有积极的作用和消极的作用这样两个方面的本质属性。但在西方自由主义经济学家那里，自由竞争的作用被美化和神化了，自由竞争被看作自由原则现实化和对象化的唯一途径，被看作是市场经济的核心和灵魂。不管西方自由主义学派如何变化，从洛克到斯密，从凯恩斯到哈耶克，他们的市场自由经济的核心理念并没有发生改变，他们之间所争论的不是自由竞争本身，而是在自由竞争的基础上要不要对市场经济进行适度的干预和管理。凯恩斯主张加强政府对市场经济的干预，利用政府的管理手段促进市场经济的发展；哈耶克则彻底反对政府对市场经济的干预和管理，反对计划经济，主张经济自由放任的发展。从西方资本主义的历史来

[①] 刘国光：《把"效率优先"放到该讲的地方去》，《中国城市经济》2006年第3期。

看，这两种具有代表性的主张都取得了一定的明效，但在面对经济危机问题的时候，二者均束手无策，无计可施。这表明，不对市场经济即自由竞争这种思想进行批判，经济危机这种"顽症"始终是找不到"治疗"的办法的。我们必须看到，在市场经济中自由竞争只是在生产要素和资源配置上起着基础性的调节作用。一旦某种生产要素或资源占据社会的主要经济形式，这种自由竞争就会走向垄断。此外，自由竞争不可避免地带来商品生产和交换的盲目性，从而在客观上也走向它的反面，不仅不能节约资源，相反，还带来资源的极大浪费。更重要的是，以自由竞争为价值取向的个人主义和以现代生产方式为存在形式的现代化，体现了市场经济内部结构上的矛盾与冲突，从而为现代化预设了各种社会风险。市场经济这种内部结构上的矛盾与冲突显然是资本主义所不能解决的，相反，资本主义将市场经济这种矛盾与冲突推向了极端。所以说，只强调自由竞争而不重视宏观调控，只强调"看不见的手"而不重视"看得见的手"，西方自由主义经济学家这套理论对于市场经济来说本身就是不完整的。中国现代化虽然也确立了市场经济这一建设目标，但这是社会主义的市场经济。社会主义性质决定了市场经济的价值取向和基本对策。社会主义市场经济与资本主义市场经济的一个重要区别就在于，社会主义市场经济将自由竞争和政府宏观调控两种手段充分有效地结合起来，既重视"看不见的手"的调节作用，也重视"看得见的手"的调控作用，从根本上避免了资源的浪费和经济危机的发生。在中国现代化发展中，我们有过只强调计划经济而不重视市场经济和自由竞争的惨痛教训，但这绝不意味着"计划"之于"经济"的现代无意义性，正如邓小平所指出的：计划和市场都是手段。西方自由主义经济学家将计划经济与自由，与公平对立起来，批评社会主义将计划经济"意识形态化"，这显然是一种错误的认识。这里面包含着对中国现代民主政治制度的偏见和"误读"。从现代政治学来看，中国社会主义民主政体恰恰是广大人民意志的真实表达，是自由与民主充分结合的体现。加强政府的宏观调控职能，正是市场经济正常运行的前提，是自由竞争的保障。中国现代化建设实现从计划经济向市场经济的转变，并非是对计划经济的否定，而是计划经济超越了中国现阶段的现代化发展水平，而在社会主义初级阶段，市场经济则是必经阶段。这种思想转变不是对马克思主义理论的否定，相反，这是马克思主义中国化走向成功的重要表现。因此，在社会主义市场经济建设中，我们不仅要重视"计划"、重视政府的宏观调控，而且也要反对西方理论家所妄想的自由竞争"意识形态化"。

我们再来看第二个问题：正确认识和发挥资本在社会主义市场经济中的作用。资本问题是市场经济建设中的核心问题，从某种意义上说，没有资本就没有现代意义的市场和现代性的建构。所以社会主义市场经济不能离开资本。但是，资本不是一般存在物。从资本主义现代化来看，自由竞争是资本的内在本性，在自由竞争的基础上，资本起着超出本身、支配整个社会的作用。所以，我们必须对资本有一个正确的认识。首先，我们要看到"资本的文明面"。马克思说过："资本的文明面之一是，它榨取剩余劳动的方式和条件，同以前的奴隶制、农奴制等形式相比，都更有利于生产力的发展，有利于社会关系的发展，有利于更高级的新形态的各种要素的创造。"① 具体来说，"在埃及、厄特鲁里亚、印度等地，人们用暴力手段把人民集合起来去从事强制的建筑和强制的公共工程。资本则用另一种方式，通过它同自由劳动相交换的方法，来达到这种联合"②。"自由劳动相交换"就是劳动力成为商品，只有在劳动力成为商品的前提下，市场经济才得以展开，这也意味着真正的财富源泉被打开了：

> 由于劳动是雇佣劳动，劳动的目的直接就是货币，所以一般财富就成为劳动的目的和对象。（在这方面，必须谈谈刚刚转变为雇佣兵制度的古代军队组织）。作为目的的货币在这里成了普遍勤劳的手段。生产一般财富，就是为了占有一般财富的代表。这样，真正的财富源泉就打开了。③

总之，在市场经济中，资本的现代意义是十分明显的：

> 资本不是同单个的劳动，而是同结合的劳动打交道，正如资本本身已经是一种社会的、结合的力量一样，……资本在其真正的发展中使大规模的劳动同技能结合起来，然而是这样结合的：大规模的劳动

---

① 《马克思恩格斯全集》第25卷，人民出版社1974年版，第925—926页。
② 《马克思恩格斯全集》第46卷（下册），人民出版社1980年版，第21页。
③ 《马克思恩格斯全集》第46卷（上册），人民出版社1979年版，第173—174页。

丧失自己的体力，而技能则不是存在于工人身上，而是存在于机器中，存在于把人和机器科学地结合起来作为一个整体来发生作用的工厂里。①

其次，我们也要认识到资本的"不文明面"。马克思指出："资本在具有无限度地提高生产力趋势的同时，又在怎样程度上使主要生产力，即人本身片面化，……资本在怎样程度上具有限制生产力的趋势。"② 资本主义社会每一个社会问题、每一种社会现象，可以说都能从商品结构和资本逻辑中找到答案。如果单从一般的具体的经济活动来看，商品和商品交换只是个别领域发生的个别现象，正因为如此，在前资本主义社会，也存在着商品和商品交换的现象，但并未在社会中占据支配地位。"一个商品形式占支配地位、对所有生活形式都有决定性影响的社会和一个商品形式只是短暂出现的社会之间的区别是一种质的区别。"③ 在资本主义历史条件下，商品和商品交换从个别领域、个别现象，发展为社会全部生活、普遍的历史现象。当商品形式在社会生活中占据支配地位、对所有生活形式具有决定性影响的时候，整个现代社会也表现为一种自我反叛的现象。这种现象也就是马克思所指出的资本拜物教对整个社会的操纵和支配。资本拜物教决定了资本主义社会的价值取向。商品和资本本是劳动的产物，反过来却成为支配和统治自己的力量。人依靠科学技术取得了对自然的胜利，科学技术本身也是人类解放的条件，但科技的异化却又构成了人异化的前提之一。所以说在资本主义社会，资本之所以受到批判，并非因为资本是一种反现代性的因素，而是因为资本和劳动的分离与对立导致了整个社会陷入异化境地，工人在劳动中不是肯定自己而是否定自己，工人只有在异化劳动中才作为"人"而存在，在劳动之外，工人连"人"的地位就不复存在了，这就是工人在资本支配一切的逻辑下的悲惨境遇。在资本主义社会，不仅工人作为劳动者异化了，而且资本家作为资本所有者也异化了。西方理论家出于维护资本主义统治的目的，从来就没有对资本进行真正有

---

① 《马克思恩格斯全集》第 46 卷（下册），人民出版社 1980 年版，第 21 页。
② 《马克思恩格斯全集》第 46 卷（上册），人民出版社 1979 年版，第 410 页。
③ ［匈牙利］卢卡奇：《历史与阶级意识》，杜章智、任立、燕宏远译，商务印书馆 1995 年版，第 144 页。

效的前提批判。"资产阶级存在的前提是，它对自己生存的社会前提从未达到明确认识。"① 通过对资本的全面认识，我们必须端正对资本的科学态度，既不能只看到"资本的文明面"就无限放大资本对于现代性建构的历史作用，也不能只看到"资本的不文明面"而忽视资本对于市场经济的现实意义。从中国现代化建设来说，我们必须做到在坚持社会主义原则的前提下，承认资本，发展资本，利用资本，提高生产效率，促进市场经济健康发展。

2. 社会主义市场经济与公平原则

从现代化的历程来看，随着市场经济的发展，社会财富的增长和积累，必然产生现代社会另一个重要问题：如何实现财富的公平分配。在某种意义上讲，生产和分配问题并不是现代社会才有的问题，它们一直存在于人类社会发展的进程之中。不过从历史的视角来看，人们对这两个问题的认识并不一致。在前资本主义社会，生产及其效率原则并没有从历史意识中分离与呈现出来，而公平问题则一直受到传统社会的普遍关注。在中国历史上，无论是思想家对"大同社会"的理想构建还是农民起义中有关"等贵贱、均贫富"基本纲领的提出，无不表达中国历史上对公平的认识与追求。所以，在中国传统思想中不乏对公平问题的认识与构想。但是公平作为社会发展中的一个重大问题被提出来，显然是和市场经济密不可分的。从这个意义上讲，社会公平也就构成了现代化必须面对的重要问题，公平的实现程度直接表征着现代性的发展程度，公平原则也就成为现代社会核心价值原则之一。

在现代社会，公平因市场经济的发展而产生，也自然引起了西方自由主义经济学家们的关注。但在西方自由主义经济学看来，公平问题的提出并不意味着市场经济"神话"的幻灭，相反，市场经济内在地蕴含着公平的逻辑与品格。哈耶克之所以反对计划经济，是因为他认为计划经济不公平，而市场经济能给人们带来公平。

> 可供我们选择的，不是下面这两种制度，即一个是在其中每个人都按照绝对和普遍的权利标准来得到他应得到东西的那种制度，另一

---

① [匈牙利] 卢卡奇：《历史与阶级意识》，杜章智、任立、燕宏远译，商务印书馆1995年版，第309页。

个是他所应得东西部分地应有偶然事件或幸与不幸来决定的那种制度；可供我们选择的两种制度是：谁应得到什么是由几个人意愿来决定的那种制度以及谁应得到什么至少部分地是靠他们的才能和进取心，部分地是靠难以预测的情况来决定的那种制度。这一点并不由于在一个自由企业的制度下机会不是均等的而减少其恰当性。因为这种制度必须以私人财产和遗产（虽然这或许不是同样的必要）以及由两者所造机会差别为基础。①

从这里可以看到，哈耶克的"公平"实质上是一种"机会公平"。这也是资产阶级理论家们一再宣称的"公平观"。在西方资产阶级理论家看来，资本主义社会推翻了封建专制制度和等级制度，实现了人的自由和各项政治基本权利，为每一个现代人构建了一个"开放的社会"，这是资本主义现代化的巨大成就。具体说来，西方资产阶级理论家认为，市场经济充分体现了"社会公正"：在市场经济中，每一个社会公民都面临着自由竞争；市场也面向每一个现代社会公民"开放"；每一个现代社会公民完全可以凭借自己的"才能和进取心"来实现他的价值；社会财富的分配完全是按照每一个现代社会公民的"劳动"创造的"效率"来实行分配。总之，在市场经济这个自由的"开放的社会"中：机会对所有人来说都是平等的；分配的尺度对于所有人来说都是一致的。这就是西方资产阶级理论家们的"公平观"。根据这样的"公平观"来考量资本主义社会，他们得出的结论自然是：资本主义是"文明"的社会，是"开放的社会"，是"自由""正义"和"公平"的社会。

从市场经济对于现代化的意义和资产阶级理论家对公平问题的探讨来说，这本身就是历史进步的重要表现。从资产阶级法制史来看，自由、平等、博爱、正义、公正也写进了资产阶级人权词典和各项法律规则的条款之中。马克思对此也给予了高度的肯定。针对拉萨尔派在《哥达纲领》中所提出的"劳动的解放要求把劳动资料提高为社会的公共财产，要求集体调节总劳动并公平分配劳动"这一观点，马克思向拉萨尔派提出了"什么是'公平的'分配呢？"这一问题，明确阐述了他的公平观。马克

---

① ［英］弗里德里希·奥古斯特·冯·哈耶克：《通往奴役之路》，王明毅、冯兴元等译，中国社会科学出版社1997年版，第99—100页。

思就拉萨尔派所谓的"公平的分配劳动"这一模糊观念,指明拉萨尔派所表达的"公平"并不是无产阶级的公平观,而是资产阶级的公平观。马克思说:

> 难道资产者不是断言今天的分配是"公平的"吗?难道它事实上不是在现今的生产方式基础上唯一"公平的"分配吗?难道经济关系是由法的概念来调节,而不是相反,从经济关系中产生出法的关系吗?难道各种社会主义宗派分子关于"公平的"分配不是也有各种极不相同的观念吗?①

马克思在这里所表达的意思十分清楚:拉萨尔派所要的"公平分配劳动"并不需要作为一个"纲领"去向工人阶级布置,工人阶级完全不需要为这样一个"纲领"而作无谓的"奋斗",因为这一"纲领"已是"事实",已由资产阶级通过资产阶级革命而完成,资产阶级一再标榜的"公平"就是拉萨尔派所要争取的"公平"。马克思通过对公平的阐述,批判了拉萨尔派"纲领"的资产阶级性质,但也表达了他对公平的认识与思考。马克思认为,资产阶级这种公平只是形式上的公平,当然,相对于封建性而言,这也是必要的,具有历史的合理性,但这并不是工人阶级所要争取的"公平"的全部内容,工人阶级所要争取的"公平"不仅是一种形式上的"公平",更是内容上的"公平"、事实上的"公平"。如果像拉萨尔派那样致力于"公平分配劳动",虽然这种"公平"还有其"进步"之处,但是,"这个平等的权利总还是被限制在一个资产阶级的框框里"②。由此看来,在资本主义市场经济的条件下,由于私有制的存在,公平是难以真正实现的。

中国是一个社会主义国家,建立了以公有制为主体的所有制制度,这为公平的实现提供了根本的保证。但这并不意味着公平问题不复存在。相反,近年来,在我国市场经济体制建立过程中,在分配领域也出现了贫富差距扩大甚至两极分化的现象。这并非什么怪事,因为,一方面,社会主义市场经济并没有消除竞争,也没有消灭资本,自由竞争和

---

① 《马克思恩格斯选集》第3卷,人民出版社1995年版,第302页。
② 同上书,第304页。

资本的本性都是"唯利是图",市场经济本身蕴含着经济人格和道德人格分离的逻辑结构;另一方面,中国现阶段的生产力水平并没有达到社会产品充分供给、按需分配的程度,劳动在一定条件下还必须担当"同一尺度"的职能。所以,在社会主义市场经济建设中,出现贫富差距是一个必然的现象。但我们不能因为贫富差距的存在就否定市场经济对于中国现代化的作用与意义。正如市场经济是中国现代化建设一个必经的阶段一样,按劳分配也是社会主义市场经济阶段的基本原则。不可否认,按劳分配遵循了市场经济的效率原则,将劳动作为尺度,从而也就不可避免地产生"原则和实践"的矛盾,从这个意义上讲,社会主义市场经济所要建构的公平原则也没有完全实现马克思所说的事实上的"公平"、内容上的"公平"。但是,我们必须看到,社会主义市场经济所提出的按劳分配原则和资产阶级的"公平"原则有着本质区别。其一,资产阶级的"公平"原则受资本逻辑的主宰,"劳动"尺度并非唯一的"同一尺度",而社会主义市场经济则坚持按劳分配这一根本制度和原则,将劳动的"同一尺度"真正体现出来,这对于实现社会公平有着非常重要的意义;其二,资产阶级的"公平"是少数人的"公平",是被限制在"资产阶级的框框里"的"公平",而社会主义的"公平"是广大人民所享有的"公平";其三,资产阶级的"公平"将形式上的"公平"作为终极目标,而社会主义的"公平"则将形式上的"公平"和事实上的"公平"作为终极目标。中共十七届五中全会明确提出"更加注重和改善民生,促进社会公平正义"的执政思路,充分体现了社会主义对公平的诉求与实践,体现了公平是社会主义的本质属性,是发展中国特色社会主义的重要目标,也体现了建构社会主义公平原则和维护广大人民根本利益的一致性。

3. 社会主义市场经济与现代性

市场经济的效率原则和公平原则的建构体现了现代社会对现代化的基本要求,正是从这里,现代性得以充分生成和体现。从这个意义上讲,市场经济的发展对于现代性的建构具有十分重要的意义,具体表现在:

第一,商品生产与交换发展了人的理性能力和精神。理性是现代性的重要特征。虽然西方思想史上不少哲学家将理性看作是人的天赋能力,但经过康德的理性批判以后,理性的能力也是有限度的。从西方现代性的发展来看,理性与启蒙运动有着密切的联系,但最为根本的还是离不开商品生产和交换。这是因为，商品的出现，是人类劳动和交换的产物。只有当人的劳动能力达到一定水平，从而使劳动产品在满足自身需要的基础上有了剩余之后才有可能进行交换。剩余产品的出现使劳动产品有了交换的可能，从而也使产品向商品转化有了可能。当劳动产品被用于交换时商品的出现则成为一种现实。商品交换最初是直接物物交换，最后发展到以货币为中介进行交换。不管哪种形式的交换，都必须有一个价值尺度进行计算。显然价值尺度不是一种天然尺度、先验标准，而是通过人的劳动抽象出来的，是人的理性能力的具体体现。

第二，商品生产和交换确证了人的存在意义与价值。商品的出现，从根本上讲，与其自身的两重属性是分不开的。首先，商品具有使用价值。也就是说，商品之所以成为一种现实的需要和可能，是因为它具有满足人的需要的属性，这就是使用价值。商品这种属性和商品作为一种物的存在的物理化学性质是分不开的，所以说商品的使用价值是一种自然属性，它是商品结构的基础。如果没有这种属性，商品就失去了交换的根本前提。其次，商品具有价值。使用价值构成了商品交换的前提条件，但离开了价值，不同的商品之间的交换则难以完成。如果说商品之间为什么要交换的问题归根到底是一个使用价值的问题，那么商品之间如何交换的问题则是一个价值问题。价值不是由商品自身的物理化学性质决定的，而是由人的劳动决定的。"价值建立在这样的基础之上，即人们互相把他们的劳动看作是相同的、一般的劳动，在这个形式上就是社会的劳动。"[①] 这是一种抽象，但它是对人与人之间的社会关系的抽象。人和自然的关系从来不是一种直接的关系而是一种否定的关系，因为自然从来不会向人提供哪怕是一件最简单的物品，人的需要的满足只能通过社会化的劳动完成的。说到底，商品交换不是一种自然行为，而是一种社会活动。不仅不同的商品所有者所有的生产活动都是在社会中完成的，而且他们之间的商品交换也是在社会中完成的。所以商品的两重性是由劳动的二重化决定的。具体的劳动形成使用价值，抽象的劳动创造价值。因为不同的劳动，其具体的历史条件和生产方式是不一样的，商品的好坏、优劣等商品的性质是具体劳动的结果。但具体劳动只能形成商品的使用价值，它不能决定商品的交换价值。商品的交换价值是由抽象劳动决定的。抽象

---

① 《马克思恩格斯全集》第47卷，人民出版社1982年版，第255页。

劳动就是凝结在商品中的无差别的人的劳动。抽象劳动虽然撇开了具体劳动的各种社会形式，但它概括了劳动的总体性特征，是劳动一般。因为劳动是具体的历史的，所以相对价值的形式则随着劳动的变化而表现为不同的历史形式。从商品到一般等价物、到货币和资本，这是相对价值形式的几个重要阶段，它见证了人不同历史时期的力量。

第三，商品生产和交换直接促进了社会生产力的发展。在市场经济的历史条件下，生产不再是为某一个具体的物而存在，诚然，生产的目的还是为了某种需要，但这种需要已从具体的物质需要转化为对一般财富的需要，因为对于商品生产和交换来说，货币已不仅是交换的中介，更主要的是，货币已直接成为财富的一般形式，所以说在市场经济条件下生产目的抽象化和一般化了。当商品生产和交换不是以某种具体的物而存在，而是以一般财富为目的时，追求财富的欲望就会转化为追求利润的最大化的实践活动，从这个意义上讲，商品生产和交换就能直接促进社会生产力的发展。另外，资本是商品价值发展的最高形式，也是人进入对物的依赖为基础的人的发展阶段的基础。资本是市场经济的基本要素。资本的出现，意味着世界市场的形成。世界市场为人类工业化发展提供了广阔的社会空间。这无疑是人类历史发展的新的阶段。正如商品的价值量是由劳动时间决定的一样，人的价值也是由时代价值所表征的。现代工商业是市场经济的现实基础。所以说以资本为核心的现代工商业活动和以商品交换为核心的市场经济是经济现代性的重要标志，是整个社会现代性的基础。

第四，商品生产和交换是现代自由、平等和民主等现代性价值目标和观念形成的现实基础。商品生产既是一种社会化活动，也是一种个体化行为。生产什么、生产多少、怎样生产，完全是个人意志的充分表现。

> 个人怎样表现自己的生活，他们自己就是怎样。因此，他们是什么样的，这同他们的生产是一致的——既和他们生产什么一致，又和他们怎样生产一致。①

在商品由生产进入流通阶段以后，商品交换的依据不是根据所谓权力的大

---

① 《马克思恩格斯选集》第1卷，人民出版社1995年版，第67—68页。

小、地位的高低或血亲的嫡庶这些封建特权，而是依据价值规律自由竞争。价值规律的核心原则是等价交换。在商品交换过程中，交换双方相互协商、遵从规则、共守契约，不同的商品按自愿互利的原则进行公平交易，促使商品自由流通，实现商品的价值。在商品生产和商品交换中，市场经济规律充分发挥作用。从这个意义上讲，市场经济不仅将现代性的价值原则和观念体现付诸实践并在实践中加以丰富和完善，而且也为现代制度文明规制了方向。

二 主体性问题的反思与建构

在西方自由派经济学家那里，市场经济代表了自由和民主。哈耶克将经济自由看作是任何其他自由的前提，而"经济自由必须是我们经济活动的自由"①。在哈耶克看来，"我们越试图用干涉市场制度的方法来提供更充分的保障，有些人就越缺乏保障；并且，更糟的是，在作为一种特权而得到保障的那些人的保障和没有这种特权的人日益增加和无保障之间的对立也变得越大"②。哈耶克站在自由主义的立场上反对集体主义和计划经济，实质上是将集体主义和计划经济与自由分离与对立起来。这不仅是对集体主义和计划经济的错误认识，而且也是对市场经济的片面理解。早在19世纪以自由竞争为核心原则的市场经济制度开始建立的时候，马克思就一针见血地指出：

> "当这种自由不过是自由竞争基础上的必然产物时，怎么还能把自由竞争奉为自由的观念呢？"③，"自由贸易制度却起着破坏的作用。自由贸易引起过去民族的瓦解，使无产阶级和资产阶级间的对立达到了顶点"④。

正是在对资本主义市场经济批评的基础上，马克思表达了对未来公有制社会生产活动的一种构想：

---

① [英] 弗里德里希·奥古斯特·冯·哈耶克：《通往奴役之路》，王明毅、冯兴元等译，中国社会科学出版社1997年版，第98页。
② 同上书，第126页。
③ 《马克思恩格斯选集》第1卷，人民出版社1995年版，第228页。
④ 同上书，第229页。

"按照总的计划增加国家工厂和生产工具,开垦荒地和改良土壤"[①],"在一个集体的、以生产资料公有为基础的社会中,生产者不交换自己的产品;用在产品上的劳动,在这里也不表现为这些产品的价值,不表现为这些产品所具有的某种物的属性,因为这时,同资本主义社会相反,个人的劳动不再经过迂回曲折的道路,而是直接作为总劳动的组成部分存在着"[②]。

在这些论述中,马克思虽然没有明确提出计划经济这一概念,但实行有计划的生产这一思想是十分明确的。马克思有计划的生产的思想成为后来社会主义国家实现计划经济的理论根据。

新中国成立以来,由于恢复国民经济和建立社会主义工业体系的需要,同时在认识上也受到苏联社会主义模式的影响,将计划经济看作是社会主义的本质特征之一,所以在一个较长时间内中国现代化主要采取计划经济这种经济运行模式,从而在经济活动中取消普遍的商品交换,实行有计划的生产和分配。1978年中共十一届三中全会以后,中国在改革开放的实践中逐步放开了对商品交换的限制,实行以计划经济为主、市场经济为辅的经济体制。这一国民经济和社会发展战略的重大调整,既是实践的内在要求,也是马克思主义中国化的重要表现。陈云曾认为,中国实行计划经济是按照马克思所说的"有计划、按比例"的理论办事的,中国这样进行计划工作是完全对的,问题在于没有根据已经建立社会主义经济制度的经验,对马克思的原理(有计划按比例)加以发展,这就导致现在计划经济中出现缺点,所以,"整个社会主义时期必须有两种经济:(1)计划经济部分(有计划按比例的部分);(2)市场调节部分(即不作计划,只根据市场供求的变化进行生产,即带有盲目性调节的部分)"[③]。在中共十四大上,江泽民明确指出要建立社会主义市场经济。由此可见,市场经济已取代计划经济成为中国经济和社会发展的主要经济形式了。本来,在马克思主义创始人那里,计划经济是未来社会

---

① 《马克思恩格斯选集》第1卷,人民出版社1995年版,第294页。
② 《马克思恩格斯选集》第3卷,人民出版社1995年版,第303页。
③ 《陈云文选》第3卷,人民出版社1995年版,第245页。

的一个重要特征,是优于市场经济的一种现代性。那么,中国从计划经济向市场经济"倒退",是意味着哈耶克对计划经济的批判产生了实践效应,还是意味马克思主义理论在中国现代化问题失去了理论优势?按照普鲁东的看法,无论是"计划经济"还是"市场经济",作为经济学的重要范畴,各有"好坏"两个方面,既然"任何经济范畴都有好坏两个方面",那么无论哪个民族在现代化进程中选择市场经济还是计划经济,就没有什么历史理性可言了。从这个意义上讲,哈耶克对计划经济的批评也就没有什么合理性了。其实普鲁东这一"政治经济学的形而上学"早已遭到马克思的猛烈批判:

> 每一种经济关系都有其好的一面和坏的一面;只有在这一点上蒲鲁东先生没有背叛自己。他认为,好的方面由经济学家来揭示,坏的方面由社会主义者来揭露。他从经济学家那里借用了永恒关系的必然性;从社会主义者那里借用了把贫困仅仅看作是贫困的幻想。他对两者都表示赞成,企图拿科学权威当靠山。而科学在他看来已成为某种微不足道的科学公式了;他无休止地追逐公式。正因为如此,蒲鲁东先生自以为他既批判了政治经济学,也批判了共产主义;其实他远在这两者之下。说他在经济学家之下,因为他作为一个哲学家,自以为有了神秘的公式就用不着深入纯经济的细节;说他在社会主义者之下,因为他既缺乏勇气,也没有远见,不能超出(哪怕是思辨地也好)资产者的眼界。①

所以从普鲁东的"政治经济学的形而上学"那里出发批判哈耶克的自由理论,揭示中国现代化的历史规律,是解决不了问题的。

这里的问题不是要弄清楚哈耶克自由主义经济的具体构想,而是作为一位"在经济学界自亚当·斯密以来最受人尊重的道德哲学家和政治经济学家",哈耶克为什么要批判计划经济和社会主义?显然,哈耶克不只是从经济学的立场看问题的。哈耶克之所以竭力主张私有制,倡导自由主

---

① 《马克思恩格斯选集》第1卷,人民出版社1995年版,第155—156页。

义的市场经济，就在于他将私有制看做是"自由的最重要的保障"①，肯定从文艺复兴中发展起来的代表西方文明的个人主义，认为"这种个人主义的基本特征，就是把个人当作人来尊重；就是在他自己的范围内承认他的看法和趣味是至高无上的"②。所以说在哈耶克自由经济思想的背后，反映出来的是他的自由主义的历史观和价值观。在哈耶克看来，计划经济和社会主义扼杀了个人的自由原则、毁灭了人类理性，是"通往奴役之路"。哈耶克说："集体主义思想的悲剧在于：它起初把理性推到至高无上的地位，却以毁灭理性而告终，因为它误解了理性成长所依据的那个过程"③，"社会主义者肯定会证实，至少在其开始时，不是通往自由的道路，而且是通往独裁和反独裁、通往最惨烈的内战的道路"④，"马克思主义已经导致了法西斯主义和民族主义"⑤。从哈耶克的诸多论述来看，哈耶克不仅过分美化了私有制、市场经济和西方现代性，而且还将计划经济与现代性对立起来，将马克思主义与现代性对立起来。这表明，和普鲁东不懂辩证法一样⑥，哈耶克也不懂辩证法。尽管哈耶克自我宣称，"在自由主义的基本原则中没有什么东西能使它成为一个静止的教条，也不存在一成不变的一劳永逸的原则"⑦，但是哈耶克对待市场经济的态度和方法无疑是教条主义的。中国现代化从计划经济向市场经济的重大转变，并不是哈耶克所说的那样，"如果我们要建成一个更好的世界，我们必须有从

---

① [英] 弗里德里希·奥古斯特·冯·哈耶克：《通往奴役之路》，王明毅、冯兴元等译，中国社会科学出版社 1997 年版，第 101 页。

② 同上书，第 21 页。

③ 同上书，第 157 页。

④ 同上书，第 32 页。

⑤ 同上。

⑥ 马克思在批评普鲁东的政治经济学的逻辑学和形而上学时指出："现在我们看一看普鲁东先生在把黑格尔的辩证法应用到政治经济学上去的时候，把它变成了什么样子"，"经济范畴只不过是生产的社会关系的理论表现，即其抽象。真正的哲学家普鲁东先生把事物颠倒了，他认为现实关系只是一些原理和范畴的化身。这位哲学家普鲁东先生还告诉我们，这些原理和范畴过去曾睡在'无人身的人类理性'的怀抱里"。参见《马克思恩格斯选集》第 1 卷，人民出版社 1995 年版，第 143、141 页。

⑦ [英] 弗里德里希·奥古斯特·冯·哈耶克：《通往奴役之路》，王明毅、冯兴元等译，中国社会科学出版社 1997 年版，第 24 页。

头做起的勇气——即使这意味着欲进先退（reculer pour mieux sauter）"①，哈耶克这里所谓的"退"，就是要退到西方古典政治经济学的市场经济那里。中国现代化建设并不是要退到西方古典政治经济学的市场经济那里，而是要在社会主义市场经济的基础上建构中国现代性。

不可否认，市场经济不仅有利于生产要素的自由流动和资源的配置，这对于现代化建设来说是尤为重要的，而且还是现代思想和价值观念形成的现实基地。正是从这种意义上讲，中国现代化建设绝不能绕过市场经济这一环节和现实形式。这并不是向西方资本主义现代化的"回归"，而是中国现代性建构的内在需要。但是，现代性不仅仅表现在市场经济中，而且也表现在一种不同于西方现代形而上学的"主体性哲学"的形成，这就是马克思主义哲学中国化。所以说，中国社会主义现代性的建构绝不是哈耶克所说的那样，"民主在本质上是一种个人主义的制度，与社会主义有着不可调和的冲突。……社会主义却仅仅使每一个人成为一个工具、一个数字"②。恰恰相反，只有在社会主义历史条件下，个人和社会才能真正地统一起来。

由此可见，市场经济的哲学意蕴在于，它将人的主体性问题从自然经济中释放出来、阐扬开来，但市场经济自身并不能解决主体性问题。主体性建构不是一个自然的自发的行为，而是一场深刻的思想革命。从哲学史来看，主体性问题一直是不同时代的哲学中的问题。作为一直主导近代哲学的问题，主体性建构在不同的哲学家那里有不同的解释路径和解决方案。主体性问题最早是和笛卡尔联系在一起的。在笛卡尔以前，人的主体性被神学主体性所遮蔽和支配。笛卡尔通过"我思，故我在"的理性主义的怀疑论方法，从万物存在中发掘出"我思"主体，从而开启了主体性探索之路。笛卡尔所开创的近代主体性哲学的"我思"主体不再是神学主体性主宰下的附属存在，而是具有自足自立的自主性品格，这种自主性品格的建构与其意识内在性是分不开的。笛卡尔曾经说过："成天独自关在一间暖房里，有充分的闲暇跟自己的思想打交道。"③ 这就是说，"我

---

① [英]弗里德里希·奥古斯特·冯·哈耶克：《通往奴役之路》，王明毅、冯兴元等译，中国社会科学出版社1997年版，第227页。

② 同上书，第30页。

③ [法]笛卡尔：《谈谈方法》，王太庆译，商务印书馆2000年版，第11页。

思"成为主体和他者、社会没有必然联系,是主体内在性自我生成的产物。意识内在性是建构主体性自主性品格的理性之源。虽然不能说"我思"主体就是一种纯粹的理性存在,但它所形塑的理性精神后来逐渐被启蒙主体所充分吸收,这种理性精神作为主体的主要力量所在,在近代主体性哲学那里,已不仅是自身自足自立的内在性,而且也发展为一种绝对知识,成为历史的根本动力。当理性主体取代神的意志成为历史新的宰制性力量而存在的时候,它的内部就含有一种自身所派生出来的逻辑力量,这种力量不仅超越了空间,而且也摆脱了时间的限制,成为一个纯粹的自我主体。显然,这种主体性是对人的自然状态和神学意志的一种超越,从这个意义上看,从"我思"主体到理性主体,是历史进步的重要表现。但是它将主体和客体分离开来,并将客体看作是主体的对象化,所以近代主体性哲学就是一种典型的同一性哲学。这种同一性不是建立在实践的基础之上的,而是从"我思"主体出发,从抽象的主体出发。由此可见,这种主体性思想受到后来的哲学家的批判也就不足为奇了。尼采就对"一个没有意志、没有痛苦、摆脱了时间的纯粹主体"理性主体提出了质疑与批判。法兰克福学派也一直将这种主体性作为批判的对象。马丁·杰在《法兰克福学派史》一书中指出:"从笛卡尔到胡塞尔的'我思',从一开始就是研究所的靶子。"[1] 实际上,在现代化过程中,主体在社会化的过程中虽然一再将自身至上化,但也不可避免地使自身孤立化。这种孤立化并不是像笛卡尔所说的那样轻松,"有充分的闲暇跟自己的思想打交道",而是陷入现代性的无尽的焦虑之中,这也是现代性自身所存在的自悖性的必然表现。霍克海默和阿道尔诺看到了理性主体内在性这一的缺陷,所以他们在《启蒙辩证法》中对"我思"主体提出了批判。"神话变成了启蒙,自然则变成了纯粹的客观性。人类为其权力的膨胀付出了他们在行使权力过程中不断异化的代价。"[2] 在霍克海默和阿道尔诺看来,一旦将理性主体置于他者和社会之上,理性自身的逻辑力量会反过来反对主体性自身。"资产阶级用以攫取权力的工具,如能力的解放、普遍的自由、自决的权利,简言之,启蒙自身,一旦作为用于压迫的统治体系,就

---

[1] [美]马丁·杰:《法兰克福学派史》,单世联译,广东人民出版社1996年版,第308页。
[2] [德]马克斯·霍克海默、西奥多·阿道尔诺:《启蒙辩证法》,渠敬东、曹卫东译,世纪出版集团、上海人民出版社2006年版,第6页。

会反对资产阶级本身。"① 主体性的自信感和自我确证的力量并不在于内在性,而是在于自我和他者、社会的交往中。所以主体性建构并不取决于内在性,而是取决于主体间的交往。与后现代主义者不同,霍克海默和阿道尔诺并不拒斥主体性,相反,他们对现代社会日益物化下的主体性境遇表示担忧,认为市场体系、文化工业、权威主义在不断消解主体性根基,所以他们提出了解决现代主体性问题的基本构想,企图将主体性从"支配"推向"和解"②,以此化解现代性危机。后来的哈贝马斯所提出的交往主体和交往理性的设计,就是为了解决近代哲学主体性所存留的现代性问题。从霍克海默、阿道尔诺到哈贝马斯,整个的法兰克福学派所建立起来的社会批判理论,对西方主体性的批判、对现代性的批判无疑是十分深刻的,但由于没有将这一理论建立在历史唯物主义的基础之上,所以在解决现代性的问题上,法兰克福学派并不能拿出一个真正有效的方案来。在现代性问题上,马克思将主体性问题引入实践之中,着眼于物质生产过程和社会关系,从而揭示了人的主体性的历史性根基,确立了主体性的社会实践原则,这就解决了个人和他者、个人和社会的矛盾与冲突,构建了人的主体性间的历史融合,从而真正实现人的自由而全面的发展。

综上所述,主体性问题不仅是西方哲学一个重要主题,也是马克思主义哲学的基础性问题,同时也是马克思主义哲学中国化的核心问题。中国现代化建设的根本目标是建设"富强、民主、文明、和谐"的社会主义国家,实现经济和社会的可持续发展。中国现代化建设是中华民族所肩负的前所未有的伟大事业,要完成这样的宏伟目标和历史任务,不单单是一个市场经济的发展就可以解决,当然,市场经济建设也绝不是一个简单易行的事。现代化的核心是人的现代化。中国现代化建设还需要充分调动、培育和发挥人的主动性、主体性、创造性,塑造现代人格的自主性品质、法治精神和规范意识。所以说中国现代化建设离不开人的主体性建构,对人的主体性呼求是中国现代化建设的内在需要,也是中国现代性建构的根本要义。随着社会主义市场经济建设的深入,主体性问题也越来越彰显出来。从现实的层面看,许多现代化实践中所面临的问题和困难并不是来自

---

① [德]马克斯·霍克海默、西奥多·阿道尔诺:《启蒙辩证法》,渠敬东、曹卫东译,世纪出版集团、上海人民出版社2006年版,第81页。
② 参见刘森林《从支配到和解:焦虑的启蒙主体性之走向》,《学术月刊》2010年第5期。

科学和制度层面,而是来自人的精神层面。也就是说,中国现代化面临最大的实际问题是观念的现代化,是人的主体性的建构问题。从某种意义上讲,主体性问题纯属一个现代性问题。从西方哲学史来看,虽然可以将主体性探索的历史追溯到古希腊罗马时期,但它和笛卡尔所开创的"我思"主体性建构的路径并不一样。对于中国现代化来说,这一问题就更加突出。不可否认,中国传统文化不乏现代性建构的可贵资源,但我们也不能否认,在中国传统文化中,虽然"民本"思想早已有之,但它主要是一种政治思想和政治诉求,并未从哲学的层面上将人的主体性问题凸显出来。可以说中国传统文化中的专制思想、特权观念和人治习惯就是人的主体性缺失的重要表现,这些封建性至今还是中国现代化建设所面临和必须加以克服的传统性因素。所以,如何在市场经济建设的基础上,科学处理和传统文化的关系,建构人的主体性,就成为摆在马克思主义哲学中国化的一项紧迫而又重要的重大课题。

马克思主义哲学中国化有两重逻辑:马克思主义哲学中国化的实践活动和马克思主义哲学中国化的理论活动。马克思主义哲学中国化的实践活动就是中国马克思主义者和中国人民的革命和建设活动,它为主体性建构开辟了现实的道路,也就是说,没有中国共产党领导的革命和建设活动,现代化就无法真实的展开,人的主体性建构就没有现实的基础,所以从这个意义上讲,马克思主义哲学中国化的实践活动是主体性建构的现实条件和途径。这是主体性建构和马克思主义哲学中国化的内在关联之一。其二,主体性建构和马克思主义哲学中国化的内在关联还表现在理论创制活动中。马克思主义哲学中国化的理论活动就是中国化的马克思主义哲学理论形态的建构过程。从马克思主义哲学中国化历史进程来看,马克思主义哲学中国化本身就是主体性意识觉醒的重要体现,构成了中国现代性的重要组成部分。中国人民不是天生的马克思主义者。从1899年马克思主义在中国传播开始,直到"五四"运动,马克思主义并没有被当时的国人理解为"救国救民的真理"。虽然作为"马克思主义中国化历史链条的第一人"的朱执信在1906年就对马克思主义与中国革命的历史关系、社会革命和政治革命的历史关系做了比较深入的合理的阐释[①],但是总体上

---

① 参见赵凯荣《〈德意志社会革命列传〉:马克思主义中国化最早的历史文献》,《江汉论坛》2008年第11期。

看，马克思主义并没有得到革命者、知识分子和广大民众的广泛理解和普遍拥护，马克思主义是以"西方思潮"中的"一个"而传播的。如果说新文化运动是中国近代第一次有较大影响的启蒙运动的话，这种启蒙的对象和意义也仅限于一般意义上的西方现代性，具体表现为科学和民主这两种现代性价值，而对于真正能体现现代世界精神的马克思主义并没有给予太多的关注和思考。马克思主义真正进入中国历史视野是和"五四"运动分不开的。"十月革命一声炮响，给我们送来了马克思列宁主义。"[①]"五四"运动从一场反抗"巴黎和约"的爱国运动迅速发展为传播马克思主义的革命运动。"五四"运动的现代性意义也正是从这里呈现出来的。所以说中国人民认知、理解、接受和信仰马克思主义的途径是实践，仅仅从书本里寻求中国现代化的出路是走不通的。马克思主义哲学中国化的主体性意识还表现在自我反思中。马克思主义哲学中国化的实践活动和理论活动并不是同步进行的。从理论与实践的关系来看，马克思主义哲学中国化的理论活动是更高层次的主体性建构。不可否认，在马克思主义哲学中国化的理论活动中曾存在着两个主要缺点："一是还没有以中国现代化的实践为中心的自觉而明晰的意识，对中国化的理解缺乏现代的内容；二是还没有充分形成问题意识，过分侧重于范畴和体系的研究，很少从现代化的实践中提炼问题和研究问题。"[②] 这两个缺点正是马克思主义哲学中国化主体性建构还不够充分的具体体现。我们必须正确认识和对待马克思主义哲学中国化的理论活动而不能偏离方向。马克思主义哲学中国化的理论旨趣当然不拒斥学理上的探求和学术上的追求，但马克思主义哲学中国化不是纯粹的学术活动。作为社会意识的一种存在形式，哲学无疑具有极高的抽象性。但是，抽象性只是哲学的"外观"，而不是其远离现实、脱离实践的内在根据。在哲学史上，不乏以抽象拒斥现实、将哲学当做个人私语的实例。历史证明，这样的哲学是没有生命力的。哲学和现实的关系始终是哲学中的根本问题。真正的哲学必须关注现实。哲学家所要做的，不是割裂这两者的关系，而是实现它们的视界融合。所以说马克思主义哲学中国化的理论旨趣首先表现在，从中国的实际出发，从中国现代化出发，

---

① 《毛泽东选集》第 4 卷，人民出版社 1991 年版，第 1471 页。
② 陶德麟、何萍主编：《马克思主义哲学中国化：历史与反思》，北京师范大学出版社 2007 年版，第 514 页。

研究现代化建设中的根本问题,从这个意义上讲,"中国化"就是马克思主义哲学的实践要求。"中国化"同时也表明了对马克思主义哲学的理论要求。不同的历史时期,"中国化"的内容是不一样的。从当下的中国现实来看,"现代化"就是"中国化"的根本内容。马克思、恩格斯所创立的马克思主义哲学,其生命力和科学性就在于它始终将理论置于实践之中,从现实的根基处生成理论的生长点。所以说马克思主义哲学中国化将现代化建设中的重大问题作为思想旨归,从现代化的实践中形成问题意识、主体性意识,这不仅是"中国化"的基本要求,也是"马克思主义哲学"的根本要求。马克思说过:"问题就是公开的、无畏的、左右一切个人的时代声音。问题就是时代的口号,是它表现自己精神状态的最实际的呼声。"[①] 马克思主义哲学的现实意蕴也就在这里。这也表明,马克思主义哲学中国化的实践需要和理论需要具有根本的一致性。

反对教条主义和经验主义是马克思主义哲学中国化主体性意识形成的重要表现和必然要求。众所周知,在中国马克思主义思想史上,由于教条主义在一个较长的时期占据思想高地,从而不仅在实践上对中国革命造成重大损失,而且也给马克思主义中国化带来巨大危害。教条主义主要表现在:对中国革命的认识不是从实践出发,而是从其片面理解的马克思主义经典著作出发;检验中国革命成败得失的标准也不是靠实践,而是靠理论。所以教条主义严重地脱离了中国的实际,也严重地割裂了理论与实践之间的内在联系。对马克思主义来说,理论与实践的结合正是其生命力所在。马克思指出:"人应该在实践中证明自己思维的真理性,即自己思维的现实性和力量,自己思维的此岸性。"[②] 教条主义以马克思主义"理论家"自居,恰恰是违背马克思主义的基本原则的。教条主义者对革命采取教条主义,与其对马克思主义思想采取形而上学的态度是分不开的,或囿于几个具体的结论,不以发展的观点对待之;或摘抄一些重要语句,不以联系的观点对待之。教条主义不是很容易就能识别的。"马克思主义"是教条主义者的合法外衣。教条主义者正是以"马克思主义"之名,行危害中国革命之实。教条主义者虽然不是中国马克思主义的公开反对者,但教条主义思想的影响却给中国革命造成了极大的危害,也极大地阻碍马

---

① 《马克思恩格斯全集》第40卷,人民出版社1982年版,第289—290页。
② 《马克思恩格斯选集》第1卷,人民出版社1995年版,第55页。

克思主义中国化的历史进程。所以，反对教条主义是推进马克思主义哲学中国化、实现中国现代性建构的内在要求。从本质上讲，经验主义也是一种教条主义，把个别"经验"神圣化、普遍化的教条主义。马克思主义要中国化，就必须反对和克服种种教条主义和经验主义。毛泽东同志在中共六届六中全会上所作的《论新阶段》的政治报告中指出："马克思主义必须通过民族形式才能实现"，"使之在其每一表现中带着中国的特性"①。由此可见，马克思主义哲学中国化这一命题本身就构成了主体性建构的内在逻辑：马克思主义必须通过中国的形式、中国的特点去应用和发展。

总之，我们在谈论现代性的时候，现代性并不是一个抽象的概念。是谁的现代性？什么样的现代性？这往往成为问题的前提。这一前提就关涉现代性的载体和主体。从中国现代性建构这一视角来看，现代性的载体就是社会主义社会，这就决定了中国现代性建构必须在这一载体上展开。与此相适应，现代性的主体即社会主义现代化的实践者就是广大的人民群众。马克思主义哲学要成为广大人民群众在现代化建设中手中所掌握的"思想武器"，除了"中国化"之外，别无他途。

三 市民社会与"和谐社会"

近年来，随着社会主义市场经济体制的建立，市民社会问题受到了学术界的广泛关注和重视。这一现象的产生并不为怪。在西方哲学史上，市民社会的研究就是西方政治哲学的一个重要学术传统。

"市民社会"这一概念最早可追溯到古希腊哲学。亚里士多德认为："城邦是若干生活良好的家庭或部落为了追求自足而且至善的生活，才结合而构成的。"② 这里的"城邦"就是指市民社会或公民社会。当下学术界所关注的"市民社会"问题"并不是那个使用了数个世纪的，与'政治社会'具有相同含义的古老概念，而是体现在黑格尔哲学之中的一个比较性概念。此一意义上的市民社会与国家相对，并部分独立于国家。它包括了那些不能与国家相混淆或者不能为国家所淹没的社会生活领域"③。

---

① 《毛泽东选集》，东北书店1948年版，第928页。
② ［古希腊］亚里士多德：《政治学》，吴寿彭译，商务印书馆1983年版，第140页。
③ ［加拿大］查尔斯·泰勒：《市民社会的模式》，载邓正来主编《国家与市民社会》，中央编译出版社2002年版，第3页。

正如泰勒所说，黑格尔的市民社会概念与"古老概念"不同的是，黑格尔将市民社会与政治国家区分开来，使市民社会返回到市场经济之中，从而成为一个独立于政治国家之外的生活领域。由此一来，市民社会就和家庭、国家一起，成为黑格尔伦理理念外化、现实化的逻辑环节，现实社会中自然意义上的家庭和社会意义上的国家二元空间化结构，就分裂为自然意义上的家庭、经济意义上的市民社会和政治意义上的国家三元空间化结构。黑格尔将市民社会从政治国家那里分离出来，其意不在构建一个高于政治国家的市民社会。黑格尔认为，市民社会自身虽然是一个独立的领域，但却是一个不自足的领域，不是市民社会高于政治国家，而是政治国家决定市民社会。政治国家是黑格尔理性在现实中的最高体现和实现。

> 在黑格尔那里，市民社会只是一个缺乏普遍与伦理的片面环节，因而是一个不自足的领域。相反，国家是伦理理念的具体现实，它以伦理为原则，以普遍利益为目的。……实现了普遍性与特殊性的统一。①

从理论上讲，黑格尔虽然颠倒了市民社会和国家的现实关系，暴露了他为现存国家合法性辩护的阶级本质，使其思想服从于体系的需要，但他从社会空间中划出一片非政治化的生活领域，将人们的注意力既引向政治国家，也引向经济活动，从而为现代性建构开辟了一个新的视域。后来的葛兰西和哈贝马斯对市民社会也展开了深入的研究，但他们主要是从意识形态和文化的意义上理解市民社会。在葛兰西看来，"市民社会"和"政治社会"或"国家"是上层建筑的两个层面。西方资本主义国家通过国家和"合法的政府"对人民行使"直接统治"的权力或管理职能，通过市民社会对人民进行意识形态的灌输。葛兰西认为，因为在俄国国家就是一切，市民社会处于原初状态，而在西方则不一样，市民社会已从国家中分离出来，而国家与市民社会又存在着相适的关系，国家一旦动摇，立即会从市民社会强大的结构中显现出来，所以为了推翻资本主义，俄国革命可以进行"运动战"，但西方只能进行长期的"阵地战"，通过夺取"市民社会"的"文化领导权"来取得革命的胜利。哈贝马斯则认为，市民社

---

① 李佃来：《公共领域与生活世界》，人民出版社2006年版，第47页。

会是在市场经济的基础上发展起来并独立于政治国家的私人自主领域，它包括两个部分，即市场体系和公共领域，而公共领域就是一个社会文化体系。① 由此可见，哈贝马斯将"公共领域"概念引进市民社会理论中，实现了市民社会的"理论综合"。哈贝马斯后来又进一步将"公共领域"概念发展为"生活世界"概念，以期重建生活世界的交往理性，展开对晚期资本主义社会的现实批判。

由此可见，在近现代西方哲学史上，"市民社会"概念有着特定的历史内涵，它主要是指介乎家庭和政治国家这一公共领域。在西方自由主义理论家看来，这一"公共领域"与市场经济是相互贯通的，它是现代自由、民主精神建构的重要"基地"，所以必须捍卫这一"公共领域"；对于西方马克思主义来说，这一"公共领域"是资产阶级统治的又一"空间"，和"政治国家"一起构成了资本主义社会"上层建筑"，所以必须批判这一"公共领域"。所以，无论从哪个方面看，"公共领域"也就不可避免地成为不同的思想家所要争夺和占据的"思想高地"。

市民社会问题引起当下学术界的普遍关注和讨论，虽然和全球化现代性理论的复兴有关，但从根本上讲，是中国现代性建构的需要。也就是说，中国现代化必须在一个现代意义的社会结构中实现。从这个意义上看，培育社会主义市民社会，建构现代公共社会空间，不仅是一个重要的实践问题，也是一个重大的理论问题。

中国现代化虽然起步于19世纪后半叶的洋务运动，从时间上看，和日本、沙俄等国家的现代化的兴起的时间大约一致，但在一个很长的时间内日本和沙俄的现代化进程都远远领先于中国。直到新中国成立前夕，中国仍然是一个落后的农业国家，现代化程度十分低下。新中国成立以后，现代化才有了实质性的发展，特别是改革开放以来，现代化建设更是取得了举世瞩目的伟大成就。中国现代化前后不同的历史命运及其变化，虽然原因是多方面的，但它也深刻说明，中国现代化必须在一个现代意义的社会结构中进行。

众所周知，中国是一个有着两千多年封建历史的国家，形成了一套完整的封建性传统。在这个传统中，除了经济上的自然经济外，社会结构也呈现出君主专制政体下的家庭—国家二元结构。在这样的社会结构中，个

---

① 参见李佃来《公共领域与生活世界》，人民出版社2006年版，第73页。

人不仅在经济上失去土地等基本生产资料,受到地主阶级的残酷剥削和压榨,而且在政治上没有个人自由和人格。整个社会被操控在一个高度集中的君主政体中,显然这是一个虚假的共同体,从来就没有个人的社会地位和生活空间,家庭只是自然意义的生活单位,它从属于国家。所以,中国传统社会的"社会"概念所表达的并不是一个真正的社会,而是君主制、"家天下",君主即天下、君主即国家、君主即社会。毫无疑问这种传统的社会结构是阻碍中国现代化发展的一个重要因素。新文化和"五四"运动时期,个人自由和个性解放思潮的兴起,虽然看起来是一场"文化"运动,但实质上一场影响深远的启蒙运动。毛泽东在阅读包尔生的《伦理学原理》一著时曾明确提出:"吾从前固主无我论,以为只有宇宙而无我。今知其不然。盖我即宇宙也。"[1]"我即宇宙,宇宙即我",毛泽东这一主体性思想的觉醒无疑是对于中国君主至上的二元社会结构及其由此而成的传统思想的反叛。毛泽东这种"贵我论"不是孤论,而是当时人们对个性解放的追求和对自由的崇尚的一种反映。无论是这种个性解放思潮,还是当时较为流行的无政府主义思潮等,其批判的对象都指向封建专制制度、指向家庭—国家的二元结构。第一次世界大战期间,中国民族工业虽然有一定发展,但始终遭到西方帝国主义和本国官僚资本主义的挤压和排斥,生存和发展空间极其狭小,一个重要原因就是民族资产阶级还不是一个独立的阶级和阶层,它必须依附于其他阶级才能生存与发展,更深入地说,这是传统的二元社会结构的存在制约了民族资产阶级的活动和发展空间。这表明,如果不对传统的二元结构进行革命,中国现代化建设将会难以顺利进行。一般说来,现代化不仅要在一个能容纳社会生产力发展的社会制度中进行,而且也必须在一个能容纳现代化的社会结构中进行。对于前者,就是生产关系的革命、社会制度的根本性变革;对于后者,则是社会结构的根本性调整,从家庭—国家二元结构,向家庭—市民社会—国家三元结构的转变。新中国成立以前,中国现代化之所以发展极其缓慢,不仅是因为社会制度未能实现根本性变革,而且也是因为社会结构未能完成根本性调整。新中国成立以后,建立了社会主义公有制,实现了社会制度的根本性变革,为现代化创造了根本性条件,新中国成立后短短的十几年间社会主义工业体系和国民经济体系的初步建立和形成,雄辩地说

---

[1]《毛泽东早期文稿》,湖南出版社1990年版,第230—231页。

明了社会主义制度容纳和推进现代化发展的优越性。但是，我们也要看到，在社会主义市场经济建立以前，传统的二元社会结构仍然存在并发生作用，阻碍中国现代化的深入发展。1992 年中共十四大将社会主义市场经济作为现代化建设的重要目标，这就表明传统的二元结构不再占据社会结构的统治形式，市民社会开始以新的社会空间形式从历史深处走向现代化前沿领域。市民社会的形成，意味着在家庭这种自然状态和国家这种政治生活之间，开辟了一个外在于政治国家的经济活动、社会活动的私域和进行议政参政的非官方公域[①]。所以说市民社会不单单是个体自由与发展的空间，而且也是当代生活现实的基本情形。

在中国现代化建设中，我们必须重视市民社会对中国现代性建构的重要作用和意义。（1）市场经济为市民社会的形成创造了现实条件，市民社会的形成则为市场经济的发展提供了社会空间。市民社会的形成，意味着在政治生活之外构建了一个独立的、自治的结构性领域，避免了因为国家权力过分集中而带来政治权威的流失；市民社会的形成有利于培育市场主体，充分发挥市场对经济的调节和竞争作用，实现商品的自由流动和交换，从而有利于社会生产力的发展。（2）市民社会的形成有利于现代契约原则和法律精神的普遍推行和实施，避免血亲关系对经济和社会发展的影响，真正体现理性对于在现代社会的范导作用。（3）市民社会的形成有利于形塑现代社会新的阶层和新的社会结构，使企业家和知识分子成为公共领域活动的重要力量，从而有利于社会科层化和现代化。（4）市民社会的形成有利于增强公民的公共意识和社会责任感，提高公民参与社会活动和管理的能力。

但是，我们也要认识到，市民社会自身也是一个不自足的领域，也有缺陷。市民社会并非是一个脱离社会的"理论空间""纯粹空间"。市民社会与国家的分离，并不意味着市民社会的内部矛盾已解决，相反，其矛盾进一步放大和激化。市民社会不可能取代政治国家，也不可能离开国家而成为一个真正意义上的独立空间，特别是在当今全球化时代，在全球化的影响下，市民社会所面临的风险性不断增大，市民社会内部潜在的隐患也在逐步增加，如果缺乏对市民社会的有效规制，从而最终导致其自身的

[①] 参见邓正来《国家与社会——中国市民社会研究》，北京大学出版社 2008 年版，第 7 页。

解体。市民社会这种自悖性结构表明，正如市场经济过分依赖于自由竞争将会最终破坏市场的完整性一样，市民社会将"所有权自由"当做社会神圣不可侵犯的绝对原则，必然带来社会的"事实上的不公平"，将人导向"物性人"的境地。马克思认为："家庭和市民社会是国家的前提"，"是国家真正的构成部分，是意志所具有的现实的精神实在性，它们是国家存在的方式"①。所以对资本主义社会的批判不能只是针对"国家"这一"副本"，还应批判国家存在的现实基础市民社会本身。资本主义"异化"就是源于市民社会而后发展到整个社会的。"任何一种所谓的人权都没有超出利己的人，没有超出作为市民社会成员的人，即没有超出封闭于自身、封闭于自己的私人利益和自己的私人任意行为、脱离共同体的个体。在这些权利中，人绝对不是类存在物，相反，类生活本身，即社会，显现为诸个体的外部框架，显现为他们原有的独立性的限制。"② 总之，我们既要认识到市民社会对于现代性建构的必要性，也要认识到市民社会为现代社会预设的社会风险。黑格尔以资本主义理性国家来扬弃市民社会的特殊性，马克思则以"人类社会或社会化的人类"扬弃市民社会的局限性。"旧唯物主义的立足点是市民社会，新唯物主义的立足点则是人类社会或社会的人类。"③ 这表明，市民社会既不是马克思主义哲学的立足点，也不是现代性建构的终点。马克思这一思想对于我们理解中国现代性建构和马克思主义哲学中国化之间的逻辑关系具有十分重要的意义。

近年来，中国马克思主义者提出了构建"和谐社会"的重要思想，这是对现实深刻把握的重大战略决策和部署，体现了中国马克思主义者与时俱进的时代品质和科学精神。"和谐社会"的构建，对于加快社会主义现代化建设，解决各种社会矛盾与问题有着重要的现实意义。"每一个特殊的人都是通过他人的中介，同时也无条件地通过普遍性的形式的中介，而肯定自己并得到满足。"④ 特殊的人和"普遍性的形式"的基本寓意，虽然表明了市民社会的存在理由，但也难以遮盖其历史的暂时性。中国的现代公共社会空间建构不能沿袭西方市民社会的模式，而是要扬弃西方市

---

① 《马克思恩格斯全集》第1卷，人民出版社1956年版，第250—251页。
② 《马克思恩格斯文集》第1卷，人民出版社2009年版，第42页。
③ 《马克思恩格斯选集》第1卷，人民出版社1995年版，第57页。
④ [德] 黑格尔：《法哲学原理》，范扬、张企泰译，商务印书馆1961年版，第197页。

民社会模式，形成中国特色的现代社会空间，构建中国特色的现代公共性。这种特色的现代公共性，就是要具有社会主义性质、促进中国现代化发展的现代公共社会空间。从这个意义上说，社会主义公共空间是马克思的市民社会和人类社会两极对立的统一，是二者的辩证中介和科学过渡，它一方面克服了资本主义市民社会的内在矛盾，另一方面又以未来人类社会开放的公共性作为现代公共空间的"可能形式"。所以说中国市民社会的根本原则不是个人主义，而是集体主义。集体主义不是消灭个人自由、扼制个人的自主性，而是实现个人与国家、个人与社会的和谐统一。在社会主义的现代公共社会中，个人并不是一种只为个人利益的利己存在物，而是在追求正当利益的同时，实现作为目的的人与作为手段的人统一的、有强烈社会责任心的现代公民。中国的现代公共社会所要建构的独立性与自主性，是以社会的开放性、包容性、民主性为前提的，这二者是和谐、一致的，并非西方自由主义者所宣称的存在着根本冲突。这种具有社会主义性质、以集体主义原则为前提的开放的民主的现代公共社会空间就是一个和谐的社会。"和谐社会"不是从现代公共社会、从现代国家治理中分离出来的一个独立的社会化空间，而是一种现代性理念。这种理念体现了个人自由与集体原则的统一。只有在这种"和谐社会"中，现代化才能取得成功，现代治理国家才会实现，并最终走向未来自由人的"联合体"，从而充分实现每个人的自由发展与一切人的自由发展的高度统一。

第三节 "以人为本"：中国现代性建构的基本原则和核心理念

现代性建构的一个重要功能，就是要将人的主体性的本质要求转化为现实价值，具体说来，就是要关注人的命运、尊重人的人格和尊严、实现人的基本权利和人的价值。对此，马克思从来没有予以否定，而是高度地肯定了人的主体性建构这一合理性活动。

> 动物和自己的生命活动是直接同一的。动物不把自己同自己的生命活动区别开来。它就是自己的生命活动。人则使自己的生命活动本身变成自己意志的和自己意识的对象。他具有有意识的生命活动。这不是人与之直接融为一体的那种规定性。有意识的生命活动把人同动

物的生命活动直接区别开来。正是由于这一点，人才是类存在物。或者说，正因为人是类存在物，他才是有意识的存在物，就是说，他自己的生活对他来说是对象。仅仅由于这一点，他的活动才是自由的活动。①

马克思所批判的是资本主义的"异化"现象及其历史根源，认为"异化劳动把这种关系颠倒过来，以致人正因为是有意识的存在物，才把自己的生命活动，自己的本质变成仅仅维持自己生存的手段"②。这表明，人的主体性建构不是一个纯粹的哲学命题，并非和社会制度无涉。反之，在不同的社会制度和历史条件下，主体性建构呈现不同的历史命运。这一问题直接反映了不同现代化国家和民族的现代性追求。中国是一个社会主义国家，现代性建构必须体现社会主义这一方向。邓小平指出："贫穷不是社会主义，社会主义要消灭贫穷。不发展生产力，不提高人民的生活水平，不能说是符合社会主义的。"③ 坚持以人为本的科学发展观，实现人的自由而全面发展，是中国现代化的基本原则和核心理念，是中国马克思主义者在新的历史时期提出的现代化建设的总体性构想，是马克思主义哲学中国化的基本要求。

一　"以人为本"命题的提出与辨析

中国马克思主义者将"以人为本"作为现代国家治理的重要理念，体现了科学发展观的根本要求，是中国现代性建构走向成熟的一个重要表现。从哲学上看，以人为本的思想并不唯马克思主义哲学所独有。在马克思以前，以人为本的思想就已经在不同的思想家那里有所表达和阐释，这主要表现在人本主义思潮中。就人本主义的基本内容和价值取向来看，人本主义是一种具有特定含义的历史观。在14、15世纪的文艺复兴运动以前，在欧洲社会长期占据思想统治地位的是宗教神学思想。如果说中世纪宗教神学思想里没有"人"，这显然是不符合实际的。托马斯·阿奎那将"存在"区分为"非创造的存在"和"被创造的存在"，"非创造的存在"

---

① 马克思：《1844年经济学哲学手稿》，人民出版社2000年版，第57页。
② 同上。
③ 《邓小平文选》第2卷，人民出版社1994年版，第312页。

就是上帝，而"被创造的存在"则是指包括人在内的一切事物。① 从这里可以看到，阿奎那的"存在"确实包括了"人"，有"人"的存在，但这种"人"是被创造的"存在"，这种创造性不是来自人自己，而是归于上帝，所以，在中世纪宗教神学中，虽然有"人"的"存在"，但这种"存在"是从属于"非创造的存在"即上帝的意志的，这就表明，在中世纪宗教神学里"人"是处在被支配地位的，由此可见这是一种"神本"思想而不是"人本"思想。文艺复兴运动的兴起，就是对中世纪宗教神学的反动，对"神本"思想的反叛。文艺复兴时期的人文主义思想家们从起初在宗教神学外衣下探索作为一种新的存在的人的价值，到公开反对神学权威和封建等级制度、宣扬人性，实质上就是否定"神本"思想，表达一种人文主义精神。对于当时正在兴起的新兴阶级资产阶级来说，宗教神学思想是必须清扫的"历史垃圾"，而要完成这一历史任务，就必须进行一场深刻的思想解放运动，从"神本"向"人本"转变。毫无疑问人文主义精神体现了资产阶级这一合理的历史诉求。与"神本"思想相反，人文主义精神反对神道，遵从人道，充分肯定人性和人的价值，要求回到尘世和此岸，享受世俗生活的欢乐，推崇个性解放和自由平等，重视人的感性经验和理性思维，归结起来，人文主义精神的核心就是以人为本。所以说，文艺复兴运动开启了人本主义思潮的先河，使"人成了精神的个体，并且也这样来认识自己"②，从而为人本主义原则的确立做出了重要的历史贡献。18 世纪法国的启蒙学者继承和发展了文艺复兴时期人文主义思想家所确立的人本主义原则。卢梭反对亚里士多德的"天然奴隶"说，认为在自然状态下，"人是一个自由的主体"③，曾公开宣称要如实展现人原本的天性，充分揭露使人的天性大变其样的时代和事物演变的过程。卢梭的思想对康德有很大的影响。康德进一步发展了卢梭等人的人学思想。康德提出了"人为自然立法"的重要思想，反对将人看作是"手段"而不是"目的"。康德这些思想也为后来的德国的理性主义哲学家们所继承与发展。黑格尔是德国古典哲学的集大成者。黑格尔以理性原

---

① 参见何萍《马克思主义哲学与文化哲学》，武汉大学出版社 2002 年版，第 95 页。

② [瑞士] 雅各布·布克哈特：《意大利文艺复兴时期的文化》，何新译，商务印书馆 1979 年版，第 125 页。

③ [法] 卢梭：《论人与人之间不平等的起因和基础》，李平沤译，商务印书馆 2007 年版，第 57 页。

则为思想武器，充分表达了人的理性精神和价值的现代性意蕴。

> 发展的原则包含一个更广阔的原则，就是有一个内在的决定，一个在本身存在的、自己实现自己的假定作为一切发展的基础。这一个形式上决定，根本上就是"精神"，它有世界历史做它的舞台、它的财产和它的实现的场合。"精神"在本性上不是给偶然事故任意摆布的，它却是万物的绝对的决定者。它全然不被偶然事故所动摇，而且它还利用它们，支配它们。①

黑格尔这里的发展原则就是他一再倡导的历史理性原则。黑格尔这种历史理性原则不可避免地也受到了后来的思想家的批判，特别是受到了费尔巴哈的批判。费尔巴哈认为：

> 人之与动物不同，决不只在于人有思维。人的整个本质是有别于动物的。不思想的人当然不是人；但这并不是因为思维是人的本质的缘故，而只是因为思维是人的本质的一个必然的结果和属性。②

费尔巴哈批评了黑格尔理性的人的思想，确立了人是"感性的对象"的原则，进而将人看作是至高无上的存在和哲学的最高对象。费尔巴哈哲学是人本主义发展的最高形态。费尔巴哈以感性存在的"人"取代黑格尔理性存在的"人"并最终取代宗教神学中的"上帝"，"人"在费尔巴哈全部哲学中占据中心地位，从这个意义上看，费尔巴哈的人本主义的"人"具有本体论意义，也正是在这里，人本主义就是"以人为本"。换言之，费尔巴哈的人本主义仅仅在"人"这个意义上才得以和"以人为本"这一命题相通，至于这个"人"是什么，费尔巴哈的理解反倒没有什么特别的高明之处，从某种意义上讲，费尔巴哈的"人"较之黑格尔的"人"甚至还出现了"倒退"。

由此可见，"以人为本"不是一个抽象的哲学命题，我们不能因为"以人为本"的口号一致性，就将不同版本的"以人为本"等同起来，这

---

① [德]黑格尔：《历史哲学》，王造时译，上海书店出版社1999年版，第57页。
② 《费尔巴哈哲学著作选集》上卷，商务印书馆1984年版，第182页。

实际上是忽视了哲学的原则区分。在不同的哲学家那里，"以人为本"的具体含义是不同的，这是因为对"人"的理解是不一样的。这种理解的分殊，实质上是不同历史观的真实反映。费尔巴哈看起来将"人"提升到哲学的最高对象这样的崇高地位，似乎很重视"人"，但实质上将"人"放到很低的位置，从某种意义上讲，就是把"人"放到"动物"的位置上。这样看来，费尔巴哈虽然将"人"从理性王国乃至从神学世界里"解放"出来，但是实际上这种"解放"是一种自然状态的"放逐"。费尔巴哈的"人"是"类"，即撇开历史的进程，"本质上只能被理解为'类'，理解为一种内在的，无声的、把许多个人自然地联系起来的普遍性"①。而这种"类"的区分不是一种社会意义上的而是一种生物意义上的，这样一来，费尔巴哈的"人"仍然是生物学意义上的"人"。正如马克思批评费尔巴哈时所说的："除了爱与友情，而且是观念化了的爱与友情以外，他不知道'人与人之间'还有什么其他的'人的关系'"②。费尔巴哈这种"人"的概念，与其对世界的感性直观思维是分不开的："从来没有把感性世界理解为构成这一世界的个人的全部活生生的感性活动，因而比方说，当他看到的是大批患瘰疬病的、积劳成疾的和患肺痨的穷苦人而不是健康人的时候，他便不得不求助于'最高的直观'和观念上的'类的平等化'，这就是说，正是在共产主义的唯物主义者看到改造工业和社会结构的必要性和条件的地方，他却重新陷入了唯心主义"③。从根本上讲，费尔巴哈的人本主义仍然是一种旧唯物主义思想，这种思想的最大缺陷是没有将"人"看作是"感性的活动"或"对象性的活动"，不是从实践上认识"人"的存在与价值。所以在"人"的问题上，费尔巴哈和黑格尔都犯了片面性错误：黑格尔片面发展了人的能动的方面，也就是说黑格尔片面发展了人的主体性，而没有将人看作是感性的存在；费尔巴哈则片面发展了人的感性的一面，也就是说费尔巴哈片面发展了人的客体性，而没有将人同时也看作是主体性的存在。从这里也可以看到，费尔巴哈的人本主义实质上是"以物为本"。

---

① 《马克思恩格斯选集》第 1 卷，人民出版社 1995 年版，第 56 页。
② 同上书，第 78 页。
③ 同上。

费尔巴哈不是"以物为本"论的唯一者,可以说在马克思以前几乎所有的旧唯物主义者其实都是持"以物为本"的观点。"以物为本"所表达是物质本体论或自然本体论思想。从对待外部世界的态度、坚持客观对象的根本地位方面来看,他们都坚持了唯物主义方面,这必须加以肯定,但在"人"的问题上,旧唯物主义者不是把"人"淹没在物质及其机械运动中,就是把"人"放在客体对象的位置上。在以培根和霍布斯为代表的"纯粹的唯物主义"那里,唯物主义就几乎成为物质主义的代名词了:"感性失去了它的鲜明的色彩而变成了几何学家的抽象的感性。……唯物主义变得敌视人了"[①],"物质是一切变化的主体"[②]。到了18世纪法国唯物主义者那里,这种"物本"思想有了进一步发展。在法国唯物主义者眼界中,"自然的体系""周围世界"的物性是遮蔽人的主体性的强大力量,以致拉美特利直接宣布"人是机器"。我们再又重新回到费尔巴哈那里。诚然,"费尔巴哈比'纯粹的'唯物主义者有很大的优点:他承认人也是'感性对象'"[③],但是,由于费尔巴哈离开了实践活动,所以他并没有真正发现现实生活中存在着的、活生生的"人",虽然费尔巴哈处处谈"人",但实质上是处处谈"物"。费尔巴哈这种"人本"和"物本"不分的思想,是建立在抽象的历史观基础之上的。因为没有把"人"看作是"感性的活动"或"对象性的活动",所以费尔巴哈不能对"周围的感性世界"包括"人自身"做出科学的解释。费尔巴哈十分迷恋"感性的确定性",这固然能确证知识的可靠性,但不能解释"历史"所发生的规律性,从而也就不能解释"感性的确定性"的对象的历史生成。总之,作为马克思以前人本主义最杰出的代表,费尔巴哈除了将"人"从理性的神圣王国拉回感性的世俗世界之外,终究没有在"以人为本"的道路上往前再走半步。

马克思以实践的思维方式对"人"的理解进行了哲学史上的"哥白尼式的革命",从而从根本上赋予了"以人为本"科学的含义。马克思"以人为本"的"人"是"现实的人"。在马克思看来,"人"不仅是感性的对象,也是理性的存在,一句话,"人"是"感性的活动"或"对象

[①] 《马克思恩格斯全集》第2卷,人民出版社1957年版,第164页。

[②] 同上。

[③] 《马克思恩格斯选集》第1卷,人民出版社1995年版,第77页。

性的活动"。也就是说,马克思的"人"不是先验的定在,而是在实践中生成的现实的人。正因为"人"是实践中生成的,所以"人"从来不是抽象的,而是具体的历史的人。"各个人的出发点总是他们自己,不过当然是处于既有的历史条件和关系范围之内的自己,而不是玄想家们所理解的'纯粹的'个人。"① 也就是说,在不同的阶级社会里,"人"总是某一历史共同体、一定阶级的人。在哲学史上,哲学派别的分野或区分并不在于某个理论用了多少"新词",或者说在表达上进行了多少隐晦的"构境",而是在于如何科学地把握对象。"只要描绘出这个能动的生活过程,历史就不再像那些本身还是抽象的经验论者所认为的那样,是一些僵死的事实的汇集,也不再像唯心主义者所认为的那样,是想象的主体的想象活动。"② 可以说,从古希腊苏格拉底将哲学从"天国"降到"人间"开始,"人"就一直是哲学关注的一个重要对象和主题,只是在不同的时候有所侧重罢了。作为哲学史一个永恒的主题,"人"激起了无数的哲学家为之倾心不已。人是什么?历史上无数的哲学家在这一问题上确实煞费苦心,虽取得了不同阶段的认识成果,但最终仍难以破解其存在论意义。马克思的回答当然不是终极真理,但是马克思对"人"的问题做出了科学的解释。马克思对这一问题的回答,并没有什么神秘的方式。无论是这一问题本身还是提问方式或解答方式,马克思都将其置于历史之中。正如列宁所说的:"马克思主义理论的绝对要求,就是要把问题提到一定的历史范围之内。"③ 历史还原、真实再现的历史分析方法,为我们科学认识人的存在与意义提供了历史认识论方法,也即毛泽东反复强调的"全面历史的方法"。

由此可见,在"以人为本"的问题上,存在两种不同原则的主张,这两种主张也就是代表了两种不同的对立的历史观。费尔巴哈为代表的人本主义代表是唯心史观,而马克思哲学则代表一种唯物史观。"以人为本"体现了历史唯物主义的基本要求。正是在历史唯物主义思想指导下,马克思深入地分析了资本主义社会两大对立阶级,认为无产阶级是世界历史的真正代表,是资本主义社会的"掘墓人",是未来社会的真正力量。

---

① 《马克思恩格斯选集》第 1 卷,人民出版社 1995 年版,第 119 页。
② 同上书,第 73 页。
③ 《列宁选集》第 2 卷,人民出版社 1995 年版,第 375 页。

中国共产党人继承和发展了马克思这一思想。中国共产党人提出"以人为本"的执政理念,显然不是一个抽象的虚伪的政治议题。"以人为本"就是要以广大人民群众的根本利益为本,要代表广大人民群众的切身利益。从这个意义上看,"以人为本"的政治要求和马克思主义哲学中国化的理论旨趣是一致的,"以人为本"体现了马克思主义哲学中国化的现实精神和实践要求。

二 "以人为本"的现代性意蕴

"以人为本"有两个维度:批判的维度和建构的维度。在历史唯物主义这里,二者得到了充分体现和有机结合。对资本主义社会来说,"以人为本"就是一个批判的武器,它通过对资本主义社会各种"非人""异化"现象及其历史根源的分析,揭露了资本主义的历史本质;对社会主义来说,"以人为本"则是一个现代国家治理的现代性理念,它通过对社会发展现象及其规律的认识,阐释社会主义的价值维度和未来图景。

卢卡奇曾说过:"古典哲学把它的生存基础的所有二律背反都推到了它在思想中能够达到的最后的极点,它尽可能地在思想上表达了这些二律背反,但对这种哲学来说,它们仍是没有解决的和不能解决的二律背反。"[①] 从"以人为本"的视角看,卢卡奇这一论述无疑真实地揭示了资本主义社会的生存基础和思想上两个领域所发生的而又不能解决的"二律背反"。

1. 从资本主义社会的生存基础来看

"物本"和"人本"存在"二律背反"。从地理大发现和"圈地运动"开始,资本主义社会就从外部和内部两个方面展开了人类有史以来的工业化、现代化和全球化运动,不仅将交往扩大到普遍交往,将市场扩大到世界市场,将全球纳入一个市场化体系和工业化时代,而且还极大地促进了现代科学和技术的发展,使科学技术在社会发展中起着越来越重要的作用。工业活动从根本上改变了前工业社会人和自然的那种依附关系,虽然从哲学的层面来看,"外部自然界的优先地位仍然会保持着"[②],但科

---

① [匈]卢卡奇:《历史与阶级意识》,杜章智、任立、燕宏远译,商务印书馆1992年版,第227页。
② 《马克思恩格斯选集》第1卷,人民出版社1995年版,第77页。

学和劳动的意义已确定无疑地表明,"这种活动、这种连续不断的感性劳动和创造、这种生产,正是整个现存的感性世界的基础,它哪怕只中断一年,费尔巴哈就会看到,不仅在自然界将发生巨大的变化,而且整个人类世界以及他自己的直观能力,甚至他本身的存在也会很快就没有了"①。所以说社会生产力的巨大发展,终结了康德对"自在之物"的"认识",从而在改变自然界同时也改变人自身。恩格斯指出:"植物和动物身体中所产生的化学物质,在有机化学把它们一一制造出来以前,一直是这种'自在之物';当有机化学开始把它们制造出来时,'自在之物'就变成我之物了,例如茜草的色素——茜素,我们已经不再从田地里的茜草根中取得,而是用便宜得多、简单得多的方法从煤焦油里提炼出来了。"② 不仅如此,资本家还通过对劳动力和劳动对象的占有,依靠资本的力量和市场竞争机制,以再生产和扩大再生产的方式完成了社会财富的创造和聚集,资本主义经济现代性极大地确证了人的力量和价值,从这个意义上看,资本主义现代化不仅具有科学上的意义,而且也具有政治经济学上的意义。可以说,这是资本主义现代性"物本"逻辑的胜利。但是,从资本主义现代性的"人本"逻辑来看,"人"并没有像"物"那样取得全面胜利。"物质带着诗意的感性光辉对人的全身心发出微笑。"③"物"的浪漫主义气息不是给"浪漫主义者"带来快乐和喜悦,而是使作为"浪漫主义者"的"人"为现代性流下"感伤的眼泪"。工人在劳动中创造了社会的巨大财富,使"物本"逻辑得到巨大发展,但是工人却不能最终支配自己的产品,工人所得到的仅仅是维持自己生存的需要。情形更为严重的是,由于"物本"逻辑的过分膨胀,从商品逻辑发展到资本逻辑,整个社会日益物化和异化,"人"只能"单向度"的存在和发展,也就是说,工人只有在"物"的支配下才能作为"人"生存下去,离开"物",工人就不能作为"人"而存在了。"物本"逻辑的单边演绎,是对整个"人"的主体性的支配的结果,这种支配不仅体现在对"工人"的支配上,而且也表现在对"资本家"的支配上。"'工业',即资本家作为经济、技术进步的化身不是主动的,而是被动的,他的'主动性'仅仅在于正确地观

---

① 《马克思恩格斯选集》第1卷,人民出版社1995年版,第77页。
② 《马克思恩格斯全集》第21卷,人民出版社1965年版,第317页。
③ 《马克思恩格斯全集》第2卷,人民出版社1957年版,第163页。

察和估计自然规律的客观作用"①,也就是说,在"物本"逻辑占据主导地位的历史条件下,人的主体性并不表现在历史规律上,而仅仅表现在自然规律上,人对自身没有主体性可言。这就是资本主义社会生存基础上所表现的"物本"和"人本"的"二律背反"。"资本主义生产的发展,使投入工业企业的资本有不断增长的必要,而竞争使资本主义生产方式的内在规律作为外在的强制规律支配着每一个资本家"②,更支配每一个工人。

2. 从资本主义社会的思想领域来看

"形式"和"内容"存在"二律背反"。西方近代批判哲学所呈现的"形式"和"内容"的"二律背反"根源于"意识的物化结构"③。对于西方近代批判哲学来说,"我们的一切认识必须与对象一致……让我们试试看,如果假定对象必须与我们的认识一致,是否能更好地解决形而上学的任务"④。康德提出了近代批判哲学的任务:将认识的对象看作是主体认识的产物。从近代西方哲学来看,康德所提出的任务是通过两条路线展开的:一条是理性主义,另一条是人文主义。不管哪条路线,都必须面对康德所提出的哲学问题。康德为了解决这一问题,对认识的前提即人的理性能力进行了批判性考察。通过考察,康德认为,人的理性因为世界划界为:"此岸"和"彼岸";"现象"和"物自体"而呈现出不同的认识能力。人的理性能力只表现在认识"此岸""现象"上,而不能认识"彼岸""物自体"。康德这一思想尽管为上帝预留了一块地盘,从而为信仰存储了一些空间,但康德对自然和历史的认识还是充满了信心。根据康德对人的理性能力的考察,自然和历史作为认识对象是在人的认识之列的。可以说康德对理性能力的考察为理性主义⑤原则和方法的确立起到了重要

---

① [匈]卢卡奇:《历史与阶级意识》,杜章智、任立、燕宏远译,商务印书馆1992年版,第207页。

② 《马克思恩格斯全集》第23卷,人民出版社1972年版,第649—650页。

③ [匈]卢卡奇:《历史与阶级意识》,杜章智、任立、燕宏远译,商务印书馆1992年版,第177页。

④ 转引自[匈]卢卡奇《历史与阶级意识》,杜章智、任立、燕宏远译,商务印书馆1992年版,第178页。

⑤ "理性主义"概念有着严格的界限,在卢卡奇看来,这一概念"不能抽象地和非历史地滥用。我们必须始终明确规定与它有关的对象(即生活领域),特别是必须始终明确地规定那些与它无关的对象"。参见[匈]卢卡奇《历史与阶级意识》,杜章智、任立、燕宏远译,商务印书馆1992年版,第180页注释①。

作用。在理性主义那里，人的知性具有创造性，可以控制、预见和计算"现象"。所以，"近代理性主义的新颖之处在于，随着它的发展而愈来愈坚持认为，它发现了人在自然和社会中的生活所面对的全部现象相互联系的原则"①。从这里，我们似乎可以发现，理性主义解决了康德所提出的问题，实现了"我们的一切认识必须与对象一致"这一认识目标，从而为现代性构建起真正的形而上学来。但是，事实并非如此。理性主义在科学问题上取得了巨大成就，它所确立的数学和几何学方法为认识自然提供了"作为总体的认识的指导方针和标准"②，但在"人"的问题上，理性主义照样束手无策。"人的存在的'最终'问题被禁锢在人的知性不可把握的非理性之中。"③ 从思维方法上讲，这与理性主义用自然科学的方法来解决"人"的存在问题的思维有密切关系。马克思曾说过："如维科所说的那样，人类史同自然史的区别在于，人类史是我们自己创造的，而自然史不是我们自己创造的。"④ 马克思还进一步指出："在土地所有制居于支配地位的一切社会形式中，自然联系还占优势。在资本居于支配地位的社会形式中，社会、历史所创造的因素占优势。"⑤ 这些论述表明，不仅自然史和人类史有区别，而且对于人类史来说，还存在着不同的社会形式中是自然联系还是社会历史因素占据优势的区别。理性主义者显然没有认识到这一点。所以说理性主义实质上是用自然主义的历史观来分析自然和社会历史问题。这样的历史观当然不可能达到目的。这就是近代批判哲学"形式"和"内容"上所构成的"二律背反"。

  思想上的"二律背反"是社会生存基础上的"二律背反"的反映。"德国古典哲学把形式和内容的逻辑对立推到了极点，而作为哲学基础的所有对立都汇合在这一对立之中。德国古典哲学抓住这一对立不放，而且力求系统地加以把握。"⑥ 尽管近代批判哲学在方法论上发展了辩证法，

---

  ① ［匈］卢卡奇：《历史与阶级意识》，杜章智、任立、燕宏远译，商务印书馆1992年版，第180页。

  ② 同上书，第178页。

  ③ 同上书，第180页。

  ④ 《马克思恩格斯全集》第23卷，人民出版社1972年版，第409—450页。

  ⑤ 《马克思恩格斯全集》第12卷，人民出版社1962年版，第758页。

  ⑥ ［匈］卢卡奇：《历史与阶级意识》，杜章智、任立、燕宏远译，商务印书馆1992年版，第187页。

但其辩证法精神因为无法冲破来自生存基础和思想两个方面的"二律背反"这一强大的悖论逻辑,理想主义所蕴含的现代性辩证法精神最终被其历史观所窒息。资本主义社会存在的两重"二律背反"的逻辑结构表明,要克服现代性这一历史悖论,就不仅要从根本上推翻资本主义制度,而且还要将辩证法从唯心史观中拯救出来,真正确立历史唯物主义在人类思想史和现代生活中的权威。

中国现代化建设是一个社会历史进程,而不是一个自然演化的过程。也就是说,推动中国现代化发展的不是"自然"因素而是"历史"因素。在中国近现代历史上,严复等人看不到这一点,他们曾企图运用达尔文的进化论思想来解决中国现代化问题,显然,这些尝试和努力都没有成功。"物竞天择,适者生存",这只是一个自然法则,而从科学的视角看,自然状态既是一个自组织系统,也是一个无序的竞争状态。最为根本的是,自然状态并不存在主体性之说。而人类社会则不一样,人是历史的主体。所以说,严复等为中国社会和现代化设计的方案或构想都没有从历史本身出发,从而没有从根本上解决中国现代化问题。从上面对资本主义两重"二律背反"的分析中可知,在现代化这一生存基础上产生的思想必须是历史唯物主义,只有历史唯物主义才能克服思想上的"二律背反",并从而推动生存基础上的"二律背反"的解决。既然是历史唯物主义,就既不能用科学思维的方法来认识,也不能继续沿用近代批判哲学的理性主义思维方法来认识。"对于无产阶级来说,历史唯物主义比科学研究的某一方面,具有高得多的价值。"[①] 历史唯物主义具有两个维度,即历史规律的维度和作为历史创造者的人的维度,两者是统一的。西方一些学者将马克思的历史客观规律庸俗化地理解为"经济决定论",认为马克思思想中没有"人",存在着"人学"空场,这实际上是对历史唯物主义的误读。不可否认,在历史唯物主义创立的时候,马克思和恩格斯将更多的精力放在阐释历史客观规律上。从某种意义上讲,如果将历史唯物主义两个维度理解为"物"和"人"的维度也未尝没有道理,因为人类历史规律毕竟不是以人的意志为转移的客观规律,但是,我们还要看到,所谓历史规律,它不是自然规律也不是神的旨意,历史规律是人自己的活动的规律,

---

[①] [匈] 卢卡奇:《历史与阶级意识》,杜章智、任立、燕宏远译,商务印书馆1992年版,第306页。

因为历史是人自己的历史活动。从历史活动来看，历史的主体不是"物"而是"人"，"创造这一切、拥有这一切并为这一切而斗争的，不是'历史'，而正是人，现实的、活生生的人"①。所以说，历史唯物主义的两个维度从根本上表达了一个基本原则：以人为本。后来恩格斯正是从这个意义上将历史唯物主义明确规定为"关于现实的人及其历史发展的科学"。由此可见，中国共产党人提出"以人为本"的治国理念，是历史唯物主义的基本体现和要求，它和人本主义、人道主义有着原则的区别。

"以物为本"与"以人为本"既在历史观上相对立，也在方法论上相区别，即是以资本逻辑为主导原则还是以人的逻辑为根本方法。在这一方法论问题上，资本者无疑选择了前者，所以他们信奉的是外在的拜物教原则；无产者则毫不犹豫坚持后者，所以他们主张的是内在的人的自由原则。坚持"以人为本"，就是坚持历史唯物主义的基本原则，就是坚持马克思主义哲学中国化的方法论。所以说"以人为本"不仅是历史唯物主义的基本原则和核心理念，也是中国现代性建构的基本原则和核心理念。在现实生活中，不是从人的社会关系出发，而是从人的性别、体质、年龄等出发，离开历史抽象地谈论人的现象并不少见。实质上，人的性别、体质、年龄等都是人的自然规定。这种做法其实就是从人的这些自然属性中抽取人的社会属性，恰恰是从抽象的概念出发，犯了历史虚无主义错误。有些女权主义者的批评值得深思："'妇女'是如何在不同的对话过程中被构造为一个范畴的？性别差异如何在社会关系中造成了特定的差别？而且，依附关系是如何通过这样一种差别被建构起来的？"②"以人为本"原则的确立，有助于人们将对历史的认识从自然状态中解放出来，将现实的人的意义从存在论的根基处呈现出来。人民群众作为历史的主体的存在意义敞开在现代化建设的视线之中，这是历史的真实意义之所在。波普尔一再认为，"历史没有意义"③，这和他的历史无主体思想有关。在中国现代化建设中，主体是真实的，"现实的人"总是指向现代化建设中的人民群众。马克思主义哲学中国化，必须鲜明地体现这一价值建构。为什么说马

---

① 《马克思恩格斯全集》第2卷，人民出版社1957年版，第118页。
② [英]尚塔尔·墨菲：《政治的回归》，王恒、臧佩洪译，江苏人民出版社2005年版，第104页。
③ [英] K. R. 波普尔：《开放的社会及其敌人》第二卷，郑一明、李惠斌、陆俊、黄书进等译，中国社会科学出版社1999年版，第417页。

克思主义哲学中国化和马克思主义哲学大众化具有一致性？就是因为从主体性建构这个方面来看，两者是相互连接的：从马克思主义哲学中国化来看，它主要表现为一种客体运动，从马克思主义哲学到中国化的马克思主义哲学，当然承担这一"中国化"任务的是"人"，是主体，但这并不是真正的历史主体，真正的历史主体必须是广大的人民群众，使他们掌握中国形式、中国作风和中国气派的马克思主义哲学。如果说，离开广大的人民群众，那么，马克思主义哲学中国化就失去了它的历史意义，而只能变成少数哲学家个人心灵的诉求或精神的私语。如此一来，马克思主义哲学中国化就会远离人民群众，远离马克思主义哲学关注现实、"改变世界"的本质。从西方哲学史来看，无论是黑格尔、青年黑格尔派还是费尔巴哈，之所以在"人"的问题上躲躲闪闪、态度暧昧，就是因为害怕将历史中的真正主体力量从现实中解放出来，所以，尽管他们也在那里强调"人"的"解放"，但是这种"解放"只是词句的"解放"，完全不是"现实的世界"的解放，因而不是真正的解放。这种"批判的历史"认为，在历史活动中重要的不是"行动着的群众"，而是"观念"。用各种形式的"抽象的人"的观念掩盖对"现实的人"的科学认识，这和他们的阶级立场和哲学原则不无关系。马克思认为，"'解放'是一种历史的活动，不是思想活动，'解放'是由历史的关系，是由工业状况、商业状况、农业状况、交往状况促成的"①，所以，要真正使"现实的人"作为"历史前提"，彻底实现人和自然在历史中的真正统一，就必须"使现存世界革命化，实际地反对并改变现存的事物"②。马克思将"现实的人"从费尔巴哈的"一般人"等抽象的人、抽象的历史概念中解放出来，又和现实的无产阶级运动结合起来，从而不仅将"解放"的目标指向现实的历史条件，即资本主义制度，而且还指向未来的历史条件，即共产主义，归根结底，解放的对象就是"现实的人"，解放的目标就是实现人的自由而全面的发展。马克思不仅阐明了解放是一种历史活动，而且也指出："历史活动是群众的事业，随着历史活动的深入，必将是群众队伍的扩大。"③ 由此可见，历史是由人民群众创造的。这就是以"以人为本"

---

① 《马克思恩格斯选集》第1卷，人民出版社1995年版，第74—75页。
② 同上书，第75页。
③ 《马克思恩格斯全集》第2卷，人民出版社1957年版，第104页。

为原则和方法建构现代性的历史依据。在这一原则和方法中，历史不再抽象，人民也不再渺小。

三 "以人为本"的理论要求

胡锦涛指出："科学发展观，第一要义是发展，核心是以人为本，基本要求是全面协调可持续，根本方法是统筹兼顾。"这表明，"科学发展观"并不是一道纯粹的经济学命题，而是指向社会主义现代化建设的总体性思想，不仅反映了中国马克思主义者对发展的科学认识，也体现了对中国现代化的基本要求。"科学发展观"的科学内涵十分丰富，从主旨、核心、要求和方法四个方面全面表达了中国共产党人对全面建设现代化的基本构想，是中国现代性建构的基本纲领，是马克思主义中国化的当代表现和最新成果。这四个方面相互联系，缺一不可，其核心是以人为本。

在现代化的问题上，无论是西方还是中国，曾存在着两种片面的认识和做法。一是将发展经济化，只讲经济增长，不讲人的发展，不讲社会全面进步，这是典型的发展主义；二是将发展精神化，只讲人的精神与道德，不讲发展的效率原则，不讲人对财富的正当追求，这是典型的"道德主义"。从现代性的角度来看，这是科学性与价值性的分离与对立的表现。科学发展观将"发展"作为第一要务、将"以人为本"作为核心，在现代性的基础上实现了发展问题和人的问题、科学性和价值性的现实统一，从而在现代化的道路上形塑了"中国经验""中国模式"。所以建构中国现代性，必须深刻认识"以人为本"的现代性意蕴，在深入阐释科学发展观的基础上科学把握中国现代化发展中的根本性问题。

1. 科学发展观与"发展主义"

进行现代化建设，必须从中国的基本国情出发。如果说改革开放之初，中国的基本国情主要表现在经济发展比较落后的话，那么，经过30多年的改革开放，中国在经济发展方面则取得了的巨大进步，而这是否意味着中国的基本国情发生了根本性改变，中国已经进入"后现代"工业社会，现代化建设已无必要了？答案显然是否定的。从中国现代化进程来看，中国最大的问题不是发展够了、不必再搞现代化的问题，而是发展不够、"发展中"的问题。尽管近年来中国现代化取得了巨大进步，但是中国仍然是一个发展中国家，这是不容置疑的事实。近年来，西方国家某些政治家和理论家一再散布"中国威胁论",企图在中国"发展中国家"的身份认同上制造中国与发展中国家的对立,说什么中国现在已成为一个"强大"的国家,中国的崛起对亚太地区和世界和平构成了"威胁",凡是明白事理的人一看就知道其中的政治意图:中国的"不发展"才是他们的真实目的。所以资本主义体系一天不瓦解,西方的殖民心态一天就不会终结。问题再回到中国的发展问题上来。既然中国现在的问题还是发展不够、"发展中"的问题,那么这是否说明:中国也必须像西方那样将经济增长作为现代化的首要的唯一的目标?也就是说,只要经济上去了,GDP 上去了,中国的现代化就成功了?诚然,经济增长、经济现代化对于社会发展有着十分重要的意义,是现代化一个重要内容和目标,特别是对于中国这样人口众多、底子薄弱的后发型现代化国家来说,"发展""跨越式发展"更有着特殊的历史意义。正是基于发展的认识,毛泽东在 20 世纪 50 年代阐述了"现代化"的意义,邓小平在 20 世纪 80 年代也提出了"发展是硬道理"的口号。不可否认,中国的现代化主要是从经济这个层面展开的。毛泽东在 20 世纪 50 年代将农业放在现代化的首位,将工业化置于核心,就是基于经济增长对于国民经济建设的意义,也是基于经济发展对于整个社会主义事业的意义;邓小平在 20 世纪 80 年代提出党的基本路线是"以经济建设为中心",明确指出除非国内发生大规模的战争,必须坚持基本路线一百年不动摇。从毛泽东到邓小平,这种对经济现代化的重视,集中代表了中国人民对发展现代化的理想和决心。

不可否认,在现代化建设的实际过程中,这种重视经济建设的思想在落实的过程中一些地方和部门发生了一些偏离党的基本路线的做法,将"以经济建设为中心"的思想曲解为只要经济一切问题都能够解决,片面追求经济增长,这种做法一度还演变为唯 GDP 主义、GDP 崇拜之风。毫无疑问,这就是西方一些理论家所倡导的发展主义。发展主义对于发展中国家有很大的影响,甚至占据一些国家的意识形态地位。发展主义的价值预设是:经济增长能够提高人们的生活水平、促进社会平等和进步。在发展主义思潮的引导下,追求经济增长就成为发展的直接目的。发展主义理论的实质就是主张以物为本,搞金钱崇拜,所以说按照发展主义理论的逻辑,现实生活中盛行金钱主义并不为怪。西方社会物化现象的膨胀与蔓延,是现代性陷入困境的一个重要表现。弗罗姆对此提出了批评:"自进入工业时代以来,几代人一直把他们的信念和希望建立在无止境的进步这一伟大允诺的基石之上。他们期望在不久的将来能够征服自然界，让物质财富涌流，获得尽可能多的幸福和无拘束的个人自由。"①

众所周知，马克思十分重视经济对社会发展的作用，将经济看作是决定其他领域的"基础"。马克思这一思想本是对现实的深切洞察，但被西方批评为"经济决定论"，意在讽刺马克思眼界中只有"物"而没有"人"。这当然是对马克思唯物史观的误读和曲解。恩格斯曾指出：

> 根据唯物史观，历史过程中的决定性因素归根到底是现实生活的生产和再生产。无论马克思或我从来没有肯定过比这更多的东西。如果有人在这里加以歪曲，说经济因素是唯一决定性因素，那么他就是把这个命题变成毫无内容的、抽象的、荒诞无稽的空话。②

"科学发展观"明确将"发展"作为第一要义，这是基于中国现代化的科学认识和判断，而不是发展主义"在中国"的运用，科学发展观不等于发展主义。因为科学发展观明确提出，"以人为本"是核心原则，发展必须体现这一原则，这就和发展主义的"以物为本"的原则区别开来。"以人为本"的"人"不是一个抽象的概念，而是指"现实的人"，即中国最广大的人民群众。所以，"以人为本"的发展观就是要将人民群众的根本利益作为核心原则，真正体现中国共产党是"最广大人民利益的根本代表"这一立党建党的党性要求。"在当代中国，坚持发展是硬道理的本质要求就是坚持科学发展"③，"要坚持发展为了人民、发展依靠人民、发展成果由人民共享"④。这就是科学发展观的真实意义之所在。

2. 科学发展观与"粗陋共产主义"

从现代化的实践来看，由于建立了市场经济，将经济发展摆在现代化优先发展地位，将劳动作为分配的基本原则，这就不可避免地引起社会贫富差距现象的产生和扩大，在这种情况下，有人认为，市场经济不如计划

---

① [美]弗罗姆：《占有还是生存——一个新社会的精神基础》，关山译，生活·读书·新知三联书店1988年版，第3页。
② 《马克思恩格斯选集》第4卷，人民出版社1995年版，第695—696页。
③ 胡锦涛：《在庆祝中国共产党成立90周年大会上的讲话》，人民出版社2011年版，第20页。
④ 同上书，第25页。

经济好、按劳分配不如平均主义好、发展不如不发展好等。这是否意味着：宁要"社会主义"的"穷"，不要"资本主义"的"富"？

不可否认，在现代化过程中，由于现代性发展还不够充分，社会产品还未达到"按需分配"的地步和程度，一些人对发展、对现代化、对改革开放产生一些看法是正常的，有些看法也不无道理，但是市场经济从来不站在道德"感伤主义"这一边。平均主义是"道德主义"的价值选择和追求。在空想社会主义运动中，平均主义的"发言人"就是"粗陋共产主义"。"道德主义"的价值预设是：效率与公平不可协调、财富和幸福相互对立、社会主义与市场经济难以相容。这里的三个问题中，第一个问题和第三个问题，上文已有论述，在此不再赘述。这里着重谈谈第二个问题：财富和幸福相互对立。

在"道德主义者"看来，追求财富必然损害道德、危及幸福。"现代化"的发展果如其然吗？这里有必要先行对财富和幸福两个问题进行考察。重商主义曾认为：财富就是金钱；只有在流通中资本才能增值。后来重农学派将农业劳动看作是财富的唯一源泉，从而将对财富的认识从主体方面推进到客体方面、从流通领域推进到生产领域，斯密则通过劳动价值论来展开对国民财富的性质和原因的研究。这些研究虽然避免了将财富看作是自然的或神赐的错误，将劳动看作是财富的源泉，显示了古典经济学家思想的深刻性，但由于对劳动本身缺乏深入的认识，从而最终在财富的问题上并未走出理论自身的困境。马克思通过异化劳动这一概念批判了资本主义私有财产的本质，揭示了资本主义社会的占有本质，对财富及其增长作了详细的考察，认为"财富的本质就在于财富的主体存在"①，表明财富的本质不是物，而是由人创造出来的。马克思明确指出，如果抛弃狭隘的资产阶级形式，财富才在生产和生活中回归其普遍性。

> 财富不就是在普遍交换中产生的个人的需要、才能、享用、生产力等等的普遍性吗？财富不就是人对自然力——既是通常所谓的"自然"力，又是人本身的自然力——的统治的充分发展吗？财富不就是人的创造天赋的绝对发挥吗？②

---

① 《马克思恩格斯全集》第3卷，人民出版社2005年版，第292页。
② 《马克思恩格斯全集》第30卷，人民出版社1995年版，第479—480页。

在资本主义社会,所谓的财富问题并非来自经济增长本身,而是表现在财富的生产者与占有者的分离与对立上。"粗陋共产主义"者看到了这一点,主张以"平均主义"来解决消除资本主义社会的财富不均的问题,"倡导普遍的禁欲主义和粗陋的平均主义"①。毫无疑问,"粗陋共产主义"者所主张的"禁欲主义"和"平均主义"受到了马克思的批判。这不是历史的进步而是倒退。真正克服资本主义社会财富的生产者与占有者的分离与对立的唯一的现实途径,就是推翻资本主义制度,建立社会主义。只有在社会主义历史条件下,财富才能得以最终解决。"科学发展观"无疑体现了社会主义这一方向。"以人为本"不是以某个人为本,而是以广大的人民群众的根本利益为本,在社会主义条件下,广大人民群众的根本利益是一致的。社会主义生产资料的公有制主体地位和按劳分配的原则保证了财富的公平分配,体现了社会主义正义的现实性和真实性。此为其一。其二,财富并不是幸福的唯一指标。"如果一个时代的风尚、自由和优秀品质受到损害或者完全衰落了,而贪婪、奢侈和放纵无度之风却充斥泛滥,那么这个时代就不能称为幸福时代。"② 对于什么是幸福,从来就没有固定的定义,其歧义最大之处就在于财富是否构成幸福的唯一尺度。诚然,幸福与财富并不是一致的关系,但也不是对立的关系。合法追求和享有财富,是现代公民的基本权利,这种基本权利体现在每一个公民的劳动权上。在社会主义社会,国家和社会充分赋予每一个有劳动能力的公民的劳动机会和岗位,这是公民争取财富的合法途径,受国家法律和政策的保护。幸福指数实质上是一个社会经济发展和人的发展全面的反映。在马克思看来,财富的尺度可划分为两类:一类是劳动的尺度,二类是人的发展尺度。如何处理两者的关系,是现代化建设中的重要课题,它不仅涉及如何把握经济发展和人的发展之间的关系,而且涉及对幸福的理解。正如有的学者所指出的:"在创造财富的'发展'上,就不能把发展仅仅理解为经济发展,同时必须突出人的发展以及为实现这一发展所要求的政治、文化、教育、科学等社会的全面发展。只有这样的发展,才能真正创造出像马克思所指出的那种全面的财富,才能真正实现从财富的劳动尺度到人的发展尺度的转换,才能真正适应财富发展的历史潮

---

① 《马克思恩格斯选集》第1卷,人民出版社1995年版,第303页。

② 同上书,第463页。

流和内在规律。"①

3. 科学发展观与"唯生产力论"

生产力是社会发展的最终力量,也是检验社会发展的最终标准。从这个意义上讲,是否就意味着只要生产力上去了,一切社会发展问题都解决了?其实在这里,生产力是从两个方面讲的。人类社会发展的最终力量、检验社会发展的最终标准,是从历史本体论的层面讲的,从社会发展的动力这个视角来看,再没有什么比生产力更根本、更重要的了,检验社会发展的标准问题同样是这个道理。但后面讲到的只要生产力上去了,社会发展的所有问题就解决了,这个问题则不属于历史本体论问题,而是属于具体操作层面的问题。从这个层面来看,只要生产力上去了,一切社会发展问题都能解决的"唯生产力"论则是一种错误的观点。生产力表示的人和自然的关系。在人类社会,除了人和自然的关系外,还有人和人的关系、人和自身的关系。"唯生产力"论则只强调人和自然的关系,这实质就是只强调科学性而忽略价值性。科学性与价值性的分离乃至对立,不仅将现代化过程中大量的负面的后果转嫁给社会的"人",使"人"承担起发展的消极后果,从而疏离了人和人的现实关系,而且也给自然带来严重的破坏,使自然和人关系紧张,导致环境的恶化和破坏。由此可见,"唯生产力"论是一种片面的发展观。西方现代的发展理论就是这种只关注人和自然的关系而疏于人和人的关系的"唯生产力"论。科学发展观明确主张走全面协调可持续的道路,讲求统筹兼顾的方法,这显然是一条科学的现代化发展道路。所谓科学的发展,实质上就是物质文明、精神文明和生态文明的高度统一。从这个意义上说,科学的现代化道路是生产力与生产关系、物质财富和精神财富、人的发展和生态发展的高度的现实的统一。

总而言之,中国马克思主义者在社会主义现代化建设的历史进程中,创造性地将"以人为本"作为现代国家治国理念和中国现代性建构的基本信念,这不仅展示了马克思主义哲学中国化的思想力量和理论自信,而且表达出中国社会主义现代化实践中丰富的现代性意蕴与追求。

---

① 丰子义:《关于财富的尺度问题》,《哲学研究》2005年第6期。

结 语

马克思主义哲学中国化的
理论自觉与创新

以中国的现代性问题为中心，建构中国马克思主义理论的开放的社会空间，使理论和现实紧密结合起来，实现理论与实践的双向运动和互构，这是马克思主义哲学中国化的理论自觉、理论自信和理论创新三者统一的表现和要求。

一 以实践为进路，建构中国现代性，推进马克思主义哲学中国化的理论自觉

以面向中国现代化问题为中心的实践进路，就是一条真正将马克思主义哲学中国化的理论活动引入现实底层和历史深处的哲学路线。

1. 以实践为进路，面向中国现代化问题，是马克思主义哲学理论品格的本质要求

从哲学史的视角看，马克思主义哲学作为现代哲学的根本原因，就在于马克思主义哲学实现了近代哲学史上的主题置换和原则革命，使哲学由理论解释层面的思辨王国进入现实斗争的实践领域。马克思主义哲学"第一次为人类提供了科学性与革命性相统一的世界观和方法论，开辟了认识世界和改造世界的正确道路"[①]。从 19 世纪 40 年代以来，曾经和马克思主义哲学展开过激烈论争的哲学思潮和流派都恍如过眼烟云，消失在历史的长河之中，唯独马克思主义哲学至今仍保持着强大的生命力，"站

---

① 陶德麟、汪信砚主编：《马克思主义哲学的当代论域》，人民出版社 2005 年版，第 669 页。

在时代的前沿，占据理论思维的高峰，成为当代不可超越的哲学"①。究其原因就在于这是由马克思主义哲学自身特有的理论品格所决定的。概括起来，马克思主义哲学的理论品格体现在理论与实践的统一、阶级性与人类性的统一、原则性与开放性的统一、科学精神与人文精神的统一四个方面，马克思主义哲学这些鲜明的理论品格正是无产阶级在革命实践中锻造出来的。实践是马克思主义哲学建构的首要的基本的原则。是否确立实践的思维方式，是马克思主义哲学和其他哲学区别的根本标志，也是我们理解马克思主义哲学中国化的关键和前提所在。

以中国形式、中国作风、中国语言呈现的中国化的马克思主义哲学，通过中国特色的民族化形式传承着马克思主义哲学的理论品格和内在精神。最为根本的是，中国化的马克思主义哲学是在中国革命和建设的伟大实践中马克思主义哲学和中国实际相结合的理论结晶。所以，只有以实践为进路研究马克思主义哲学中国化，才能坚持和发展马克思主义哲学，永葆马克思主义哲学的理论品格，真正捍卫马克思主义哲学的科学性、革命性和实践性。

2. 以实践为进路，面向中国现代化问题，是马克思主义哲学中国化的必然要求

中国化的马克思主义哲学之所以发展为民族性鲜明、时代感强烈、生命力长久的马克思主义哲学，就是因为中国共产党人始终坚持实事求是的科学态度，坚持以中国实际问题为中心的思想方法，将中国革命和建设与马克思主义哲学的基本精神、基本原理结合起来，从而极大地推动了马克思主义哲学的理论创新，并深刻地改变着中国近现代的民族历史和人民命运。中国革命和建设的实践充分证明：马克思主义哲学与中国实际的结合不仅是可能的，而且也是必要的。马克思主义哲学中国化理应成为当代中国马克思主义哲学的理论范式。

不可否认，有些学者其实是借马克思主义哲学中国化之名，行否认马克思主义哲学中国化意义之实。这些论点或脱离马克思主义哲学中国化本身的历史进程，或离开马克思主义哲学自身的立场、观点和方法，以致把马克思主义哲学中国化的历史进程蜕变为抽象的思想观念活动，发人深

---

① 陶德麟、汪信砚主编：《马克思主义哲学的当代论域》，人民出版社2005年版，第684页。

思。所以，我们应以马克思主义哲学中国化的实践展开为进路，通过对马克思主义哲学理论品格的科学把握，将理论研究的出发点、落脚点与中国革命和建设的实际问题结合起来，并由此拨开历史进程中所弥漫的层层迷雾，在实践的历史根基处呈现马克思主义哲学中国化的真理之光和价值之维。

3. 以实践为进路，面向中国现代化问题，是马克思主义哲学中国化的基本原则和基本方法的根本体现

马克思主义哲学中国化是中国马克思主义者以特有的民族实践方式和理论方式，推进、发展马克思主义哲学的生动历程。我们要从哲学上将这一思想成果、思想方法作为构建中国现代性的理论基础，就必须以实践为进路，在实践中实现马克思主义哲学与中国实际之间现实的"视界融合"。换言之，我们必须在实践中把握马克思主义哲学中国化的基本原则和基本方法。

实现马克思主义哲学中国化，必须坚持历史唯物主义的基本原则。正如我国著名马克思主义哲学家李达所言："唯物辩证法，是唯一的科学的世界观……所以我们在研究唯物辩证法的一般原理之时，必须站在历史主义的立场，说明唯物辩证法的孕育、诞生及其发展的过程，指出这个哲学实是人类认识史的总计、总和与结论。"[1] 作为"人类认识史的总计、总和与结论"的马克思主义哲学，在和中国实际的"结合"中，并不是自动对接的，而是通过中国马克思主义者在革命和建设中不断实践的结果。在中国革命和建设的实践中，马克思主义哲学中国化并不是一条直线型的过程，其中也发生过一些错误。对待错误就必须坚持正确的原则："不论对待何种错误，都需要遵循历史主义的原则，把它放在当时当地的历史环境中去剖析，这才有助于使错误成为正确的先导。"[2] 历史唯物主义原则就是马克思主义哲学中国化研究中的科学世界观、实践观。

实现马克思主义哲学中国化，必须坚持实事求是的科学态度。实践是一个主观和客观相统一的过程，它要求理论为之服务，否则，理论将失去其存在价值。所以，不管理论有多么高深，认识出现怎样的变化，都必须

---

[1] 李达：《社会学大纲》，武汉大学出版社2007年版，第4页。
[2] 陶德麟、汪信砚主编：《马克思主义哲学的当代论域》，人民出版社2005年版，第63页。

做到理论联系实际，实事求是。要达到这一目的，我们必须做到在实践中坚持和发展马克思主义哲学，这既是我们对待马克思主义哲学应有的科学态度，也是我们发展马克思主义哲学应有的优良学风。"首先是态度问题，即到底是在实践中坚持和发展马克思主义，还是这样那样地否定和背离马克思主义"①；"其次是学风问题，即到底是在实践中坚持和发展马克思主义，还是把马克思主义当作僵死的教条，遇事都从本本上寻找答案。"② 态度和学风问题不仅是马克思主义哲学中国化的原则问题，也是马克思主义哲学中国化的方法问题。必须运用科学的方法推进马克思主义哲学中国化的发展，要反对抽象空洞地、孤立静止地对待之。马克思主义哲学中国化既是马克思主义哲学与中国实际相结合的发展过程，也是中华民族意识觉醒、中国人民自由解放的历史过程。这就决定了马克思主义哲学中国化的理论空间是以中国现代化为问题中心，必须结合中国的实际和时代的发展，研究马克思主义哲学中国化。所以马克思主义哲学中国化的发展必须同时具备两种视野，即马克思主义哲学中国化的世界视野和中国视野，以此深化我们对世界历史、共产主义的历史进程和中国现代化过程的认识，实现思想方法和时代主题的内在统一。

二 深入批判"全球主义"意识，实现马克思主义哲学中国化的新发展

以中国现代化问题为中心，建构中国现代性，必须不断开拓马克思主义哲学中国化的世界视野，运用历史唯物主义分析和批判"全球主义"意识，实现马克思主义哲学中国化的新发展。

1. 全球化与"全球主义"意识

中国现代化建设离不开全球化进程。这是历史经验的总结，一般来说人们对此并无异议。但在如何对待"全球主义"意识的问题上，学术界存在着分歧。如何面对"全球主义"意识，关系到中国现代性的建构，关系到马克思主义哲学中国化的发展，为此，我们必须运用历史唯物主义基本思想对"全球主义"意识展开分析与批判。

---

① 陶德麟、汪信砚主编：《马克思主义哲学的当代论域》，人民出版社2005年版，第551页。

② 同上书，第553页。

从 20 世纪 80 年代以来，全球化越来越为人们所关注。当代学界对此也给予了高度重视。在推介西方全球化理论、学说的时候，国内一些学者的态度十分积极而明确。有的学者认为，"如果要用一个词汇来概括当今时代特征的话，那么，毫无疑问，'全球化'将成为使用率最高的词汇"①；"从世界历史的角度看，全球化实际上是人类发展的一个新阶段，是我们这一时代的最重要特征"②。这种热议的现象在西方尤甚："关于全球化的讨论遍及并震撼了整个公众舆论"③。从目前学界关注的问题来看，关于全球化研究越来越多。种种迹象表明，作为当今时代的重大问题，人们开始以理论的形式关注全球化的存在方式。美国学者罗兰·罗伯逊1990 年曾预言道："全球性问题很可能成为 21 世纪初期主要意识形态与分析性碎片的基础。"④ 可以说这一预言在今天已变成了现实。围绕全球化问题，不同的意识形态展开了激烈的斗争。目前全球化研究中就充斥着一种"全球主义"意识。以"全球主义"意识为标示的全球化理论、学说占据了当今学界的前沿领域。"全球化将改变我们的艺术，我们的文化，我们的文学，实在是关乎我们人类自身的重要概念。"⑤ "全球主义"意识通过各种方式渗透到经济学、政治学、社会学、人类学、文化学、哲学等学科之中。这些学科从不同的领域和方向向我们展现了当代世界的开放性和丰富性，同时也为我们展示了"全球化"研究的广泛性和复杂性。但直到目前为止这些研究还不能直接推动一门新的、具有方法论意义的学科——"全球学"的真正诞生。

"全球主义"意识能否作为新的学科范式建构起一个属于全球化时代的总体性理论、学说？尽管人们对全球化这一概念的认识存在着巨大的分歧，但大概无人能否认全球化存在这一历史事实。全球化已成为当代社会发展的历史形态，换言之，全球化就是人类当下生存与发展的生活样态。

---

① 刘金源、李义中、黄光耀：《全球化进程中的反全球化运动》，重庆出版社 2006 年版，第 1 页。

② [瑞典] 约翰·诺尔贝格：《为全球化申辩》，姚中秋、陈海威译，社会科学文献出版社 2008 年版，"《全球化译丛》总序"。

③ [德] 乌尔里希·贝克：《什么是全球化？》，常和芳译，吴志成校，华东师范大学出版社 2008 年版，第 16 页。

④ [美] 罗兰·罗伯逊：《为全球化定位：全球化作为中心概念》，《全球化话语》，梁展编选，上海三联书店 2002 年版，第 9 页。

⑤ David Renton, *Marx on Globalisation*, London: Lawrence & Wishart, 2001, p. 4.

英国著名学者安东尼·吉登斯认为,"全球化并不是我们今天生活的附属物。它是我们生活环境的转变。它是我们现在的生活方式"①。德国慕尼黑大学社会学研究所贝克教授也认为,"21世纪的今天,全球化无疑是各学科讨论的焦点,是学术界研究的核心。在社会发展过程中,全球化扮演着重要的角色"②。从作为"生活方式"的全球化到作为"学术界研究的核心"的"全球化"理论,似乎都在提醒我们,"全球主义"意识的合法性是不容置疑的。在为"全球化"的辩护中,建构一个"全球化"总体性理论、学说就成为"全球主义"意识的必然逻辑。但能否以"全球主义"意识为范式建构起"全球化"理论、学说,则是一个需要探讨的问题。

纵观全球化研究,我们不难发现,"全球主义"意识还未能建构起一个与全球化时代相应的总体性理论,这是与围绕全球化形成的两种力量有着密切关系。这两种力量是:一种是"为全球化申辩"的全球化运动,另一种是"反全球主义"的反全球化运动。这两种力量的分野表明:"全球化"是一个歧义丛生、充满陷阱的概念。如果不对全球化作历史唯物主义的分析,"全球化"研究将被一种虚假的历史意识所主导,这种意识不仅不能澄清人类活动的真实意义,反而将不断地遮蔽历史的根基,阻止真正的历史意识出场,从而使"全球化"研究范导于一种反"意识形态"的新的意识形态,制造一种新的"神话"。

2. 对"全球主义"意识的历史观批判

毫无疑问,全球化是一种历史现象,所以我们对"全球化"的认识必须以此为基础。从全球化的内容与指向来看,全球化意指人类全球性社会的形成与发展。这里论及的"全球性社会"是指一种全球性的社会空间。这种社会空间显然也是一种历史性空间。人类社会并不是一开始就处在全球普遍交往当中的,也就是说,人类社会的端点并不是全球化的起点。在前资本主义社会,人类社会的发展主要是在地域史、民族史的视域中进行的。随着15世纪前后地理大发现的到来,人类社会才真正突破了

---

① [英]安东尼·吉登斯:《失控的世界》,周红云译,江西人民出版社2001年版,第15页。
② 转引自[德]乌尔里希·贝克《什么是全球化?》,常和芳译,吴志成校,华东师范大学出版社2008年版,"代序:全球化与风险社会研究"。

狭隘的地理单元意义而连接为共同存在的历史统一体，从而开启了人类历史的新纪元。从社会动力学的维度看，全球化的形成、发展，离不开近代工业、商业活动和全球交往活动；反过来，全球化又推动了近代工业、商业和交往的发展。在政治、经济、文化等多种因素的作用下，当代全球化已基本呈现出"全球性"特征和世界一体化态势。反思全球化的历史进程可以看到，全球化具有复杂性、矛盾性。全球化一方面推动了社会历史的巨大发展；另一方面也给人类生活带来了不容忽视的现实的全球性问题。全球化的这种"双重效应"，不断引发了人们对全球化本身的检讨。在西方，许多学者提出的"替代"理论等就是对这一学术检讨的回应。因此，如何认识全球化，用一种什么样的历史意识架构我们的认识框架，就成为摆在人们面前的当务之急。

目前，有人主张以世界一体化、整体化的态势来阐释全球化，这显然是不科学的。这种观点至少对全球化的现实内容、领域、边界，特别是全球化的本质还缺乏深入的认识。作为一种"全球性的社会空间"，它不仅应是和谐的，更重要的是它必须是符合人性的（具体的历史的），为每个人的自由与发展提供现实条件，当然，这里的"人"是现实的、具体的人。从根本上讲，"全球性社会"或"全球性的社会空间"必须和这种现实的、具体的人的自由与发展是内在一致的。但是，通过对全球化现象的历史分析可知，全球化并不"和谐"，也不"人性化"，相反，它充满了个人的、阶级的、民族的诸多矛盾。

所以，在关于全球化的认识中，我们必须深入分析意在忽略或否认矛盾的"全球主义"意识。正如贝克所言："全球化是过去和未来数年里使用（滥用）最多、界定最少、最容易被误解、最模糊并且政治上最有影响的（标语和有争议的）词语"，因而"区分全球化的不同领域是十分必要的"[1]。正是在不同的社会空间中，全球化的本质才得以在可能与现实之间充分展露。在目前的讨论中，学界已开始用经济全球化、文化全球化、信息全球化、生态全球化等具体语词，来指称经济、文化、信息、生态等领域的全球化，但这只是一种学理上的描述。不同领域的全球化，其范围、程度、规模等空间是不同的。大致来说，全球化呈现出两种可能

---

[1] ［德］乌尔里希·贝克：《什么是全球化？》，常和芳译，吴志成校，华东师范大学出版社2008年版，第23页。

性；另一种是现实的可能性，一种是抽象的可能性。① 从全球化的历史进程来看，经济是推动全球化演进的决定性力量，意识形态则是全球化的价值维度。经济全球化以资本、市场、技术为基本要素，实现了人类社会从农业社会向工业社会的重大变革，这种重大的社会变革构成了现代化的重要内容。在当代，经济全球化主要指跨国之间的贸易、资本、技术等融入世界经济中，从而形成一种以世界市场体系为基本特征的全球性经济。从经济全球化和现代化的这种历史联系中，我们可以高度肯定全球化的存在与意义。但是，全球化和现代化并不是一回事。现代化的核心是人的现代化，全球化的进程恰恰呈现出与之相反的逻辑。换言之，资本内化的逻辑结构生成了全球化资本主义化的进化路线。正是这一路线图的空间扩展，从而引发了系列的全球性问题，这些问题不仅表现在经济领域，也表现在政治、文化、生态等领域，当代政治空间中的正义与公平问题、文化领域中的价值与道德问题、生态维度中的人与自然的问题，就是这些全球性问题的集中体现。"全球化并不以公平的方式发展，而且它所带来的结果绝对不是完全良性的。"② 所以说全球化始终伴随着批评的声音。批评的根据在于，全球化实质上是资本主义在全世界的延伸，因为，在全球化运动中，占主导地位的一直是少数发达的资本主义国家，这些国家凭借其经济、政治、文化和军事等硬实力和软实力，从不间断地向世界其他国家和地区推行资本主义模式和渗透以西方价值观为核心的意识形态。从这个意义上讲，全球化就是资本主义化、西化。当然，全球化时代并不等于资本主义时代。如何将全球化时代纳入资本主义框架，在世界范围内建立和发展资本主义制度体系，就成为资产阶级"阶级意识"的价值旨归，这也就是当下值得深入反思的"全球主义"意识。在笔者看来，反全球化者对全球化批评的根据是可信的，其意见是中肯的。不可否认，经济全球化在消除贫困、促进增长、化解社会风险等方面发挥了积极的作用，但它仍然不能也不可能解决当今世界发达国家和欠发达、不发达国家之间的巨大差距。全球化运动无法消除世界市场化和人性化之间的深刻矛盾。所以只

---

① 参见拙作《经济全球化与文化全球化之可能性》，《江苏大学学报》（社会科学版）2009年第5期；《全球化的文化向度与中国文化软实力构建》，《思想理论教育》2009年第13期。
② [英] 安东尼·吉登斯：《失控的世界》，周红云译，江西人民出版社2001年版，第10页。

要以资本主义为核心价值目标，"全球主义"意识就难以书写出历史的真实意义来。"全球主义"意识粘贴着高扬"人类意识"的标签，实质是以维护阶级统治名义出场的个人意识。这是一种典型的与历史的真实性相悖的虚假的"历史意识"。

面对来自反全球化者的批评，西方很多政治家、包括新自由主义在内的学者也在极力为"全球化"，为资本主义辩护，为"全球化"理论谋划空间和未来。"全球主义"就是一种很有代表性的"全球化"理论。贝克将全球主义理解为世界市场统治思想、新自由主义思想、排斥或代替政治行动的思想。贝克认为，全球主义"这种思想强调单一经济的因果关系，把多重领域的全球化简化为单一经济领域的全球化，同时这一领域是单向发展的。如果人们谈到生态、文化、政治以及文明社会等其他领域的全球化，也是把它们放到世界市场体系总框架中探讨"①。对照贝克的有关阐释，结合当代各种全球主义的主张，笔者认为，全球主义的本质在于，用一种"全球主义"意识即世界市场体系意识来诠释全球化，以此建构一种"全球化"的总体性理论，"推动或设法进行一种（特殊形式的）全球化的政策"②。将全球化等同于经济全球化，将经济全球化等同于世界市场体系，将世界市场体系等同于资产阶级意识、"资本主义精神"，这就是全球主义诠释学的逻辑推论。纵观全球化运动，占据全球化主导地位的一直是西方发达资本主义国家，这是不可辩驳的历史事实。西方发达资本主义国家以资本、市场和技术为实力基础，不断以各种方式推进经济一体化进程，从而将不同的国家、民族都纳入全球化进程之中。当代全球化运动中的结果是，在世界经济、政治与文化等社会空间中已构筑起一个形式平等而实质上不平等的中心—边缘的差序格局。处在中心地位的当然是西方发达资本主义国家，而处在边缘地位的就是广大的发展中国家和不发达国家。这种中心—边缘的全球差序格局显然是有利于维护资产阶级利益的，而这也正是"全球化"理论所要达到的真正目的。"我希望目前全球

---

① [德]乌尔里希·贝克：《什么是全球化？》，常和芳译，吴志成校，华东师范大学出版社2008年版，第11页。
② [荷]让·内德文·皮斯特：《作为杂合的全球化》，载梁展编选《全球化话语》，上海三联书店2002年版，第104页。

的全球化的观念在其他事情中能清楚地代表一个提供整合的思想。"① 所以只要支撑世界市场基础的资本本性不改变,"全球主义"意识提供这种"整合"全球化的观念就会一直维持不变。令西方学者失望的是,资本不是"圣物"。资本在历史上虽然起过非常大的进步作用,但在资本主义历史条件下资本的社会本质却是反人性的,"资产阶级即资本"②。马克思一针见血地指出:"在资产阶级社会里,资本具有独立性和个性,而活动着的个人却没有独立性和个性。"③ 所以说在全球化资本主义化的语境中,全球化也具有反人性的一面,也就是说,全球化的"人性化"是缺失的。"许许多多人仅仅依靠自己劳动为生……他们陷于绝境,这种状况是以世界市场的存在为前提的。"④"世界市场的存在"就是全球化。广大的工人阶级和其他劳动者"陷于绝境",是以"世界市场的存在为前提的",也就是和全球化分不开的。尽管有的西方学者也在极力为全球化的"人性化"辩护,但只要全球化以"西方"为中心的旧的经济秩序和政治秩序未发生改变,那么,全球化之资本主义化、西化的本性就不会改变,现代民族国家生存与发展空间逐步消解的趋势也不会改变。"人们尚未意识到,在全球化的进程中,工会、政治和国家利益都受到了触动。"⑤ 从当下全球化的影响来看,虽然发达资本主义国家对全球化的影响逐渐减弱,世界格局发生了重大变化,多极化趋向不断加强,但他们仍主导着全球化的基本路向。全球主义正是从这点出发,试图建立一个以"全球化"为总体性理论的历史意识和"资本主义精神"。无疑,全球主义理论是一种为资本主义辩护、张目的"全球主义"意识。

所以,我们有必要回到历史本身中,认识"全球主义"意识的历史性、阶级性,从历史观的高度予以批判。回到历史本身中,认识"全球主义"意识的历史性、阶级性,从历史观的高度予以批判。对历史的认识必须从"直接生活的物质生产"、从现实生活本身出发。不可否认,资

---

① Tony C. Brown, *The Time of Globalization: Rethinking Primitive Accumulaion*, RETHINKING MARXISM 2009 (4): pp. 571 – 584.
② 《马克思恩格斯选集》第 1 卷,人民出版社 1995 年版,第 278 页。
③ 同上书,第 287 页。
④ 同上书,第 87 页。
⑤ [德] 乌尔里希·贝克:《什么是全球化?》,常和芳译,吴志成校,华东师范大学出版社 2008 年版,第 5 页。

本主义是全球化的动力,从资本主义工业化和现代化的关系来看,"资本主义"也是全球化的重要内容,在历史上发挥过"解放生产力"的积极作用。但资本主义社会"敌视人的本质"① 并没有随着全球化而逸出。"不把工人当人来考察"② 是资产阶级阶级理论中阶级意识的真实反映。资本主义的这一历史局限性和阶级本质,决定了我们对全球化的认识必须把这一"历史"因素考虑进去。但是,西方资产阶级一些学者却企图通过一种历史虚无化的"全球主义"意识来主导全球化认识,将全球化、现代化和资本主义一并等同起来,以此弱化、淡化乃至消解人们对资本主义的批判。这并不奇怪。从方法论上看,这是以自然科学的方法来对抗历史的辩证法。在自然科学中,为了科学认识的需要,常常将现实世界的现象"纯化",排除外界的干扰,形成一种理想化的客体,以获取对真理的认识。这本来是自然科学的研究方法,但西方一些学者却将这一方法搬到历史研究之中。"全球主义"意识的出现,与这一方法的滥用是分不开的。西方马克思主义代表人物卢卡奇早就对一方法进行了批判:

> 经济形式的拜物教性质,人的一切关系的物化,不顾直接生产者的人的能力和可能性而对生产过程作抽象合理分解的分工的不断扩大,这一切改变了社会的现象,同时也改变了理解这些现象的方式。于是出现了"孤立的"事实,"孤立的"事实群,单独的专门学科(阶级性、法律等),它们的出现本身看来就为这样一种科学研究开辟了道路。因此发现事实本身中所包含的倾向,并把这一活动提高到科学的地位,就显得特别"科学"③。

"全球主义"意识之所以必须批判,既与这种滥用的自然科学的"科学"方法的不科学性有关,更主要的是与它的历史观有关。"全球主义"意识的历史观是一种抽象的历史观,是离开了"历史"的历史观。当全球化以现代化为形式,以资本主义为内容的时候,这种虚假的历史意识的产生

---

① [匈]卢卡奇:《历史与阶级意识》,杜章智、任立、燕宏远译,商务印书馆1992年版,第102页。
② 马克思:《1844年经济学哲学手稿》,人民出版社2000年版,第14页。
③ [匈]卢卡奇:《历史与阶级意识》,杜章智、任立、燕宏远译,商务印书馆1992年版,第53页。

就不足为奇了。"资产阶级思想由于它的出发点和目标始终是（虽然并不总是有意识地）为事物的现存秩序作辩护或至少是为这一秩序的不变性作证明，就必然要遇到一个不可逾越的界限。'于是，以前是有历史的，现在再也没有历史了。'"① 实质上全球化所呈现的是"历史"的现象，本质上乃是"历史向世界历史的转变"、世界历史和无产阶级"会通"的时代。全球化既为资本主义的产出提供了历史条件，也为世界无产阶级的历史登场提供了历史条件。无产阶级时代的真正到来，才是历史的真实意义所在。以资本主义解读全球化，自然会形成"全球主义"意识的资产阶级历史观。

那么，如何克服这种虚假的"历史意识"呢？如上所述，各种形式的反全球化运动就是抵制这种虚假的"历史意识"的具体实践。当然，并不是每一种形式的反全球化运动都是反资本主义的。对"全球主义"意识的批判，必须实现历史观的彻底革命，树立一种新的历史观。

历史唯物主义就是一种实现了世界观革命的科学的历史观。"在这场争取意识的斗争中，历史唯物主义起了决定性的作用。"② 马克思、恩格斯所创立的历史唯物主义学说，就是对全球化的一种理论回应。马克思虽然没有使用"全球化"的概念，但对全球化的认识是敏锐的、深刻的。"至少从 19 世纪 40 年代开始，诸如在世界资本主义的过程中，地区之间的市场贸易，金融增长和工作的新方式已经成为我们生活的一部分的时候，马克思和恩格斯与此同时就开始研究全球化了。"③ 马克思明确指出："资产阶级，由于开拓了世界市场，使一切国家的生产和消费都成为世界性的了。"④ 和其他反全球化者不同，马克思不是简单地否定全球化，马克思是"最早认识到全球资本主义新颖性，并用一种系统的方式来研究的思想家之一"⑤，但马克思也是最早对全球化展开批判的革命家。马克思通过对全球化的批判展开对世界无产阶级在"历史向世界历史的转变"中的历史地位和作用的全面论证，从而阐发了一种新的历史意识。"从这

---

① ［匈］卢卡奇:《历史与阶级意识》，杜章智、任立、燕宏远译，商务印书馆 1992 年版，第 100 页。

② 同上书，第 126 页。

③ David Renton, *Marx on Globalisation*, London: Lawrence & Wishart, 2001, p. 9.

④ 《马克思恩格斯选集》第 1 卷，人民出版社 1995 年版，第 276 页。

⑤ David Renton, *Marx on Globalisation*, London: Lawrence & Wishart, 2001, p. 9.

个阶级中产生必须彻底革命的意识,即共产主义的意识。"① 众所周知,在当代所出现的包括生态危机在内的种种全球性问题,虽然和人类的科学认识有关,但根源在于资本主义。所以我们不能仅从认识论领域寻找原因,还必须从历史领域寻求解决问题的办法和出路。在这里,历史与阶级意识的关系就摆在无产阶级面前。"只有无产阶级的意识才能指出摆脱资本主义危机的出路。"② 马克思的无产阶级的意识是个人意识、阶级意识、民族意识和人类意识真正历史地统一了的"历史意识",是在全球化的历史中形成的真正的个人意识、真正的人类意识,是一种民族化了的阶级意识。当然,无产阶级的意识或共产主义的意识不仅是一种理论批判,也是一种实践批判。如何克服当代为资本主义辩护的"全球主义"意识?——"问题在于改变世界"。在这一重大问题上,马克思说得十分清楚:"意识的一切形式和产物不是可以通过精神的批判来消灭的,不是可以通过把它们消融在'自我意识'中或化为'幽灵''怪影''怪想'等来消灭的,而只有通过实际地推翻一切唯心主义谬论所由产生的现实的社会关系,才能把它们消灭;历史的动力以及宗教、哲学和任何其他理论的动力是革命,而不是批判。"③

3. 对"全球主义"意识的批判不是对全球化本身的否定

有必要指出的是,对"全球主义"意识的批判并不意味着对全球化本身的直接否定。但我们也必须看到,在全球化时代,有两种逻辑同时存在:一是资本逻辑,二是生存逻辑。在一般情况下,我们往往只注意前者而忽视后者。其实,在全球化的影响下,后者所表现出来的问题同样重要。所谓生存逻辑,就是普通民众所构成的生活世界的力量。不可否认,在目前的全球化时代,资本逻辑占据优先地位,获得了胜利。当资本逻辑获胜后,普通民众所遭受的生活压力就会急剧增大,从而引发市民社会和国家的严重对立与冲突。"全球主义"意识的本质就是要使这种资本逻辑从西方扩张到世界范围。这无疑是资本逻辑的意识形态化。资本逻辑的扩张遮蔽了生存逻辑对现代化的重要意义。从理论上讲,生存逻辑也有获胜

---

① 《马克思恩格斯选集》第 1 卷,人民出版社 1995 年版,第 90 页。
② [匈]卢卡奇:《历史与阶级意识》,杜章智、任立、燕宏远译,商务印书馆 1992 年版,第 136 页。
③ 《马克思恩格斯选集》第 1 卷,人民出版社 1995 年版,第 92 页。

的可能性。"如果考虑到现实生活的复杂性,这两种极端可能性(指资本逻辑获胜的可能性和生存逻辑获胜的可能性——引者注)的完全实现恐怕都并非易事,而是很有可能是两种逻辑之间长期的紧张状态,两种力量之间斗争的长期胶着状态。如果长时期处于这种胶着情况下,那么如何争取更有利于生存逻辑的发展,便成了我们不能不认真考虑的事情。"[1]

中国现代化建设处在全球化进程中,从而不可避免地要受到这两重逻辑的影响。彻底否认资本逻辑,不仅不现实,而且也必然影响现代化的发展;任意放任资本逻辑,现代化的发展必将造成生存逻辑的紧张。所以消除这两种逻辑的分离与对立的状态,满足人们对物质文明、精神文明和生态文明的需求,是中国现代化所面临的重要任务。从这个意义上说,在全球化时代,中国现代性建构必须超越资本逻辑与生存逻辑的矛盾,真正发挥这两重逻辑的内在张力,从而具有世界意识、开放意识、未来意识,否则,中国现代化必将止步于自我封闭的状态中,但这并不表明,开放的现代化一定就是"全球主义"意识的思想王国,并由此成为西方国家的现代性理论取代马克思主义哲学中国化的理论通途。所以如何构建两种逻辑的科学发展机制、合理平衡两者的关系,成为中国现代性建构的一个难题。

三 中国梦的提出:道路自信、制度自信与理论自信的科学统一

现代化建设离不开资本逻辑。我们不能因为资本逻辑的存在就关闭现代化的大门。现代化是现代社会的发展趋势,是世界上每一个民族和国家走向繁荣富强的必由之路。在全球化时代,整个世界已紧紧连接在一起,形成了一个巨大的人类命运共同体。尽管这一共同体缺乏共同的原则和架构,但至少在资本的利用上具有共同享有和相互利用之处。当然,资本不是一般存在物。资本逻辑有着超出自身的力量。所以在现代化过程中我们必须认真对待资本、利用资本,而不能成为资本逻辑的附属物。这就要求我们,在进行现代化建设的过程中,不能盲目受西方资本主义的控制,必须跳出这一"怪圈"——要发展现代化,就必须接受资本逻辑的控制,受西方资本主义国家的操控。这也就是上文中所说的如何平衡资本逻辑和生存逻辑的关系。

---

[1] 王南湜:《全球化时代生存逻辑与资本逻辑的博弈》,《哲学研究》2009年第5期。

从 21 世纪中国的实际来看，要跳出现代化发展的"怪圈"，就必须以马克思主义哲学为指导，推进马克思主义哲学中国化的实践创新与理论创新，克服"全球主义"意识，实现道路自信、制度自信与理论自信的科学统一，实现中华民族伟大复兴的中国梦。

在中国现代社会转型和发展的重要历史时刻，习近平提出了中国梦的重要思想，从而将人民的历史追求与中国马克思主义者的理论表述、中国现代性建构的世界视野和中国视野统一起来。习近平指出，实现中华民族伟大复兴，就是中华民族近代以来最伟大的梦想；中国梦归根到底是人民的梦，必须紧紧依靠人民来实现，必须不断为人民造福。这个重要讲话，高度概括了中国人民百年来的历史追求，深刻揭示了中国现代社会发展和中国人民之间的内在关系，是指引中国现代化建设的"新宣言"，展示了马克思主义哲学中国化的发展空间，具有十分重要的时代意义。

1. 中国梦思想是时代精神的科学表达

中国梦不是抽象的思辨概念，不是虚构的彼岸梦幻，而是现时代的时代精神的科学表达。时代精神是由该时代的时代逻辑、现实任务和历史追求所构成的。时代精神表征着属于它这个时代的国家的、民族的、人民的根本利益。书写时代精神的历史主体是广大的人民群众。近代以来，中国人民就一直将国家富强、民族独立和人民自由作为革命动力和奋斗目标。但是，在西方列强的殖民势力和本国封建的统治力量的粗暴干涉下，这一目标最终难以真正实现。

在中国共产党的领导下，中国不仅找到了指引革命的思想武器即马克思主义，也发现了担当历史重任的革命阶级即工人阶级，从而使中国历史发生了根本性的变化，建立了属于广大人民自己的新中国。新中国的成立，实现了人民当家做主，开辟了中国历史通向民族复兴的现实道路。经过 60 多年，特别是改革开放以来 30 多年的社会主义现代化建设，社会主义在中国找到了它的真正归宿，获得了空前的发展，这是举世公认的发展成就。走中国特色社会主义现代化道路，是时代精神的本质要求。中国梦，以民族复兴为目标，以国家富强、民族振兴和人民幸福为根本内容，所以，从本质上说，中国梦是人民梦。这是中国现代的时代精神的核心和本质。

2. 中国梦思想是理论自觉和实践自觉的集中展示

中国梦是中华民族现阶段的共同理想和奋斗目标，是理论与实践结合的现代性的总体图景。当今时代是一个全球化时代。全球化既为发展中国家提供了不同的发展机遇，也为这些民族和地区带来了严峻挑战。既要应对全球社会的现代性风险，又要从历史向世界历史转变的历史进程中建构具有本民族特色的现代性，这是具有历史意识的现代国家的理性选择。中国是现代化的后发国家。在世界现代化进程中，中国失去了现代化的先发优势。这是我们必须承认的历史事实。但是，中华民族不是一个自甘落后、自守贫穷的民族；中国共产党也不是一个自我封闭的政党。反之，中国共产党是一个具有高度理论自觉和实践自觉的执政党。中国共产党人从未停止过对现代性的理论的、实践的追求。

中国梦，无疑是这一理论自觉和实践自觉的集中展示。从理论上讲，中国共产党人始终坚持马克思主义理论的指导地位，高举中国特色社会主义的理论旗帜，从不为某些外观精致，但并不适合中国社会发展的新自由主义学说和理论所迷惑。从实践上讲，中国共产党人既不走封闭僵化的老路，也不走改旗易帜的邪路，而是坚持中国特色社会主义发展道路。道路自信、制度自信、理论自信，说到底是中国梦的民族自信。习近平以中国梦统领中国共产党人的理论追求和实践探索，无疑极大地升华了中国共产党人的执政理念，彰显了中国梦的现代性意蕴。

3. 中国梦思想是马克思主义中国化的理论创新

习近平中国梦思想充分展现了中国共产党人的理论创新能力和思想智慧，是马克思主义哲学指导改革开放和现代化实践、马克思主义基本原理与当代中国实际的最新结合，是21世纪的中国马克思主义。中国梦的理论创新表现在：

（1）历史与现实的统一。中国梦充分肯定了近代以来一代代中华儿女为民族复兴所付出的艰辛努力和巨大牺牲。中国梦凝聚了几代中国人的夙愿，体现了中华民族和中国人民的整体利益，是每一个中华儿女的共同期盼。坚持改革开放的政策不动摇，坚持社会主义制度不动摇，坚持中国共产党的领导不动摇，这是现实的根本要求，也是历史的必然逻辑。

（2）理论与实践的统一。中国梦，不仅表现了中国共产党人对马克思主义的不断的理论追求与创新，也反映了中国人民的不懈的实践探索和创造。马克思主义及其中国化是中国梦的理论基础；中国人民现代化的创造性活动是中国梦的实践基础。马克思主义及其中国化理论与现代化实践有着高度的内在一致性。

（3）民族性与世界性的统一。中国梦不是美国梦，而是民族自立、民族自强、民族复兴之梦，具有十分鲜明的中国性格和民族特色。但是，中国梦也不是脱离世界现代化进程的"天下梦"。那种以王朝自居的"民族梦"，不是中国梦的现代追求。中国梦具有包容、开放的民族心态。中国梦是和平之梦、发展之梦。中国梦不对其他国家和民族的发展构成威胁，反之，中国梦是世界文明梦的积极因素，不断发挥着正能量的历史作用。一个繁荣稳定、和谐发展的现代中国，是维护世界和平、公平、正义、民主和自由的重要力量。

（4）个体性与人民性的统一。中国梦是由每一个现实的个人梦所组成的。每一个中国人享有生存和发展的机会，享有宪法和法律规定的各种权利。中国梦从不排斥个人的合理追求。中国梦是个体性与人民性的现实统一。人民是一个整体性。只有在人民这个集体里，个人梦才有实现的现实条件和基础。人民是个人全面、自由发展的前提，而不是相反。

（5）学风与文风的统一。中国梦表达了中国马克思主义者建设学习型政党的决心和行动。中国梦不尚空谈，力戒清议，求真务实。中国梦不做艰深晦涩、佶屈聱牙之举，用老百姓喜闻乐见的民族语言和思维形式，表达了中国共产党人的办事、作文的基本风格，在全社会树立了行之有效的学风和文风。由此可见，中国梦是马克思主义中国化的新成果，丰富和发展了马克思主义。

综上所述，习近平中国梦思想的提出，体现了中国马克思主义者对中国现代性问题的高度重视，表达了现代性建构的中国理论与中国话语，推进了对现代性问题的中国实践和认识，实现了中国现代性建构与马克思主义哲学中国化在新的历史高度上的统一，从而也实现了马克思主义哲学中国化的实践创新与理论创新。

参考文献

一　马克思主义经典著作

《马克思恩格斯选集》第1卷，人民出版社1995年版。
《马克思恩格斯选集》第2卷，人民出版社1995年版。
《马克思恩格斯选集》第3卷，人民出版社1995年版。
《马克思恩格斯选集》第4卷，人民出版社1995年版。
《马克思恩格斯文集》第1卷，人民出版社2009年版。
《马克思恩格斯文集》第2卷，人民出版社2009年版。
《马克思恩格斯文集》第10卷，人民出版社2009年版。
《马克思恩格斯全集》第1卷，人民出版社1995年版。
《马克思恩格斯全集》第2卷，人民出版社1957年版。
《马克思恩格斯全集》第3卷，人民出版社2005年版。
《马克思恩格斯全集》第4卷，人民出版社1958年版。
《马克思恩格斯全集》第21卷，人民出版社1965年版。
《马克思恩格斯全集》第23卷，人民出版社1972年版。
《马克思恩格斯全集》第25卷，人民出版社1974年版。
《马克思恩格斯全集》第26卷（第1册），人民出版社1972年版。
《马克思恩格斯全集》第26卷（第3册），人民出版社1974年版。
《马克思恩格斯全集》第30卷，人民出版社1995年版。
《马克思恩格斯全集》第40卷，人民出版社1982年版。
《马克思恩格斯全集》第46卷（上册），人民出版社1979年版。
《马克思恩格斯全集》第46卷（下册），人民出版社1980年版。
《马克思恩格斯全集》第47卷，人民出版社1982年版。
马克思：《资本论》第1卷，人民出版社2004年版。

马克思:《1844 年哲学经济学手稿》,人民出版社 2000 年版。
《列宁选集》第 1 卷,人民出版社 1995 年版。
《列宁选集》第 2 卷,人民出版社 1995 年版。
《列宁全集》第 3 卷,人民出版社 1984 年版。
《毛泽东选集》第 1 卷,人民出版社 1991 年版。
《毛泽东选集》第 2 卷,人民出版社 1991 年版。
《毛泽东选集》第 3 卷,人民出版社 1991 年版。
《毛泽东选集》第 4 卷,人民出版社 1991 年版。
《毛泽东文集》第 3 卷,人民出版社 1996 年版。
《毛泽东著作选读》,人民出版社 1993 年版。
《毛泽东著作专题摘编》(下),中央文献出版社 2003 年版。
《邓小平文选》第 2 卷,人民出版社 1994 年版。
《邓小平文选》第 3 卷,人民出版社 1993 年版。
《江泽民文选》,人民出版社 2006 年版。
《科学发展观重要论述摘编》,中央文献出版社、党建读物出版社 2009 年版。
《习近平总书记系列重要讲话读本》,学习出版社、人民出版社 2014 年版。
《周恩来选集》下卷,人民出版社 1984 年版。
《刘少奇选集》上卷,人民出版社 1981 年版。
《陈云文选》第 3 卷,人民出版社 1995 年版。

二 西方重要著作 (中译本)

[古希腊] 亚里士多德:《物理学》,张竹明译,商务印书馆 1982 年版。
[古希腊] 亚里士多德:《政治学》,吴寿彭译,商务印书馆 1983 年版。
[法] 笛卡尔:《谈谈方法》,王太庆译,商务印书馆 2000 年版。
[法] 卢梭:《论人与人之间不平等的起因和基础》,李平沤译,商务印书馆 2007 年版。
[英] 斯密:《国民财富的性质和原因的研究》,郭大力、王亚南译,商务印书馆 1972 年版。
[德] 康德:《历史理性批判文集》,何兆武译,商务印书馆 1990 年版。
[德] 黑格尔:《精神现象学》,贺麟、王玖兴译,商务印书馆 1979 年版。

［德］黑格尔:《历史哲学》,王造时译,上海书店出版社 1999 年版。

［德］黑格尔:《法哲学原理》,范扬、张企泰译,商务印书馆 1961 年版。

［德］费尔巴哈:《费尔巴哈哲学著作选集》,商务印书馆 1984 年版。

［德］E. 卡西尔:《启蒙哲学》,顾伟铭、杨光仲、郑楚宣译,山东人民出版社 2007 年版。

［德］尼采:《权力意志》,孙周兴译,商务印书馆 2007 年版。

［德］海德格尔:《存在与时间》,陈嘉映、王庆节译,熊伟校,生活·读书·新知三联书店 1987 年版。

［德］海德格尔:《形而上学导论》,熊伟译,商务印书馆 1996 年版。

［德］海德格尔:《林中路》,孙周兴译,上海译文出版社 1997 年版。

［德］海德格尔:《海德格尔选集》,孙周兴选编,上海三联书店 1996 年版。

［德］卡尔·科尔施:《马克思主义和哲学》,王南湜、荣新海译,重庆出版社 1989 年版。

［匈］卢卡奇:《历史与阶级意识——关于马克思主义辩证法的研究》,杜章智等译,商务印书馆 1992 年版。

［匈］卢卡奇:《理性的毁灭》,王玖兴等译,山东人民出版社 1988 年版。

［德］马克斯·霍克海默、西奥多·阿道尔诺:《启蒙辩证法》,渠敬东、曹卫东译,上海人民出版社 2006 年版。

［英］K. R. 波普尔:《开放的社会及其敌人》第 2 卷,郑一明、李惠斌、陆俊、黄书进等译,中国社会科学出版社 1999 年版。

［美］马尔库塞:《单向度的人——发达工业社会意识形态研究》,刘继译,上海译文出版社 2006 年版。

［美］马尔库塞:《爱欲与文明》,黄勇等译,上海译文出版社 1987 年版。

［美］弗洛姆:《占有还是生存——一个新社会的精神基础》,关山译,生活·读书·新知三联书店 1988 年版。

［法］让-保罗·萨特:《辩证理性批判》,林骧华等译,安徽文艺出版社 1998 年版。

［法］阿尔都塞:《保卫马克思》,顾良译,商务印书馆 2006 年版。

［德］马克斯·韦伯:《儒教与道教》,王容芬译,广西师范大学出版社 2008 年版。

［德］马克斯·韦伯:《新教伦理与资本主义精神》(罗克斯伯里第三

版），苏国勋、覃方明、赵立玮、秦明瑞译，社会科学文献出版社 2010年版。

［德］哈贝马斯：《现代性的哲学话语》，曹卫东等译，译林出版社 2004年版。

［德］哈贝马斯：《现代性的地平线——哈贝马斯访谈录》，李安东等译，严锋校，上海人民出版社 1997 年版。

［德］哈贝马斯：《哈贝马斯精粹》，曹卫东译，南京大学出版社 2004年版。

［英］齐格蒙·鲍曼：《现代性与大屠杀》，杨渝东、史建华译，彭刚校，凤凰出版传媒集团、译林出版社 2002 年版。

［英］安东尼·吉登斯：《现代性与自我认同：现代晚期的自我与社会》，赵旭东、方文译，生活·读书·新知三联书店 1998 年版。

［英］安东尼·吉登斯：《现代性的后果》，田禾译，译林出版社 2000年版。

［英］安东尼·吉登斯：《失控的世界》，周红云译，江西人民出版社 2001 年版。

［美］马泰·卡林内斯库：《现代性的五副面孔》，顾爱彬、李瑞华译，商务印书馆 2002 年版。

［美］大卫·库尔珀：《纯粹现代性批判——黑格尔、海德格尔及其以后》，臧佩洪译，商务印书馆 2006 年版。

［美］布莱克：《现代化的动力：一个比较史的研究》，景跃进、张静译，浙江人民出版社 1989 年版。

［美］汉娜·阿伦特：《人的条件》，竺乾威等译，上海人民出版社 1999年版。

［匈］阿格尼丝·赫勒：《现代性理论》，李瑞华译，商务印书馆 2005年版。

［英］戴维·弗里斯比：《现代性的碎片：齐美尔、克拉考尔和本雅明作品中的现代性理论》，卢晖临、周怡、李林艳译，商务印书馆 2003年版。

［法］利奥塔：《后现代性与公正游戏》，谈瀛洲译，上海人民出版社 1997 年版。

［加拿大］查尔斯·泰勒：《现代性之隐忧》，程炼译，中央编译出版社

2001 年版。

［法］路易·加迪等：《文化与时间》，郑乐平、胡建平译，顾晓鸣校，浙江人民出版社 1988 年版。

［英］弗里德利希·冯·哈耶克编著：《自由秩序原理》，邓正来译，生活·读书·新知三联出版社 1997 年版。

［美］罗尔斯：《正义论》，何怀宏等译，中国社会科学出版社 1988 年版。

［英］安东尼·阿巴拉斯特：《西方自由主义的兴衰》，曹海军等译，吉林人民出版社 2004 年版。

［英］弗里德里希·奥古斯特·冯·哈耶克：《通往奴役之路》，王明毅、冯兴元等译，中国社会科学出版社 1997 年版。

［英］尚塔尔·墨菲：《政治的回归》，王恒、臧佩洪译，江苏人民出版社 2005 年版。

［瑞典］约翰·诺尔贝格：《为全球化申辩》，姚中秋、陈海威译，社会科学文献出版社 2008 年版。

［德］乌尔里希·贝克：《什么是全球化？》，常和芳译，吴志成校，华东师范大学出版社 2008 年版。

［美］诺姆·乔姆斯基：《新自由主义与全球秩序》，徐海铭、季海宏译，江苏人民出版社 2000 年版。

［美］伊·华勒斯坦等：《开放社会科学——重建社会科学报告书》，刘锋译，生活·读书·新知三联书店 1997 年版。

［美］莫里斯·梅斯纳：《毛泽东的中国及其发展：中华人民共和国史》，张瑛等译，社会科学文献出版社 1992 年版。

［美］费正清、刘广京编：《剑桥中国晚清史》，中国社会科学院历史研究所编译室译，中国社会科学出版社 1985 年版。

［美］牟复礼、崔瑞德编：《剑桥中国明代史》，中国社会科学院历史研究所编译室译，中国社会科学出版社 1992 年版。

［美］柯文：《在中国发现历史：中国中心观在美国的兴起》（增订本），林同奇译，中华书局 2002 年版。

［美］柯文：《在传统与现代性之间——王韬与晚清改革》，雷颐、罗检秋译，江苏人民出版社 2006 年版。

［美］约瑟夫·列文森：《儒教中国及其现代命运》，郑大华、任菁译，广西师范大学出版社 2009 年版。

［德］夏瑞春编：《德国思想家论中国》，陈爱政等译，江苏人民出版社1995年版。

［美］杜维明：《东亚价值与多元现代性》，中国社会科学出版社2001年版。

三 外文文献

Arif Dirlik, *The Origins of Chinese Communism*, Oxford University Press, 1989.

Norman Levine, *Dialogue Within the Dialectic*, London: George Allen & Unwin, 1984.

Fogel, *Ai Su-chi's Contribution to the Development of Chinese Marxism*, Harvard University, 1987.

David Renton, *Marx on Globalization*, London: Lawrence & Wishart. 2001.

S. B. Thomas. *Structure and Constitutional Basis of the Chinese People's Republic.* Annals of the American Academy of Political and Social Scienze, Vol. 277, Report on China (Sep., 1951).

ASBJØRN LØVBRÆK, *The Chinese Model of Development.* Journal of Peace Research No. 3, Vol. XIII, 1976.

Donald J. Munro, *The Malleability of Man in Chinese Marxism m* The China Quarterly, No. 48 (Oct. -Dec., 1971).

B. Michael Frolic, *Reflections on the Chinese Model of Development*, Social Forces, Vol. 57, No. 2, Special Issue (Dec., 1978).

Nick Knight, *The Form of Mao Zedong's "Significant of Maxism"*, The Australian Journal of Chinese Affairs, No. 9 (Jan., 1983).

Nick Knight. *The Maxism of Mao Zedong: Empiricism and Discourse in the Field of Mao Studies*, Chinese Affairs, 1986, No. 16.

B. Michael Frolic, *Reflections on the Chinese Model of Development*, Social Forces, Vol. 57, No. 2, Special Issue (Dec., 1978).

Tony C. Brown, *The Time of Globalization: Rethinking Primitive Accumulaion.* RETHINKING MARXISM 2009 (4).

Lin Tongqi and Li Minghua, *Marxism and "The Spiritual" in China Since Mao*, Philosophy East and West, Vol. 44, No (Oct., 1994).

四　中文重要著作

（战国）吕不韦：《吕氏春秋新校释》上册，上海古籍出版社 2002 年版。

（清）魏源：《魏源集》，中华书局 1983 年版。

《严复集》第 1 册，中华书局 1986 年版。

梁启超：《饮冰室合集》，林志均编，中华书局 1989 年版。

《孙文选集》，广东人民出版社 2006 年版。

《陈独秀著作选编》，任建树主编，李银德、邵华副主编，上海人民出版社 2009 年版。

《毛泽东选集》，东北书店 1948 年版。

《胡适全集》，安徽教育出版社 2003 年版。

《毛泽东早期文稿》，中共中央文献研究室、中共湖南省委《毛泽东早期文稿》编辑组编，湖南出版社 1990 年版。

冯友兰：《三松堂全集》，河南人民出版社 2000 年版。

《贺麟选集》，陈来主编，吉林人民出版社 2005 年版。

李达：《社会学大纲》，武汉大学出版社 2007 年版。

《艾思奇文集》第 1 卷，人民出版社 1981 年版。

《陶德麟文集》，武汉大学出版社 2007 年版。

陶德麟：《哲学的现实与现实的哲学：马克思主义哲学及其中国化研究》，北京师范大学出版社 2005 年版。

陶德麟、何萍主编：《马克思主义哲学中国化：历史与反思》，北京师范大学出版社 2007 年版。

黄楠森：《哲学的科学之路：马克思主义哲学的科学体系研究》，北京师范大学出版社 2005 年版。

陈先达：《走向历史的深处：马克思历史观研究》，上海人民出版社 1987 年版。

叶汝贤、李惠斌主编：《马克思主义与现代性》，社会科学文献出版社 2006 年版。

袁贵仁：《价值观的理论与实践：价值观若干问题的思考》，北京师范大学出版社 2006 年版。

陈学明：《驶向冰山的泰坦尼克号——西方左翼思想家眼中的当代资本主义》，人民出版社 2008 年版。

吴晓明：《思入时代的深处：马克思哲学与当代世界》，北京师范大学出版社 2006 年版。

丰子义：《现代化进程的矛盾与探求》，北京出版社 1999 年版。

丰子义：《走向现实的社会历史哲学——马克思社会历史理论的当代价值》，武汉大学出版社 2010 年版。

杨耕：《东方的崛起：关于中国式现代化的哲学反思》，北京师范大学出版社 2009 年版。

王南湜：《追寻哲学的精神：走向实践哲学之路》，北京师范大学出版社 2006 年版。

韩庆祥：《面向"中国问题"的马克思主义哲学》，武汉大学出版社 2010 年版。

汪信砚：《全球化、现代化与马克思主义哲学中国化》，武汉大学出版社 2010 年版。

何萍、李维武：《马克思主义中国化探论》，人民出版社 2002 年版。

何萍：《马克思主义哲学与文化哲学》，武汉大学出版社 2002 年版。

萧诗美：《是的哲学研究》，武汉大学出版社 2003 年版。

赵凯荣：《复杂性哲学》，中国社会科学出版社 2001 年版。

刘森林：《辩证法的社会空间》，吉林人民出版社 2006 年版。

刘怀玉：《现代性的平庸与神奇：列斐伏尔日常生活批判哲学的文本学解读》，中央编译出版社 2006 年版。

陈立新：《历史意义的生存论澄明——马克思历史观哲学境域研究》，安徽大学出版社 2003 年版。

杨鲜兰：《经济全球化条件下人的发展问题研究》，中国社会科学出版社 2006 年版。

李佃来：《公共领域与生活世界——哈贝马斯市民社会理论研究》，人民出版社 2006 年版。

赵剑英、庞元正主编：《马克思哲学与中国现代性建构》，社会科学文献出版社 2006 年版。

吴晓明、邹诗鹏主编：《全球化背景下的现代性问题》，重庆出版集团 2009 年版。

罗荣渠：《现代化新论——世界与中国的现代化进程》（增订本），商务印书馆 2009 年版。

陈嘉明：《现代性与后现代性十五讲》，北京大学出版社2006年版。

杨国荣主编：《现代性的中国视域》，华东师范大学出版社2008年版

陈方正：《继承与叛逆——现代科学为何出现于西方》，生活·读书·新知三联书店2009年版。

严立贤：《现代化模式与近代以来中国历史进程》，九州出版社2010年版。

许纪霖、陈达凯主编：《中国现代化史》，上海三联书店1995年版。

谢中立、孙立平主编：《二十世纪西方现代化理论文选》，上海三联书店2002年版。

韦政通：《中国思想传统的创造性转化——韦政通自选集》，云南人民出版社2002年版。

林安梧：《两岸哲学对话——二十一世纪中国哲学之未来》，（台北）台湾学生书局2003年版。

方克立：《现代新儒学与中国现代化》，天津人民出版社1997年版。

刘小枫：《现代性社会理论绪论：现代性与现代中国》，上海三联书店1998年版。

陈建华：《"革命"的现代性：中国革命话语考论》，上海古籍出版社2000年版。

贺照田：《思想与方法——殷海光学记》，上海三联书店2004年版。

郭齐勇：《中国儒学之精神》，复旦大学出版社2009年版。

赵敦华：《基督教哲学1500年》，人民出版社2007年版。

国际儒学联合会主编：《儒学现代性探索》，北京图书馆出版社2002年版。

邓正来：《国家与社会——中国市民社会研究》，北京大学出版社2008年版。

邓正来主编：《国家与市民社会》，中央编译出版社2002年版。

汪晖、陈燕谷主编：《文化与公共性》，生活·读书·新知三联书店1998年版。

汪民安等编：《后现代性的哲学话语》，浙江人民出版社2000年版。

五　主要参考论文

陶德麟：《对马克思主义中国化研究中两个问题的理解》，《中国社会科

学》2009 年第 1 期。

陶德麟：《略论辩证法与和谐问题》，《哲学研究》2009 年第 6 期。

陶德麟：《关于马克思主义大众化问题》，《红旗文稿》2010 年第 2 期。

陈先达：《哲学中的问题与问题中的哲学》，《中国社会科学》2006 年第 2 期。

张奎良：《"以人为本"的哲学意义》，《哲学研究》2004 年第 5 期。

叶汝贤：《唯物史观视域中的"以人为本"》，《哲学研究》2004 年第 10 期。

俞吾金：《对马克思主义中国化主体的反思》，《探索与争鸣》2009 年第 1 期。

丰子义：《关于财富的尺度问题》，《哲学研究》2005 年第 6 期。

王南湜：《全球化时代生存逻辑与资本逻辑的博弈》，《哲学研究》2009 年第 5 期。

陈学明：《马克思的公平观与社会主义市场经济》，《马克思主义研究》2011 年第 1 期。

汪信砚：《当代中国马克思主义哲学的研究范式》，《中国社会科学》2008 年第 2 期。

衣俊卿：《现代性的维度及其当代命运》，《中国社会科学》2004 年第 4 期。

吴晓明：《论马克思对现代性的双重批判》，《学术月刊》2006 年第 2 期。

孙辉：《马克思主义中国化的学术意义》，《哲学研究》2010 年第 3 期。

何萍：《开展以中国现代化为中心论题的马克思主义哲学中国化研究》，《马克思主义与现实》2005 年第 5 期。

阎孟伟：《马克思与欧洲自由主义运动》，《哲学研究》2010 年第 6 期。

赵凯荣：《马克思论中国为何由盛转衰：意识形态与文化战略》，《武汉大学学报》（人文科学版）2004 年第 1 期。

赵凯荣：《〈德意志社会革命列传〉：马克思主义中国化最早的历史文献》，《江汉论坛》2008 年第 11 期。

萧诗美：《实践论和辩证法的分离与统一》，《哲学研究》2009 年第 1 期。

陈立新：《历史唯物主义与"历史科学"》，《武汉大学学报》（人文科学版）2010 年第 5 期。

贺来：《辩证法与现代性课题》，《学习与探索》2007 年第 4 期。

刘森林：《从支配到和解：焦虑的启蒙主体性之走向》，《学术月刊》2010 年第 5 期。

刘国光：《把"效率优先"放到该讲的地方去》，《中国城市经济》2006 年第 3 期。

陈来：《"新理学"的现代化论与"现代性"思维的检讨》，《北京大学学报》（哲学社会科学版）1995 年第 1 期。

李维武：《马克思主义哲学与中国哲学传统的结合点》，《理论视野》2008 年第 12 期。

郭齐勇：《儒学与马克思主义中国化及中国现代化》，《马克思主义与现实》2009 年第 6 期。

侯才：《"中国现代性"的追寻——对当代中国哲学发展主线的一种描述》，《哲学研究》2010 年第 4 期。

金耀基：《论中国的"现代化"与"现代性"》，《北京大学学报》（哲学社会科学版）1996 年第 1 期。

张法：《中国现代性以来思想史上的五大观念》，《学术月刊》2008 年第 6 期。

谢立中：《"现代性"及其相关概念词义的辨析》，《北京大学学报》（哲学社会科学版）2001 年第 5 期。

周积明：《鸦片战争前中国现代化的三次延误》，《天津社会科学》1995 年第 1 期。

周穗明：《当前西方左翼的新自由主义的批判》，《马克思主义研究》2001 年第 6 期。

何增科：《法国学者布迪厄谈新自由主义的本质》，《国外理论动态》1999 年第 4 期。

［法］G. 索尔曼：《哈耶克：使自由主义复兴的人》，江小平译，《国外社会科学》1989 年第 6 期。

［俄］前进社会主义者同盟：《如何看待马克思主义理论的过去与现在——法国马克思主义哲学家 D. 本赛德访谈》，聂大富译，《马克思主义研究》2011 年第 1 期。

［法］F. 费迪耶等辑录：《晚期海德格尔的三天讨论班纪要》，丁耘摘译，《哲学译丛》2001 年第 3 期。

后　　记

　　最初读到马克思的文字，是他的一段名言："在科学上没有平坦的大道，只有不畏劳苦沿着陡峭山路攀登的人，才有希望达到光辉的顶点。"当然，那时我既不知道马克思这句话出自何处，也不知道马克思这句话的真实意义。我只是从马克思这句话里读取了它的一般的励志的意蕴。马克思这句话在那个理想年代照亮了我的内心世界，激励着我在求知的道路上奋勇前行。及至后来读到马克思的著作，我才知道马克思这句话源自他的《资本论》"法文版序言和跋"，从此它应有的宏大的历史语境和深刻的思想内涵开始在我的脑海里具体而丰富起来。我的哲学梦就是从这里开始的。但真正要实现自己的哲学梦，并非一件易事。马克思那段名言是支撑我追求哲学梦的精神动力。我认识到，要实现自己的哲学梦，就必须像马克思所说的那样——"到巴黎去，到这座古老的哲学大学去吧"。我显然不具备条件到"新世界的新首府"去求学，但是在我的家乡不远处，就有一座中国著名的大学，那里是中国的哲学重镇之一。21世纪的钟声刚刚敲过，我终于有幸来到珞珈山上，进入中国最美的大学武汉大学攻读马克思主义哲学专业硕士研究生，师从哲学造诣极深的萧诗美教授。在萧老师的精心指导下，我选择了青年毛泽东的哲学思想作为我的硕士论文研究对象。正是在青年毛泽东哲学思想的研究中，我发现，青年毛泽东在广泛的阅读、不懈的求学过程中，其实对西方哲学思潮也是极有理论兴趣的。新文化运动时期的毛泽东通过对德国哲学家包尔生（后来译为泡尔生）著作的学习，对康德等著名哲学家的哲学有了近距离的思想接触。但毛泽东最终并没有成为康德哲学的信奉者，而是成为一位伟大的马克思主义者，究其原因，是毛泽东从马克思主义那里发现了它与中国实际结合的理论"优点"——"新思潮的优点又恰恰在于我们不想教条地预期未来，而只是想通过批判旧世界发现新世界"（马克思语）。随着对青年毛泽东哲学思想研究的展开，我一方面将学术视野投向中国的现实问题，另一方面将学术领域扩展到马克思主义哲学中国化。我的这一学术进展，是在我的博士生导师陶德麟教授的指导下完成的。陶老师是我国著名的哲学家、马克思主义理论家。我十分有幸求学于陶老师门下，攻读马克思主义哲学专业的博士研究生。在陶老师的全面指导下，我力图将中国的现实问题与理论研究统一起来，从中国的现代化的历史与现实中，探索中国现代性建构与马克思主义哲学中国化的内在逻辑。在我看来，马克思主义哲学中国化的理论过程，就是中国现代性的实践过程。马克思主义哲学自从传入中国，与中国的实际结合起来，其思想精髓就不断以中国化的形式，通过中国革命、建设和改革的广泛实践，深刻地凝聚在我们的民族精神和时代精神之中。从这个意义上说，马克思主义哲学中国化所承载的理论使命与中国人民所承担的民族独立、人民幸福、国家富强的民族复兴的实践使命是内在一致、现实统一的。"马克思主义所以能成为中华民族的宝贵财富，正因为中国的马克思主义者'教给马克思主义说中国话'，'让马克思主义学会说中国话'，也就是做了马克思主义中国化的工作。"（陶德麟语）对中国现代化道路进行反思、从马克思主义哲学中国化的理论实现方式与学术表达方式中探索它与中国现代性建构的历史与逻辑关系，是我在博士论文中要完成的理论任务。反映这一理论研究的学术成果，就是摆在读者面前的这部专著。

  本书是在我的博士论文的基础上修改而成的。其修改主要是结合我近几年的研究课题所进行的。修改的指导思想是，尽可能总结和概括当代中国实践和21世纪中国化马克思主义最新成果；尽可能不改变原来的内容和结构。在交付出版时，我主要是对第三章第三节和第四章第三节增加了部分内容，对"结语"部分进行了适当调整，其余部分均未进行大的改动。我必须指出的是，由于论题宏大，加上本人学术水平有限，本书所涉及的许多重要的理论问题还没有进行深入阐释，一些理论构想只有在下一部著作中完成了。

  值本书付梓之际，我要特别感谢我的导师著名哲学家、武汉大学资深教授陶德麟先生。三年来，陶老师对我的学业、工作和生活给予了无微不至的指导和关心，这是我生命中的宝贵财富和骄傲！在我的博士论文写作过程中，陶老师更是付出了大量的心血。从论文的选题到观点的表述、从全文的结构到理论的论证、从马克思的基本思想到中国的传统文化、从有关历史人物的基本史实到论文的现代技术规范，陶老师都给予了我一系列重要而具体的指导。尤其是论文最后的定稿阶段，陶老师不仅暂时搁置了其他许多重要工作，有的甚至是有关部门的重要任务，而且还克服了我们年轻人都难以忍受的痛风之苦，对我的论文作了深入而具体的指导。在此，我衷心地感谢陶老师三年来对我的亲切指导、悉心教育以及细致的照顾。更令我感动的是，在我的专著即将出版之际，陶老师还在艰深的理论研究、繁忙的社会工作之余，特别为我撰写序言，对我的专著给予了高度评价和深切寄语。我再次对陶老师作为马克思主义哲学家的风范和精神表示敬意！我也要感谢师母吴佩钧教授三年来对我学业、工作和生活的关心。吴老师早年毕业于武汉大学经济系，桃李满天下。我每次到陶老师家去的时候，吴老师总是对我嘘寒问暖，关心我的学业，鼓励我上进。在此，我衷心地祝愿陶老师和吴老师身体健康，幸福快乐！

衷心感谢武汉大学哲学学院的朱传棨教授、汪信砚教授、何萍教授、赵凯荣教授、姜锡润教授从硕士到博士阶段对我的悉心教育、关心和指导，特别是在论文写作过程中对我的论文所提出的许多宝贵的建设性意见，为我的论文写作指明了思路和方向。我的学术进步凝聚了这些专家的付出。我要感谢时任武汉大学哲学学院副院长、现任教华东师范大学哲学系的陈立新教授。在博士阶段，陈老师十分关心我的学业和生活。我的博士论文也凝聚了他的精心付出。在此，我要特别感谢萧诗美教授。萧老师是我的硕士研究生导师。在我攻读硕士研究生的时候，萧老师就给予我精心的指导和亲切的关怀。我的硕士论文能得到有关专家的好评，这是与萧老师的大力指导分不开的。在攻读博士研究生阶段，萧老师仍是我的老师，他一如既往地关心、指导我的学业和工作，此情此恩，终生难忘！

借此机会，我要特别感谢生前关心我学业的中山大学哲学系的叶汝贤教授！对长期以来关心和支持我学术发展的南京大学哲学系的刘怀玉教授、中国社会科学杂志社副总编孙麾编审、山东省社会科学院哲学研究所所长郝立忠研究员、湖北省省委宣传部副部长喻立平博士、湖北大学副校长杨鲜兰教授，在此一并致谢！

衷心感谢北京大学哲学系的丰子义教授、复旦大学哲学学院的吴晓明教授和南开大学哲学院的王南湜教授作为论文评阅人，对我的论文的选题、观点和论证等所给予的充分肯定和科学评价，以及对问题的研究所提出的非常宝贵的意见和建议，这使得本书的修改能在一个高水平的学术基础上进行。

衷心感谢海军工程大学的高文武教授、中南财经政法大学的王雨辰教授、武汉大学的汪信砚教授、赵凯荣教授、姜锡润教授所组成的答辩委员会，对我的论文的高度肯定和科学建议，这些都为本书的进一步写作提供了宝贵的思想资源和研究方法。

感谢北京雷速科技有限公司董事长刘锦山博士等众多同学、朋友多年来在学业和生活诸方面对我的关心和支持。

感谢我所在的中南民族大学对我学术上的支持。

我还要特别感谢我的家人对我的学业、学术的包容、支持和理解。我除了对哲学的一份执着追求，没有给他们带来另外更多的东西。但是我相信，这是最重要的。生活离不开哲学，生活必须有哲学的指引才有意义。我们所要做的，就是让哲学给生活带来快乐和幸福，而不是相反。

最后，我要衷心感谢中国社会科学出版社的责任编辑张林主任和特约编辑吴连生老师为本书的出版所付出的全部的辛勤劳动和学术支持。没有两位老师认真负责的学术态度和严谨务实的专业作风，本书也难以呈现在读者面前。

刘国胜
2015 年 10 月 15 日于武昌南湖